HISTOIRE INTIME

OUVRAGES DU MÊME AUTEUR

Une chaîne invisible	1 vol. 2 fr. 50
Une année de la vie d'une femme	1 vol. 2 fr 50
Mon sillon (2ᵉ édition)	1 vol. 2 fr. 50
La vie en famille (3ᵉ édition) .	1 vol. 2 fr.
Réséda . (3ᵉ édition)	1 vol. 2 fr.
Sans beauté (3ᵉ édition)	1 vol. 2 fr.
Petite belle	1 vol. 2 fr.
La Clef d'or (2ᵉ édition)	1 vol 2 fr.
Le Chemin et le But . . .	1 vol 2 fr.
Au hasard, Causeries et nouvelles.	1 vol. 2 fr. 50
L'oncle Trésor	1 vol. 2 fr.
La Glorieuse.	1 vol. 2 fr.
Un Cœur de mère	1 vol. 2 fr.
Les Prévallonnais (2ᵉ édition) ·	2 vol. 4 fr.
Yvonne	1 vol. 2 fr.

Abbeville, imp. Briez, C. Paillart et Retaux.

HISTOIRE INTIME

PAR

ZÉNAÏDE FLEURIOT

DEUXIÈME ÉDITION

PARIS

P. BRUNET, ÉDITEUR, 31, RUE BONAPARTE

1869

(Tous droits réservés)

A MON AMIE

M⁽ᵐᵉ⁾ P. DE KERIGANT NÉE DE FROTTER

AU LECTEUR

Tout récit intime devient de mode, et les échos du monde littéraire redisent encore les noms qui ont, à bon droit, conquis les sympathies du public français. Aussi, en publiant l'HISTOIRE INTIME, je crois devoir avertir le lecteur qu'il ne s'agit pas ici d'une histoire vraie, encore moins d'une maladroite imitation, la majeure partie de ce récit ayant été composée deux ans avant l'apparition du Journal d'Eugénie de Guérin.

ZÉNAÏDE FLEURIOT.

PREMIÈRE PARTIE

HISTOIRE INTIME

PREMIÈRE PARTIE

Tic tac, tic tac.

Comme ce bruit est monotone et agaçant. Cette pendule ne peut-elle marquer les heures sans marteler ainsi mon pauvre tympan. Je la voudrais muette et immobile ! Ma solitude me rend triste, et ce grand salon est si désert. Hier, il ne l'était pas. Ma sœur, ma chère Louise, était assise là dans ce coin, dans ce fauteuil bleu, maintenant vide, et me donnait ses conseils. Elle me disait si doucement :

— Tu vas me remplacer auprès de notre père, tu vas être chargée de son bonheur. Penses-tu sérieusement à cela, Alix?

J'y pensais et je le lui dis. J'étais courageuse et résolue. Alors il me semblait que la tâche qui me revenait était facile, et, Louise partie, je la trouve lourde. La remplacer auprès de mon père, elle, si douce, si calme, si attentive, si intelligente ! Le pourrai-je?

Pourquoi son mari a-t-il accepté cette place en Algérie? pourquoi a-t-il exigé que sa femme et son enfant le rejoignissent sitôt? pourquoi suis-je aujourd'hui une fille majeure appelée à tenir la maison de son père? pourquoi mon grand-père est-il mort? La vie est remplie de pourquoi, et, depuis que j'ai quitté la petite maison de mon grand-père, j'en ai la tête pleine. Encore si ma sœur habitait Paris, je la visiterais souvent, j'irais, dans les moments difficiles, lui demander conseil, je verrais dans cette grave maison, dont je suis à cette heure l'unique maîtresse, jouer cet enfant chéri qui ne comprenait pas non plus hier pourquoi je pleurais et pourquoi je le quittais. Il aimait, lui, cette pendule radoteuse; il l'écoutait parler, dans mes bras; il regardait aller et venir ce balancier rond et brillant. Il y avait des moments où je le trouvais tracassier, turbulent, ce cher baby. Quand j'écrivais, il voulait écrire; quand je cousais, il voulait coudre; quand j'étais pensive, il voulait jouer; quand je lisais, il me demandait de lui raconter une histoire; et quand ce dernier désir devenait trop violent, il posait malicieusement sur ma page une main mignonne que je finissais par baiser. Ah! je voudrais bien encore entendre sa petite voix claire, son rire éclatant; mais il a disparu, lui aussi, je ne l'entends plus trébucher sur le tapis, traîner à droite et à gauche sa petite chaise, parler à son cheval. C'est vraiment triste d'être seule. Et au lieu d'écrire à Louise, je m'aperçois que je m'écris à moi-même. Il faut que je dise à quelqu'un ou à quelque chose ce qui m'oppresse.

Arthur parle à son cheval, autrefois je parlais à ma

poupée, aujourd'hui je parle à ce cahier. Ce que je lui dis n'a peut-être pas plus d'importance que ce que je disais à ma poupée ; qu'importe !

C'est une distraction qui est très-permise, il me semble, à la fille d'un homme politique, qui à l'âge de vingt-deux ans se voit maîtresse d'une maison, ce qui est très-sérieux et très-ennuyeux.

Et puis ce soir j'ai sur le cœur les adieux de ma sœur, les baisers d'Arthur, et rien ne peut encore me distraire du chagrin de cette séparation. En moi et hors de moi tout est devenu morne. Le bruit de la pendule me blesse l'oreille, le silence me donne froid, il me semble que ma lampe éclaire mal. Tout à l'heure je la contemplais d'un air de reproche. Mes yeux se sont arrêtés sur le grillage doré qui laisse voir le ressort intérieur, j'ai regardé couler l'huile goutte à goutte. Pauvre petite lampe qui a l'air de pleurer, elle aussi ! J'entends mon père, et la lettre que je devais écrire pour lui n'est pas même commencée. Une autre fois j'aurai soin de faire passer les autres avant moi.

———

Ce soir, je rouvre machinalement le cahier où j'ai jeté mes tristesses d'hier. Hélas ! j'ai donc commis le péché à la mode parmi les jeunes filles et les poëtes, j'ai commencé un journal. J'avais souvent formé le projet d'en écrire un. Dans la petite maison de campagne où se sont passées mon enfance et mon adolescence, des velléités écrivassières m'avaient plus d'une fois saisie. Un jour, j'obtins de mon grand-père un beau cahier à couverture rose sur lequel je m'amusai à griffonner tous les jours quelques notes. J'étais pleine d'ardeur; mais les événements manquaient, et se donner la peine d'écrire qu'on s'est levée de grand matin pour aller ramasser les châtaignes mûres jetées à terre par la tempête de la nuit précédente, qu'on a trouvé dans un buisson d'aubépine un nid de roitelet, qu'on a soigné un agneau malade et arrosé un oignon de tulipe, à quoi bon! Le travail surpassa bientôt la jouissance, et ne trouvant heureusement rien de bien intéressant à me raconter à moi-même, je laissai sécher ma plume, et mon journal enfantin expira faute d'événements. Pourquoi le recommencé-je aujourd'hui? Mon Dieu! tout simplement parce que Louise est partie, que je n'ai plus de confidente et que nous avons vraiment en nous un besoin d'épanchement qui, comme la source, cherche toujours sa pente. A qui confierais-je maintenant mes pensées intimes, mes impressions sur ce monde dans lequel j'entre presque seule? Mon père est absorbé par les travaux de la politique. Que seraient pour lui ces choses infiniment petites près des choses importantes dont son esprit est occupé? Mes amies! où sont-elles? Ma meilleure amie, c'était Louise, dont l'affection pour moi s'est toujours nuancée de je ne sais quel sentiment maternel. Les autres jeunes filles dont les circonstances m'ont rapprochée me sont restées indifférentes. Irai-je causer intimement avec Lucile qui raconte à tout venant ce qu'elle sait, en ajoutant ce qu'elle croit savoir? Son imagination mal réglée m'effraye, et aussi son peu de véracité. Sera-ce avec Aurélie ? Aurélie est une connaissance de vieille date, elle a certaines qualités, mais son esprit n'a pas de portée, il ne dépasse jamais les frivolités de la toilette ou les petits bruits courants du jour, c'est une femme d'une nullité complète qui s'ennuie et qui ennuie parfaitement les autres. Sera-ce avec Laure ? J'aime beaucoup Laure, mais par malheur son père se trouve être l'adversaire du mien. Sans cesse ils se disent ou s'écrivent des duretés. Puis-je en toute sécurité m'abandonner aux douceurs d'une liaison que la première tempête politique peut dénouer pour jamais ?

J'ai eu d'amers regrets. Laure a du cœur, de l'esprit, elle possède ces qualités attachantes qu'on rêve dans une amie, elle m'est complétement sympathique ; mais son père, son terrible père ! Ce sera donc toi, discret papier, qui seras mon confident, faute de mieux. Et d'ici longtemps tu n'as pas de rivale à craindre. Louise est partie, et voir Laure ne me sera guère possible. L'article du journal que mon père lisait avec un si terrible froncement de sourcils, ce matin, portait le nom de son père. Je voudrais que la presse fût abolie, que les partis fussent anéantis, que la guerre sous quelque forme qu'elle se montre, guerre à coups de sabre ou guerre à coups de plume, fût morte et enterrée. Mais je dis là des folies, et mes rêves de paix universelle feraient bien rire mon père. Il me sera toujours bien permis de regretter qu'il soit député. J'aurais vivement désiré un intérieur calme, un père oisif ou à peu près, qui aurait été tout à moi. Mon père ne m'appartient pas, il s'en faut bien ; je le vois à peine. Je puis le dire, il remplit consciencieusement sa tâche. C'est un véritable combattant, et il est toujours sur la brèche. Ma grande solitude s'ouvre avec la session et finit avec elle. Alors il redevient complaisant, paternel ; mais cela dure peu et le travail et les soucis recommencent. Et cependant je ne voudrais pas qu'il fût autre. Je ne voudrais pas qu'il ressemblât à notre ami, M. Balmont, ce brave député qui ne va à la Chambre que quand il y est forcé, qui y fait de son propre aveu de si bons sommes et qui n'en sait guère plus long que moi sur les questions brûlantes qui sont à l'ordre du jour. Un mannequin surmonté d'une girouette, c'est ainsi que l'a défini devant moi M. Déblin.

Il a vraiment beaucoup d'esprit, M. Jules Déblin, et je suis bien aise que mon père l'aide de son influence.

Lucile, l'autre jour, faisait la remarque qu'il assistait régulièrement aux lundis de sa mère depuis que j'y allais. En disant cela elle prenait un air extrêmement moqueur et un peu jaloux. « Voilà ce que c'est que d'être la fille d'un député, a-t-elle ajouté, tous les jeunes gens te font la cour par politique. »

Les autres peut-être, mais M. Jules Déblin !

La phase mondaine de ma vie a commencé hier. Hier j'ai assisté à une soirée dansante, et demain se présente une nouvelle fête. Je ne me croyais pas frivole, et cependant, mon Dieu! quel temps n'ai-je pas donné sans remords aux préparatifs de ma toilette; comme toute pensée sérieuse s'est exilée de mon esprit; comme je me suis abandonnée à cette activité fiévreuse qui me dévorait! Mon père s'est aperçu de mon agitation et ne l'a pas comprise. Cela m'a fait un peu rentrer en moi-même, je me suis subitement calmée. Mais le soir même l'éblouissement est revenu. Il me semblait que cette toilette de bal que je n'avais jamais portée me changeait, que je n'étais plus moi. Et puis ce salon brillant, cette foule élégante, cette musique produisaient sur moi une impression presque vertigineuse, que je dissimulais de mon mieux. Une fois, en levant les yeux, j'ai rencontré dans la glace une femme mise absolument comme moi et j'ai eu de la peine à me persuader que c'était bien la représentation fidèle de ma personne. Avant-hier l'impression a été moins vive. On s'habitue à tout, dit-on.

Le cours de mes plaisirs a été subitement interrompu, grâce à l'incident le plus vulgaire. En sortant, il y a huit jours, j'ai glissé sur le trottoir et je me suis foulé le pied droit. Adieu les courses projetées, les réunions dansantes! Me voici clouée dans ma chambre et bien seule. Lucile et Aurélie, devenues mes compagnes très-assidues depuis quelque temps, m'ont fait de fréquentes visites ; mais leur conversation m'ennuyait, et je les reçois moins souvent. Triste et souffrante ainsi que je l'étais, je ne pouvais plus m'intéresser aussi vivement à l'arrangement d'une berthe, aux détails d'une coiffure. Et quand je voulais

1.

parler de choses plus sérieuses ou plus intéressantes, elles ne me comprenaient plus. Ces amies-là sont bonnes au milieu du tourbillon d'une fête ou dans un magasin de nouveautés ; mais dans une chambre solitaire elles ne représentent vraiment personne. Les quelques heures que Laure a pu me donner m'ont autrement distraite. Elle est venue le matin, dans sa simple toilette ; elle a commencé par redresser le coussin sous mon pied endolori, puis elle m'a passé mon ouvrage, a pris le sien, et nous avons causé longuement, intimement, de choses graves et de choses futiles ; nous avons été tour à tour gaies et attendries. Pour m'amuser elle a laissé courir son esprit à toute bride. Quand elle parle ainsi, avec ses beaux yeux bleus rayonnants, son ravissant sourire, elle devient extrêmement séduisante et jolie.

Après sa première visite, j'ai suivi le conseil qu'elle me donnait de triompher de l'ennui de ma position en m'occupant de mon arriéré comme maîtresse de maison. Je lui avais avoué que mes mondanités m'avaient un peu fait sortir de mon exactitude habituelle. J'ai donc mis à profit ces heures de repos forcé ; j'ai revu mes livres de compte, repassé mon budget, examiné en détail le ménage et ses mille exigences. Maintenant l'ordre règne partout, l'ordre parfait tel que l'aime mon père. Ce matin il a jeté autour de lui un coup d'œil satisfait. Les rideaux étaient blancs, le parquet bien ciré ; autour de lui, ni poussière ni objets hors de place, ce qu'il déteste.

— Nous voilà revenus au temps de Louise, m'a-t-il dit en souriant.

Sous cette simple parole se cachaient bien des choses.

Ma sœur a certaines vertus domestiques poussées jusqu'à la perfection. Elle fait elle-même ce que les gens de service font ordinairement mal ; elle donne à tout, d'un tour de main, une grâce d'arrangement dont elle seule a le secret. Je n'ai pas son activité, sa vigilance, son coup d'œil, et mon père s'en est aperçu. Il ne me l'avait pourtant jamais dit. Il me fait aujourd'hui cette petite révélation parce qu'il peut l'emmailloter dans une louange. Quelle délicate bonté ! et combien mon affection pour lui s'en accroît ! Si seulement il n'était pas député !

Je ne puis pas dire que je me sente de très-bonne humeur aujourd'hui. Ce soir, ma tante, qui habite Passy, donne un bal, et j'espérais bien être guérie pour ce moment. Notre gros docteur m'a condamnée au repos. « Marchez, a-t-il dit, mais ne dansez pas. » Comme je l'ai trouvé déplaisant quand il prononçait ces paroles ! L'autre jour Lucile riait de sa laideur, et je lui ai presque prouvé qu'il était beau. Aujourd'hui on ne me reprendrait pas à vanter le charme de sa physionomie et la finesse de son sourire. Je voudrais être sûre qu'en choses plus importantes nos opinions ne varient pas ainsi suivant nos caprices. Après le départ de ce tyran à perruque et à lunettes, je me suis replongée dans mes regrets. Laure sera à cette fête, et ce sera la première fois que je la rencontrerai dans le monde, peut-être la dernière, car, vu les opinions paternelles, nous ne hantons pas tout à fait les mêmes cercles. Si j'allais au bal quand même, en invalide? Chez ma tante, cela s'excuserait, et j'ai entendu les tapisseries dire qu'observer est bien intéressant! J'ai grande envie de devenir une tapisserie pour un soir! Si mon père a l'idée de me proposer d'aller à Passy, j'irai.

J'ai joué mon rôle de tapisserie. Il n'est pas positivement amusant, mais il est instructif. Mon père, qui est parfois très-clairvoyant quand il se donne la peine de regarder au-dessous de lui, n'a pas manqué de deviner que j'étais fort tentée d'assister sans danser à la fête de ma tante. Il a bien voulu me presser d'y aller, à condition que je ne figurerais pas comme danseuse, et nous sommes partis. La maison de ma tante est un peu isolée, nous nous sommes crus en pleine campagne pendant vingt-cinq minutes. Je regardais le ciel noir où brillait la lune à son premier quartier. Malgré ce pâle croissant, la nuit était très-sombre, et presque sans transition nous avons passé de ces profondes ténèbres dans les salons lumineux. La foule était si compacte, que j'ai pu gagner sans être remarquée un coin d'où je pouvais inspecter les deux salons. Combien le monde est brillant sous cet aspect, et combien les femmes y tiennent de place! On n'entend que frôlements soyeux; sur le parquet brillant traînent de longues robes lourdes ou légères. Que tout cela est joli pour un moment? Et dans les toilettes, quels détails charmants! J'ai vu s'épanouir contre l'oreille délicate d'une femme brune, une rose de Bengale qu'il était presque impossible de croire factice ; sans la durée de son éclat on aurait pensé qu'elle venait d'être coupée sur un rosier vrai. S'il y a un progrès sûr, éclatant, un progrès dont personne ne songe à s'alarmer, c'est le progrès qui s'accomplit dans l'art des fleuristes ; la nature n'est pas dépassée, mais elle est matériellement imitée. Vis-à-vis de la rose du Bengale dansait une jeune femme blonde dont la robe de moire grise attirait fort l'attention. On aurait dit de l'argent tissé. Cette étoffe à la fois douce et brillante à l'œil me ramenait aux contes de fées. Je me rappelais dans *Peau-d'Ane* cette reine déraisonnable qui ne demande rien moins qu'une robe taillée dans un rayon. Il me semblait voir cette robe impossible ; la moire gris d'argent pouvait bien passer pour avoir été dérobée à un rayon de lune.

Si les femmes sont l'enchantement du regard par leurs toilettes et leur grâce, on n'en peut dire tout à fait autant des hommes. De mon côté je les contemple, et, sur le nombre, cinq ou six seulement remplissent avec une grâce et une dignité suffisantes le rôle difficile de danseur. Les autres sont extrêmement drôles. En voici qui s'avancent graves comme des ânes qu'on étrille, ils tendent la main pour la poule par un geste plein d'une majestueuse indifférence ; en voici d'autres à l'air folâtre, à la bouche en cœur, au corps agité de mouvements convulsifs. Ce petit jeune homme danse l'œil baissé, la bouche sévère ; il a adopté l'air sérieux ; sur le visage de cet autre quelle angoisse se peint ! Aller en avant l'exaspère ; quand il revient à sa place, il jette des regards qui ont quelque chose de farouche. Que va-t-il dire à sa danseuse? il l'ignore encore.

Et cet homme si laid qui marche avec tant de prétention! Celui-là déroge certainement en se laissant aller à danser, il se sacrifie. Il éloigne de temps en temps de son front jaune, par un geste qu'il croit élégant, une mèche longue et graisseuse de cheveux noirs qui retombent toujours fatalement sur ce front présomptueux. Il a la bouche pincée, les bras tendus, et il regarde furtivement dans la haute glace qui pourtant, mon Dieu! lui renvoie une affreuse image.

Je n'ai pas trouvé les hommes brillants; mais combien j'ai trouvé les femmes peu charitables! Que de regards lancés en dessous sur la toilette de la voisine ne peut-on pas surprendre et analyser! Si cette toilette est riche ou de très-bon goût, le regard devient triste, quelque peu jaloux; si elle n'est ni l'un ni l'autre, il brille, et une imperceptible ironie s'y peint. Ce frivole examen est révélateur, mais personne n'y songe. L'intérêt est trop vif, il entraîne. J'ai vu des femmes tomber en arrêt devant une toilette sans réfléchir à ce que pouvaient penser ceux qui les observaient.

Peu à peu je me suis attristée dans mon coin. Ce que j'entendais des conversations particulières n'avait rien d'agréable. La même langue flattait et déchirait; la bouche qui avait gracieusement souri à une personne se plissait d'un air moqueur pour lancer sur cette même personne une flèche acérée. J'avais devant moi deux femmes. L'une, qui me servait de paravent par son énorme corpulence, dénigrait brutalement ; l'autre, plus jeune, supputait les revenus des uns, cherchait à abaisser les autres.

Tout ce qui sortait de l'ordinaire, les charmantes femmes, les beaux jeunes gens, les mères radieuses, était ardemment critiqué. Le hasard amena Laure devant nous. Elle était vraiment belle en toilette de bal, et son maintien était parfait. Tous les regards se tournaient complaisamment vers elle, les hommes la trouvaient gracieuse, distinguée, charmante. La grosse dame parla avec amertume des opinions politiques de son père et trouva qu'elle avait comme lui quelque chose de hautain dans la physionomie ; la jeune remarqua qu'elle n'avait pas un bijou et que sa toilette était mesquine.

Et, en disant cela, elle regardait sa propre toilette qui était vraiment magnifique.

En ce moment, elle se détourna et m'aperçut. Je l'avais parfois rencontrée dans le monde, et elle m'avait prodigué ses gracieusetés. En m'apercevant, elle se dérangea en feignant un grand empressement, et vint m'assaillir de questions sur le motif qui me retenait dans ce coin obscur. Je lui répondis très-laconiquement et elle me quitta bientôt. Je la suivis d'un œil où ne se lisait aucun regret.

— Qu'elle s'éloigne, pensais-je, traînant comme un paon orgueilleux sa longue queue ; mon cœur ne la suivra pas.

Son épaisse voisine opéra au même instant une petite manœuvre, et je me trouvai à découvert. Laure m'aperçut alors, et, le quadrille fini, elle me rejoignit.

Nous causâmes quelque temps et je la renvoyai. L'ennui arrivait pourtant, et je ne voulais pas manquer à la promesse que j'avais faite. Le reste de la soirée je demeurai pensive et intérieurement attristée. Le bal ravive bien des jalousies, aiguise bien des dépits, et je ne m'en étais jamais aussi bien aperçue.

Aujourd'hui les pensées mondaines s'envolent à tire-d'ailes. J'ai assisté à une cérémonie qui m'a singulièrement impressionnée. Laure m'a emmenée à un couvent des carmélites. Une de ses amies prenait le voile. La chapelle est très-simple, presque pauvre. Au-dessus de l'autel est représentée la grande scène du Calvaire. Le Dieu crucifié est là après le *consummatum est*. La sainte Vierge et saint Jean sont debout; Madeleine, prosternée, embrasse le pied de la Croix. Je ne sais pas si ce groupe de statues a une valeur artistique, mais il est d'un effet saisissant.

A travers la grille nous arrivait par intervalles le chant monotone des carmélites, et puis un silence complet lui succédait.

Vraiment on était très-bien là pour prier.

Je vois Laure très-souvent ces temps-ci, grâce à l'arrivée d'une de ses parentes qui a beaucoup connu ma mère. Mme Degalle a trouvé grâce auprès de mon père, et je la visite souvent. C'est une femme vraiment bonne, une de ces créatures d'élite vers lesquelles vont naturellement tous les cœurs. Comme sa physionomie est sereine, son sourire attachant, son regard doux et franc! On l'aime instinctivement, on se sent meilleur auprès d'elle, on prend quelque chose de son inépuisable indulgence qui, sans nuire à la justesse de son esprit, prête à sa personne un charme tout particulier; les qualités les plus brillantes, la beauté la plus radieuse, l'intelligence la plus éblouissante, ne donnent pas cet attrait né de cette vertu composée de charité, de délicatesse, de douceur et d'indulgence qui s'appelle la bonté. Laure ressemblera plus tard à sa tante; la jeunesse a de petites impertinences qui lui sont propres; ce sont des ombres que le temps et surtout la volonté effacent.

Ce matin, j'ai accompagné Mme Degalle et Laure chez une dame fort occupée des œuvres pies à l'étranger. On tirait une loterie dont le produit était destiné aux Missions pauvres. L'enfant qui prenait dans le sac les numéros gagnants attirait beaucoup l'attention. C'est une petite Syrienne miraculeusement échappée aux massacres de Saïda. Je me rappelais le frémissement d'horreur qui avait parcouru l'Europe quand les Druses firent cette épouvantable hécatombe de chrétiens. Cette petite fille qu'on avait trouvée jetée sur les cadavres des membres de sa famille, avait été retirée de dessous les pieds des chevaux par une religieuse. Son pauvre petit corps était couvert de blessures, mais elle respirait encore. Transportée en France, elle avait été adoptée par cette femme charitable et riche. Elle a grandi près d'elle, elle a maintenant cinq ans. C'est une mignonne créature, dont le teint est olivâtre, épais, les cheveux brillants, crêpés. On disait autour de moi qu'elle deviendrait fort belle. Cela peut très-bien se supposer d'après le dessin de ses traits ; mais le temps détruirait et leur finesse et leur harmonie, ses yeux lui resteront, deux grands yeux de feu et de velours qui révéleraient seuls sa race étrangère. Dans notre France on ne rencontre pas de pareils yeux. Le blanc en est presque bleu et le regard glisse entre deux longues franges de cils d'un noir âpre, d'une épaisseur peu commune. Quand le sourire s'éteint sur sa bouche gracieuse et qu'elle courbe la tête en levant ces grands yeux sombres dans lesquels se peint hâtivement je ne sais quelle expression ravissante de mélancolie, elle inspire un sentiment tout particulier de sympathie.

On l'a questionnée devant moi. Elle a peu ou point de souvenirs. Elle a cependant parlé d'un petit frère, de chevaux blancs, de grands couteaux, de sang qui coulait, de sa mère qui était belle et dont le soleil faisait briller les cheveux jaunes.

Les dames présentes la choyaient beaucoup, on la caressait, on vantait sa beauté. Laure et moi avons échangé un triste regard. Pauvre enfant ! nous la plaignions ! Cet engouement passé, que lui restera-t-il ? une affection sans racine qu'un caprice peut détruire. Sans famille, sans patrie, sans fortune, quelle sera sa destinée ?

J'ai passé hier une soirée charmante. Il semblait que chacun prit à tâche de détruire la défiance que ma soirée tapissière m'avait inspirée contre le monde en général. La maîtresse de maison m'a témoigné la plus flatteuse attention, les plus élégants cavaliers m'ont engagée, toutes les mères me souriaient, je me sentais entourée d'une atmosphère de bienveillance et de sympathie. Le succès m'a un peu grisée, j'ai été aimable et, selon quelques-uns, très-spirituelle. M. Jules Déblin a dansé deux fois avec moi. C'est dans le monde qu'il paraît bien. Sa distinction physique, l'aisance de ses manières, le font beaucoup remarquer. Je me sens très-flattée de l'attention qu'il m'accorde.

Je suis un peu confuse de mes transports d'hier à propos de mes succès dans le monde. Il paraît que ce n'était pas précisément à moi que s'adressaient ces hommages. C'est à Mme Degalle que je dois cet éclaircissement. Elle a souri doucement en m'entendant raconter à Laure combien, d'une soirée à l'autre, mes impressions avaient différé. Je lui ai demandé de m'expliquer son sourire, et elle m'a annoncé qu'il y avait eu un changement de ministère, et que le ministre actuel était une connaissance intime de mon père. Ce redoublement de politesse que j'avais pris pour un hommage rendu à ma personne avait donc probablement sa source dans cet événement politique. Me voilà redevenue plus défiante que jamais.

Ma disposition antimondaine continue. Depuis quelque temps, d'ailleurs, il me semble que je chéris de préférence le mauvais côté de la nature des personnes que je rencontre. Aujourd'hui j'ai fait visite à une femme très-aimable qui me plaisait beaucoup. Il est survenu une autre visiteuse, et je me suis trouvée en face de la maîtresse de la maison. Je la regardais pendant qu'elle écoutait la nouvelle arrivée qui médisait violemment et qui attaquait des gens que je croyais les amis de la maîtresse de céans. En ce moment, cette très-gracieuse personne se transfigura pour moi. Je vois encore d'ici cette physionomie méchamment joyeuse, ce profil ironique, ces yeux à demi-fermés, d'où la curiosité, la malignité, l'envie semblent jaillir, ce sourire doucereux et cruellement satisfait. Tout en souriant, elle passait de temps en temps sa langue sur ses lèvres. Cette langue pointue ressemblait à un dard, et sortait de ce visage méchant comme un trait envenimé. Je détournai les yeux ; il y avait de la couleuvre dans ce visage de femme. Je l'ai quittée froidement et j'ai couru chez Laure pour me soulager le cœur. Je ne lui ai rien appris de nouveau. Elle avait ainsi jugé celle dont je lui ai souvent vanté la bonne grâce. M. Jules Déblin la voit beaucoup, c'est sa parente ; j'en suis très-fâchée pour lui.

Je viens d'écrire une longue lettre à Louise, dont je regrette tous les jours l'absence. Il y a des moments où le sentiment de ma faiblesse, de mon inexpérience et de mon ignorance du monde me saisit tellement que je suis tout étonnée moi-même de pouvoir marcher ainsi sans appui. J'ai d'ailleurs un fond de timidité que je surmonte souvent, mais que je ne pourrais jamais vaincre entièrement, je crois. Aujourd'hui, j'ai été presque ridicule. Il ne s'agissait pourtant que d'une simple visite que mon père m'a priée de faire sans lui. Je suis vaillamment entrée dans ce salon, où je comptais trouver deux personnes. Il y en avait huit, tout un cercle. Le ban et l'arrière-ban de la famille semblaient s'être donné rendez-vous. Il y a des personnes qui ne subissent pas l'impression de la surprise, je ne suis pas de ces personnes-là. J'ai salué avec embarras et je me suis trouvée assise au coin d'un grand feu et plongée jusqu'aux épaules dans un vaste fauteuil. Un siége bas dans une réunion est un supplice. On se sent gêné dans ses mouvements, enseveli ; on est habitué à regarder les gens de niveau, il faut lever les yeux sur ceux qui vous parlent, ce qui est vraiment déplaisant. Ma conversation s'est terriblement ressentie de mon malaise. En débutant, j'ai dit une sottise. On parlait littérature, la maîtresse de maison m'a demandé si j'avais entendu parler de quelque œuvre nouvelle. J'ai répondu affirmativement. On m'a demandé le titre. C'était tout simple. J'ai cité un ouvrage nouveau pour moi peut-être, mais très-ancien déjà dans le monde littéraire. En sortant de ce salon, j'ai bien ri intérieurement. Il est bon quelquefois de pouvoir rire de soi-même cela rend indulgent pour les gaucheries des autres. Qu'avait-il fallu pour me faire perdre contenance devant des personnes qui ne possèdent aucune de ces supériorités qui imposent? Me trouver assise sur un siége mou et bas, rougir outre mesure sous l'action d'un air trop chaud, au lieu de deux personnes en trouver huit.

Il fait froid; les cochers de fiacre se frappent violemment la poitrine du bras qu'ils ont libre. Quand à travers ses vitres on les voit s'administrer flegmatiquement ces énergiques *meâ culpâ*, on peut supposer que la température n'est pas douce au dehors. Alors une pensée me tourmente, la pensée des misérables et des pauvres à Paris. Quand je vois passer ces pauvres femmes grelottantes, ces enfants chétifs au teint violet, je me rappelle les pauvres de la province, ceux que j'ai vus dans les campagnes et que je trouvais si malheureux. Combien ils sont moins à plaindre! Les larges foyers des fermes leur sont ouverts quand ils cherchent l'aumône. Quand ils rentrent dans leurs chaumières, les enfants et les femmes ont ramassé dans les bois voisins de quoi faire une joyeuse flambée. Ce chauffage-là ne coûte rien, et il n'est pas d'âtre qui n'ait son feu de tourbe ou d'ajoncs. A Paris, la mansarde glacée n'a pas ces ressources; ici tout s'achète, tout se pèse. Que Dieu ait pitié des misérables et inspire de généreuses pensées aux riches! Je voudrais être riche.

Paris a les pieds dans la neige. Cette belle neige qui devient bientôt une affreuse boue dans les rues, produit ici ou là de charmants effets. J'ai fait avec mon père une longue promenade; Louise, dans sa dernière lettre, me recommandait de lui faire faire de l'exercice ; mais il aime ses travaux absorbants de cabinet, et il me regarde trop comme une petite fille pour avoir l'idée de suivre les conseils que je pourrais lui donner. Quand je veux qu'il sorte, j'invente un désir. Aujourd'hui je lui ai dit : Je voudrais voir Paris dans sa robe de neige. Nous sommes partis, et nous avons erré un peu au hasard. Les statues du Luxembourg avaient l'air de se draper dans un manteau de peau de cygne. A celle-ci la neige formait une blanche chlamyde, à cette autre un turban ou une couronne. Cette coiffure moelleuse allait bien à ces beaux visages de marbre. La neige faisait très-bien aussi sur les vieux palais, sur les sombres et antiques édifices. Elle se posait fraîche et légère sur les têtes de bronze des guerriers, sur les épaules des légistes, sur le front rêveur des poètes. J'ai forcé mon père à s'arrêter devant les deux bustes placés de chaque côté de la porte de l'École des beaux-arts : Pierre Puget, le grand sculpteur ; Nicolas Poussin, le grand peintre. Ces deux têtes sévères portaient des calottes de neige, et de légers flocons couvraient la moustache épaisse de Poussin. Cela adoucissait singulièrement leur physionomie, sérieuse comme il convient à des hommes de génie. Mes folles remarques, à propos de l'effet de la neige sur ces illustres personnages, ont beaucoup fait rire mon père ; mais, en rentrant, il a consulté sa montre et il m'a dit assez brusquement :

— Tu es une agréable compagne de promenade, ma fille, mais tu m'as fait perdre trois heures et manquer ma réunion d'aujourd'hui. Une autre fois, je l'espère, tu n'abuseras pas de ma complaisance.

J'ai pris l'air contrit, mais intérieurement j'étais triomphante. Lui faire manquer cette réunion était mon véritable but. Il trouve là des amis, mais aussi des adversaires ; il s'anime, il s'échauffe, et il en revient toujours très-fatigué. Je m'applaudis de lui avoir fait prendre un jour de congé, et je vais m'empresser d'écrire cela à Louise.

Ma journée, commencée le plus futilement du monde, a singulièrement fini. Lucile avait jugé à propos de venir me chercher à neuf heures du matin pour faire une promenade. Le père de Lucile s'enrichit. Le banquier fait des affaires d'or, le train de maison augmente, le luxe se déploie, la vanité de ces dames suit la même marche ascendante, et Lucile regarde vers certaines régions encore inabordables pour se choisir des amies. Je me sens donc de plus en plus distancée. Il est honorable d'être liée avec la fille d'un député, mais être liée avec la fille d'un sénateur serait déjà mieux. Et puis rien ne m'éblouit suffisamment. Je n'ai pas d'enthousiasme pour une parure, pour un attelage, pour un volant de dentelle. Une amie qui va à pied et qui n'admire pas avec élan sa richesse n'est pas ce qu'il faut à Lucile. Cependant, comme elle s'aperçoit que je suis très-bien accueillie partout, aussi bien qu'elle, malgré ses dorures, elle cultive ma connaissance en attendant mieux. Cette visite matinale, sans façon et sans attirail de toilette, m'a plu. Je l'ai très-amicalement remerciée et j'ai tout de suite accepté sa proposition.

Nous sommes montées en voiture. A peine assise, Lucile a pris un air contrarié. Je me préparais à lui demander la raison de ce changement subit de physionomie quand je me suis aperçue que ses cheveux un peu fauves se détachaient sur du bleu. Je n'avais jamais remarqué cet effet de nuances, et je m'aperçus enfin que je voyageais dans une calèche toute neuve, beaucoup plus élégante, beaucoup plus brillante que la dernière. C'était clair ; cette visite qui m'avait touchée était une petite manœuvre de vanité. Lucile avait hâte de me montrer cette voiture nouvelle. Je trouvais cela pitoyable ; mais je n'ai pas cru devoir lui cacher ma découverte.

— Voilà des cordelières très-gracieusement nouées, ai-je dit d'un air indifférent ; il me semble que les portiè- de ton ancienne calèche n'avaient pas cette élégante garniture.

— Oh ! non, a-t-elle répondu vivement ; cette calèche coûte très-cher ; c'est ce qui se fait de plus nouveau en carrosserie.

La grande nouvelle était apprise ; je parlai d'autre chose.

Nous avons trouvé Mme Brillon dans les magasins du Louvre, et nous avons passé une bonne heure à admirer les plus élégants chiffons de Paris. De là, nous sommes revenues rue Royale. Sur le seuil du magasin de porcelaines où Mme Brillion allait faire une longue halte, je me suis arrêtée et j'ai jeté un coup d'œil d'envie vers le jardin des Tuileries, dont les grands arbres étaient tout ensoleillés.

— Si nous allions nous promener un moment, m'a dit Lucile qui a bien traduit l'expression de mon regard.

Je ne demandais pas mieux, ni Mme Brillion non plus.

Nous nous y sommes rendues, respectueusement suivies par un grand laquais. Nous avons traversé le jardin sans nous presser, et puis nous sommes revenues sur nos pas. En chemin j'ai aperçu Mme Degalle et je l'ai saluée. Elle a répondu à mon salut avec sa grâce ordinaire ; mais sa physionomie était pensive, si triste même, que j'ai fait presser le pas à Lucile ; nous avons atteint Mme Degalle et je l'ai arrêtée pour lui demander de ses nouvelles. Elle m'a répondu qu'elle était bien ; mais elle m'a dit cela si gravement, si mélancoliquement, que, sans réfléchir que je commettais une grosse indiscrétion, je lui ai demandé pourquoi elle paraissait si triste.

— Vous ne savez donc pas à quel jour nous sommes ? m'a-t-elle dit.

Je n'en savais rien, ni Lucile non plus.

— C'est aujourd'hui le 21 janvier, a-t-elle repris.

J'ai tressailli et je me suis machinalement tournée vers la place de la Concorde. Le soleil tapissait de rayons splendides le sol qui a bu le sang de Louis XVI ; la foule s'y croisait affairée, et cependant, à pareil jour, quel horrible drame s'était terminé là !

Mme Degalle a deviné ma pensée.

— Voilà la vie, mon enfant ! m'a-t-elle dit. Pour le présent, le passé est couvert d'une ombre qui devient d'année en année plus épaisse et que peu de regards aiment à percer. Tout ce que nous devons peut-être désirer, c'est que le voile se fasse impénétrable, quand il s'agit de dérober aux yeux des générations nouvelles un aussi hideux passé. Mais, si l'on pardonne aux bourreaux, on ne doit pas oublier la victime.

Sur cette place, cependant, combien de gens passent oublieux et ignorants ! Combien peu se rappellent qu'un échafaud s'est élevé là, qu'un roi juste et bon y est monté et que sa tête est tombée devant une multitude consternée, mais dominée par la terreur, esclave de la peur ! Ah ! s'il y en a qui oublient, il y en a qui se souviennent. Aujourd'hui a lieu un véritable pèlerinage à la chapelle expiatoire de la rue d'Anjou.

— J'ai bien envie de vous accompagner, madame, lui ai-je dit.

— Venez, m'a-t-elle répondu ; donnez ce matin ce but à votre promenade.

— Il y a donc beaucoup de monde, madame, a demandé Lucile.

— Oui, la chapelle est beaucoup trop étroite les jours comme ceux-ci ; elle ne désemplit pas.

— Je veux y aller aussi, a dit Lucile.

Nous nous sommes dirigées toutes les trois vers le magasin de porcelaines. En apercevant Mme Degalle, Mme Brillion a pris son plus grand air. Ce grand air consiste à s'enfler la gorge et à dresser la tête comme un pigeon qui s'apprête à roucouler. Malgré ce beau mouvement, malgré le velours et les fourrures dans lesquels se drapait sa maigre personne, combien elle paraissait peu distinguée auprès de Mme Degalle, si simplement vêtue de noir, mais dont la physionomie est si riche en expression!

Lucile adressa sa requête. Mme Brillion fit une large révérence à Mme Degalle, mais répondit assez sèchement que cette démarche ne conviendrait probablement pas à M. Brillion. Mme Degalle fit doucement observer qu'il y a désormais peu d'hommes qui craignent de témoigner leur horreur pour les excès de 93 ; et sur cette observation elle salua et sortit du magasin. Mon parti était pris. Je m'excusai à la hâte près de ces dames de leur fausser compagnie et je la suivis.

— Je n'ai jamais compris que M. Brillion se soit imaginé d'épouser cette femme commune et vaniteuse, lui dis-je.

— La jeunesse a un charme qui couvre bien des imperfections, me répondit-elle. Mme Brillion a toujours eu l'air un peu arrogant, elle confond cet air avec l'air distingué. Je crois qu'elle ne m'aime guère. Il y a une dizaine d'années, j'étais encore presque une jeune femme, je la rencontrai dans le monde. Elle daigna me tendre sa main dorée en me faisant entendre que je devais me trouver très-flattée de son amitié. Peut-être en eussé-je retiré beaucoup d'honneur, mais à coup sûr peu d'agrément, car elle avait peu d'esprit, peu de bonté et laissait toujours percer un insupportable amour-propre. En outre, elle n'avait ni mes goûts, ni mes idées, ni mes sentiments. Je restai donc indifférente, et je m'aperçois qu'elle ne m'a pas encore pardonné. Je le regrette, mais à mon âge on fait bon marché des petites rancunes de gens qu'on n'a jamais aimés. Aimez-vous sa fille?

Je lui répondis que le hasard seul nous avait mises en relation, et qu'elle n'était guère pour moi qu'une simple connaissance.

— Alors vous avez tort de la fréquenter autant, me dit-elle. Vous lui êtes beaucoup supérieure comme esprit, et vous ne l'aimez pas d'affection. Il n'y a donc ni intimité ni confiance entre vous. Et vous vous approchez ainsi inutilement de femmes frivoles et orgueilleuses qui ne vous aiment pas. A votre âge, le luxe, l'élégance raffinée, ont bien de l'attrait, et j'ai connu des femmes qui faisaient de ces choses un élément de bonheur.

Elle disait vrai. Mon silence lui a paru une approbation suffisante; elle a repris sa physionomie pensive et s'est tue. Mes idées prenaient la même pente que les siennes. Je rappelai mes souvenirs historiques, hélas ! et je m'abîmais dans le sombre passé évoqué par le triste anniversaire. Enfin nous arrivâmes au petit temple expiatoire bâti sur l'emplacement de l'ancien cimetière de la Madeleine, où avaient été jetés les restes mortels de Louis XVI et de Marie-Antoinette. Une foule, que j'aurais voulue plus profondément recueillie peut-être, s'écoulait pareille à un flot silencieux. Une messe venait de finir, on se hâtait de céder la place aux nombreux arrivants. En entrant dans la pe-

2.

tite chapelle, j'éprouvai une émotion poignante. Les deux groupes en marbre qui remplissent pour ainsi dire le sanctuaire y produisent un effet saisissant. Le roi, la reine et Mme Elisabeth sont là : le roi à droite, la reine à gauche, Mme Elisabeth à gauche. Marie-Antoinette est à demi-prosternée, suspendue en quelque sorte au cou de Mme Elisabeth ; sa belle tête se renverse en arrière, ses cheveux sont épars et ruissellent sur un manteau royal fleurdelisé et doublé d'hermine ; sur un pan de ce manteau repose cette fatale couronne, qui a été pour elle une sanglante couronne d'épines. Mme Elisabeth, droite et calme, est appuyée sur une croix. Elle l'a portée courageusement, saintement.

Louis XVI est à genoux, revêtu de ses ornements royaux ; un ange lui montre le ciel. Sur le socle du monument du roi martyr se lit ce magnifique testament, dernier cri de l'innocence sacrifiée, protestation sublime dans laquelle la victime pardonne à ses bourreaux, et qui a pris sa place d'honneur dans les archives de l'histoire. Sur le socle du monument de la reine est écrite sa lettre d'adieu à ses enfants, ce chef-d'œuvre de force et de sentiment, où se révèlent pleinement la tendresse maternelle du cœur de la femme, la fière énergie et la magnanimité du caractère de la reine.

Que ces souvenirs sont déchirants ! je voudrais que toutes les larmes qui ont été versées, toutes celles qui se verseront sur les royales victimes, pussent effacer cette tache de sang qui déshonore les pages de notre histoire.

Vain désir ! Elles ont coulé à flots, et rien n'est effacé ; la tache est là, indélébile. Ces forfaits, œuvre de quelques monstres, sont des faits accomplis ; il faut les accepter. On les accepte en les détestant et en les pardonnant.

En sortant, je me suis heurtée à une jeune fille simplement vêtue et dont un voile épais couvrait la figure. Sa tournure m'a frappée. Comme je mettais le pied dans la rue, elle a levé son voile et a marché vers nous. C'était Laure. Ma surprise a été grande. Son père a des opinions qui ne s'accordent pas précisément avec cette démarche. C'est cependant un pèlerinage qu'elle fait tous les ans avec l'assentiment de son père, sans se cacher, mais sans affecter de se montrer. Un instant de réflexion me prouva que cette conduite n'avait rien que de très-simple. Le père de Laure est un honnête homme qui a des idées libérales ; ce portrait n'est pas celui d'un terroriste.

Nous menons, mon père et moi, une vie bien dissipée. J'ai fait ce que j'ai pu pour l'engager à rester à la maison et à laisser au moins le soir ses travaux d'écrivain et de politique. J'ai complétement échoué. La session est ouverte, il n'y a plus ni paix ni trêve pour lui. Quand il n'assiste pas à des soirées politiques, il travaille enfermé dans son cabinet, et pour ne pas rester à me morfondre seule dans ma chambre j'accepte les invitations qui me sont faites. Je vais très-peu dans le monde, mon père ne se décidant que très-rarement à revêtir son habit noir ; mais nous avons des soirées chez nos amis intimes et je me laisse entraîner.

— Vous quittez trop votre maison, mon enfant, m'a dit l'autre jour Mme Degalle qui était venue avec Laure pour passer la soirée avec moi ; la vie intérieure finira par vous paraître monotone et ennuyeuse.

Mme Degalle est peut-être dans le vrai, mais à mon âge est-on parfaitement raisonnable ? La matinée d'hier m'a vivement intéressée. Mme Brillion, qui est très-vaniteuse, mais assez bonne femme au fond, recevait des étrangers, et Lucile m'avait arraché une promesse. Depuis qu'elle s'est brouillée avec Aurélie à propos de je ne sais quel faux renseignement donné sur une toilette, je lui suis devenue très-nécessaire.

Parmi ses invités se trouvaient deux créoles, une jeune femme et son mari. On a fait de la musique, d'excellente musique, et, après s'être un peu fait prier, l'Américaine s'est aussi mise au piano et, sur la demande de Lucile, elle nous a joué l'air avec lequel on fait danser les nègres dans l'habitation de son père. C'était vif, mais sauvage et peu harmonieux. Le premier moment d'étonnement passé, l'attention générale s'est trouvée distraite. La mienne était doublement excitée. Le visage des deux étrangers était devenu pour moi un miroir sur lequel se réflétaient les impressions intérieures les plus diverses. Cet air du pays natal les arrachait pour un instant, on le devinait, à leur situation présente. Ils avaient quitté notre froide Europe, ils se retrouvaient sous leurs palmiers, ils revoyaient leur beau ciel, ils aspiraient les senteurs pénétrantes de cette terre féconde, éblouissante de soleil. La jeune femme s'animait, elle jouait fiévreusement, elle s'enivrait de cette musique barbare qui ravissait ses nègres. Un demi-sourire entr'ouvrait ses lèvres et sur les lèvres de son mari se dessinait le même sourire. Et puis un air plus doux succéda à celui-là. Son sourire s'effaça, sa tête se pencha, ses paupières se baissèrent, et elle se mit à chanter une romance espagnole d'une voix tendre et profondément émue. Il l'écoutait immobile et violemment impressionné aussi. Son regard vague se perdait dans le vide, un monde de souvenirs s'éveillait en lui, il n'y avait plus que son corps dans ce salon, son esprit et son cœur étaient ailleurs. A quoi pensaient-ils l'un et l'autre? Il n'eût pas été facile de le deviner, mais dans le chant de l'un et dans l'attitude de l'autre quelque chose se faisait sentir : le regret de la patrie, l'amour du pays natal. Cette romance semblait contenir un soupir dans chacune de ses notes, et, quand elle finit, mon oreille attentive perçut parmi les bruits du salon deux soupirs se faisant écho, et j'ai vu entre les cils bruns de la jeune femme briller une larme que son mouchoir brodé a discrètement étanchée. Les autres n'entendirent et ne virent rien, on la remercia avec fracas, on lui prodigua des louanges banales et peu sincères, et on s'occupa d'autre chose. Dans le monde les aveugles et les sourds ne sont pas rares.

Je viens de faire une folie et je ne sais comment me l'expliquer à moi-même. J'ai obtenu de mon père un changement d'appartement. J'ai mis en avant bien des prétextes. Monter trois étages le fatigue, il est trop loin du

Palais-Bourbon, le concierge ne tient pas l'escalier propre, il y a des gens bruyants au-dessus et en dessous de nous, ce qui doit beaucoup le gêner pour son travail. Avec moi-même je n'en ai qu'un, et il est détestable. Lucile m'a dit qu'on nous trouvait misérablement logés. C'est son expression. C'est M. Jules Déblin qui l'a dit. Mon amour-propre a été froissé et sur mes instances un nouvel appartement beaucoup plus cher a été loué. Voilà pourquoi, ce soir, dans cette petite chambre que je vais quitter, j'ai des regrets et je ne puis trouver que j'ai sagement agi.

J'ai reçu tantôt la visite de Mme Degalle et de Laure. Je leur ai montré en détail notre nouvel appartement avec une satisfaction entachée de vanité peut-être. Laure a trouvé tout charmant, Mme Degalle a gracieusement vanté le bon goût qui, disait-elle, avait présidé à l'arrangement des meubles, mais elle avait cependant l'air contraint. Il m'a semblé voir passer un nuage sur sa figure bienveillante, quand elle est entrée dans le salon meublé à neuf. Je n'ai pas encore osé la questionner, mais je me creuse la tête pour deviner la cause de cette désapprobation tacite qui ne m'a pas échappé.

Je ne suis plus seule. Ma cousine Zoé s'est décidée à venir passer l'hiver chez nous. Ma cousine a l'âge et la respectabilité d'une tante, elle est à peu près de l'âge de mon père, qu'elle tutoie. J'ai beaucoup engagé mon père à lui faire cette proposition qu'elle avait l'air de solliciter dans toutes ses lettres; j'espère ne pas avoir à m'en repentir. Je reste maîtresse de maison et me voilà nantie d'un chaperon. J'irai plus souvent dans le monde, et nous recevrons à notre tour. Il est très-agréable de recevoir. Chez les autres, on n'est pas toujours sûr de rencontrer les gens qui vous plaisent. Ici je serai consultée par mon père qui n'a plus rien à me refuser.

———

La présence de ma cousine n'a point, comme je l'espérais, ajouté à mon bonheur. Ce n'est pas là le mentor que j'avais rêvé, cet idéal de la femme âgée que j'ai rencontré dans Mme Degalle. Ma cousine Zoé me paraît fort occupée d'elle-même et très-difficile à contenter. Elle soigne trop un reste de beauté dont personne ne se soucie. Le faux abonde sur sa personne et lui ôte complétement le charme sérieux des vieillesses dignement portées. Je ne connais rien de plus triste qu'une vieille femme frivole, et j'admire la bonté de mon père qui ferme si complaisamment les yeux sur les ridicules de sa parente.

— Je la croyais devenue plus raisonnable, m'a-t-il dit l'autre jour en la voyant paraître le front orné d'une natte blonde et les joues enluminées d'une fraîcheur équivoque.

La raison, je le crois, est un fruit qui doit se trouver en germe dans la fleur de la jeunesse, autrement il ne se forme, ni ne mûrit.

Ma cousine Zoé n'a donc, moralement parlant, aucune

valeur pour moi; mais elle a conservé un goût très-vif pour le monde et y représenterait bien si ses toilettes subissaient une modification. Et puis elle n'est pas jalouse de la jeunesse. J'ai rencontré plus d'une femme sans prétentions apparentes dont toute jeunesse et toute beauté semblaient offusquer le regard. Ma cousine Zoé n'a pas ce travers, elle entasse le fard sur ses joues, les faux cheveux, les fleurs et les plumes sur sa tête, les bagues sur ses doigs; mais elle n'est pas dénigrante et elle ne jalouse ni les teints vrais, ni les chevelures naturelles, ni les grâces de l'âge qu'elle n'a plus.

Il y a cependant des moments où je la voudrais encore à Rouen. Ce n'est pas une compagne pour moi, mais bien un souci de tous les instants. Un rien la gêne et elle est trop oisive pour ne pas s'ennuyer souvent.

Heureusement elle adore le whist et elle a bien vite organisé une partie pour elle. Jeunes et vieux sont engagés; mais M. Déblin est le seul jeune homme qui se soit rendu à l'appel. Il est devenu un des habitués de la partie. Aussi ma cousine le déclare-t-elle charmant. Sa jeune figure produit vraiment un agréable effet entre les vieux visages qui l'entourent. Je travaille pendant qu'ils jouent, et je reste volontiers à la maison ce soir-là. Lucile me fait là-dessus une petite guerre à sa façon; mais il est positif que, maintenant que je possède ma cousine, je ne puis sortir le soir sans elle.

———

Ce soir j'ai un poids sur le cœur, un poids d'autant plus

lourd que je ne puis l'alléger par une confidence. Je maudis et je bénis ma clairvoyance. Hélas! toute vérité n'est pas bonne à savoir non plus qu'à dire. Cette pauvre Mme Degalle était loin de supposer qu'elle avait laissé paraître une ombre de désapprobation à sa première visite dans notre nouvel appartement; mais, comme elle est la sincérité même, elle n'a pu se défendre de m'avouer qu'elle avait été vivement peinée de me voir me départir des habitudes d'économie et d'ordre qui distinguaient Louise et que j'avais tout d'abord adoptées, lui avait dit Laure. Elle trouve notre appartement trop luxueux pour notre fortune qu'elle connaît mieux que moi. Mon père est son ami d'enfance, elle rend justice à ses grandes qualités; mais elle sait qu'il s'occupe avec beaucoup plus de zèle des affaires de l'Etat que de ses propres affaires, elle sait qu'il a été trompé, qu'il a fait des spéculations qui n'ont pas réussi et qu'il dépense ordinairement sans compter. Or, ma mère avait une fortune insignifiante, et notre position actuelle m'est apparue sous son vraie jour. Notre train de vie doit être très-modeste, un député n'est pas inamovible et le caractère de mon père est trop indépendant pour que j'espère le voir vivre et mourir membre d'une assemblée politique. J'ai donc eu tort de le pousser à des changements qui peuvent convenir à sa position sociale, mais qui ne sont pas en rapport avec sa fortune. Mon père, qui regarderait comme un crime de grever inutilement d'un centime le budget de la France, livre au pillage son propre budget, et, pour me faire jouir du présent, ferme les yeux sur l'avenir.

3

Mme Degalle me disait cela gravement, affectueusement, tendrement, avec des délicatesses infinies et avec la seule pensée de m'arrêter sur une pente dangereuse où je courais en aveugle. Certes elle a pris soin de me bien dorer la pilule, mais la pilule ne m'en a pas paru moins bien amère.

Je ne suis pas économe de ma nature, mes dépenses vont leur train. Heureux les riches !

Cher confident, faut-il donc qu'en vous lisant le rouge me monte au visage? Et cependant vous êtes pour moi un miroir dans lequel se reflète fidèlement ma propre image, le réservoir secret où s'épanche discrètement le trop plein de mes idées. Donc vous êtes vrai et je ne puis rien effacer de ce que ma main a tracé sur vos pages. Hier, j'étais possédée par un désir immense de richesse, par une soif ardente de bien-être et j'ai jeté cette égoïste et honteuse exclamation : Heureux les riches! Aujourd'hui j'ai vu pleurer amèrement une femme qui jette l'or à pleines mains autour d'elle, une femme que la vie entoure de ses douceurs, la richesse de ses enivrements et de ses prestiges, et j'ai compris le néant de la richesse.

Cette pauvre mère n'a pu racheter la vie de son enfant, il est mort dans son berceau de satin armorié ; son joli visage est retombé sans vie sur l'oreiller de dentelle, et des yeux de sa mère coulent des larmes que rien ne peut tarir. Laure va voir cette pauvre femme tous les jours. Elle l'a connue en pension et elle revient toujours de chez elle affreusement triste. La richesse que je désirais tant, cette malheureuse mère la dédaigne, elle se reproche de n'en avoir pas fait un meilleur usage, elle voit dans ce malheur une punition de Dieu ; elle ignorait la charité, elle n'a jamais pensé qu'à satisfaire ses caprices, elle a volontairement oublié qu'il y avait des pauvres. Ce qu'elle leur abandonnait n'était qu'une partie infiniment petite de sa fortune.

Beaucoup ont, dans un moment de déraison, formulé dans leur cœur ce souhait que j'ai osé écrire. Qui donc pense à cette chose : la responsabilité de la richesse ?

———

Mon père et le père de Laure se rapprochent un peu, me dit-on. Dans la dernière session ils ont eu sur la même question des opinions moins opposées. J'ai profité de cette trêve pour emmener ma cousine Zoé chez Mme Degalle. La maison qu'elle habite est pour Laure et pour moi un terrain neutre où, par la permission paternelle, nous pouvons nous rencontrer. Zoé a trouvé Laure charmante, pleine d'affabilité et d'esprit, et, comme elle a connu sa mère, elle se promet de lui faire une visite. Elle le fera comme elle le dit. Ma cousine Zoé aime le blanc de céruse, le fard rouge et les rubans bleus, mais elle ne connaît pas bien les nuances politiques. Elle s'entretient soigneusement dans une ignorance parfaite de tout ce qui doit se passer, afin de ne pas se troubler l'esprit. Aucune considération parlementaire ne l'empêcherait donc d'aller où il lui plaît.

Un démocrate qui jouerait bien le whist aurait toutes ses sympathies, elle aime les légitimistes parce que dans ce parti, dit-elle, sont les derniers causeurs. Les conversations des hommes lui semblent maintenant parfaitement ennuyeuses et tout à fait dépourvues d'intérêt. Je ne suis pas toujours de son avis et nous discutons souvent là-dessus. Le jeune homme le plus parfait selon elle est M. Jules Déblin, précisément parce qu'il ne parle jamais de choses sérieuses devant les femmes. Je n'ai garde de la contredire en ceci ; je le trouve élégant, spirituel, mais sa conversation légère paraît monotone et vide à beaucoup de gens. Il dit les riens d'une manière ravissante, il raconte les anecdotes comme pas un, mais je ne serais pas fâchée parfois de l'entendre s'élever au-dessus de sa petite chronique hebdomadaire. Je ne désire pas qu'il devienne pédant ; mais, si j'étais sa sœur ou sa femme, je le gronderais de rester muet quand un incident fait monter la conversation jusqu'à une hauteur inusitée et d'effectuer sa retraite avec le plus moqueur de ses sourires. Je le défends souvent devant mon père, qui l'accuse d'être superficiel. Peut-on l'être quand on a tant d'esprit ?

On parle beaucoup du mariage de Laure. Elle ne m'a encore fait aucune confidence, mais j'ai des yeux et j'ai deviné que le fils adoptif de Mme Degalle a des projets. Une dame parente de Laure donne des soirées fort recherchées. Les salons sont grands et au besoin ils se transforment en salle de spectacle.

La comédie de société est en grande vogue. Sur les instances réitérées de sa tante, Laure a accepté un rôle dans la dernière pièce. Il paraît qu'elle se tire à merveille de ces choses, et qu'obligée de montrer son esprit et sa grâce, elle est éblouissante. Je voudrais être à mardi pour l'applaudir.

Je l'ai applaudie des deux mains et le neveu de Mme Degalle aussi. Un peu avant la représentation elle m'a fait chercher pour me consulter sur un détail de sa toilette. Je l'ai trouvée en marquise, poudrée à blanc, le col et les bras nus, et la jupe courte par devant faisant queue par derrière ; elle était charmante. Elle paraissait peu émue, et cependant l'heure était arrivée ; heure palpitante, car, si le succès est là, prêt à orner un front comme une couronne, l'insuccès est tout prêt aussi. Le public d'un salon est plus indulgent que le public d'un théâtre, mais il conserve des droits inaliénables. Si vous lui plaisez, tant mieux ; si vous lui déplaisez, il vous le laissera très-poliment voir !

Elle a paru. Ses yeux brillants avaient un regard qu'on ne lui connaissait pas ; la jeunesse, la beauté rayonnait en elle, sa voix avait des intonations parfaitement justes. Tous les regards disaient : Elle est charmante et elle joue à ravir. Après cette première scène, des bravos frénétiques ont éclaté, j'ai passé dans la coulisse pour la complimenter. Elle était très-sérieuse.

— Quoi ! vous n'êtes pas plus enivrée que cela, lui ai-je dit.

— Je suis triste, m'a-t-elle répondu ; il me semble que j'ai fait de ma personne une exhibition vaniteuse. J'ai réussi, je le sais ; cet attirail Louis XV me va très-bien, je le devine ; mais qu'est-ce que la vanité satisfaite ? Pour moi, je le sens, je n'en pourrais tirer un atôme de bonheur.

Sa raison m'écrase. Je l'aime et je ne l'envie pas ; mais j'avoue que ma tête eût un peu tourné si j'avais aspiré la dixième partie de l'encens qu'elle a pu respirer ce soir-là.

Il paraît que mon père jouit en ce moment d'une grande influence. C'est une allée et une venue continuelles de solliciteurs. Ce matin j'ai rencontré dans l'antichambre une pauvre femme qui attendait son tour d'audience. Malgré la pauvreté de ses vêtements elle avait l'air distingué. Que cela est navrant, mon Dieu ! d'en être réduite à mendier des faveurs qui ne sont bien souvent que la récompense justement méritée de services rendus à l'Etat ! Je l'ai saluée, et, remarquant qu'elle frissonnait, je l'ai priée de passer dans la salle à manger où il y avait du feu. Elle m'a remerciée simplement, mais en des termes révélant la femme comme il faut. Lucile, que je reconduisais, était impatientée et a jeté à la visiteuse un regard qu'elle croyait méprisant et qui n'était que grossier. Le regard qui lui a répondu contenait un dédain de meilleur aloi, et Lucile l'a senti, car elle a rougi de dépit et elle m'a quittée brusquement. Je voudrais que mon père fit obtenir à cette pauvre femme ce qu'elle demande.

J'ai appris avec plaisir que les démarches faites par mon père pour ma protégée ont eu le meilleur résultat. Il me l'a dit et il m'a en même temps remerciée des attentions que j'avais eues pour cette dame tombée d'une position aisée dans la plus affreuse misère.

———

Ma cousine Zoé se mêle décidément de politique, et cela, grâce à M. Déblin. Elle sait quel mouvement aura lieu dans les ministères, elle est au courant de tout ce qui s'y trame. M. Déblin désire avec ardeur une place qui va devenir vacante, mais qu'il ne peut obtenir qu'au détriment d'un homme qui a plus de droits que lui. Mon père refuse de faire des démarches, il prétend que sa nomination serait une injustice. Ils viennent encore de discuter là-dessus. Ma cousine Zoé fait bon marché des motifs fondés sur la conscience et s'agite pour obtenir de mon père sa recommandation près du ministre. Il s'est encore excusé. Elle s'est levée et est allée lui parler à l'oreille.

Mon père m'a lancé un regard étrange.

— Quand même cela serait, je ne le ferais pas, a-t-il répondu.

Ce regard, ce quand même, m'ont émue malgré moi. J'ai beau crier à mon imagination et à mon cœur : Silence ! ils me jettent dans un trouble extrême.

———

Le candidat opposé à M. Déblin s'est retiré, mon père a

consenti à faire la démarche qu'il trouve maintenant justifiée. Il n'est question que de cette nomination qui fraye à M. Déblin le chemin vers les plus hautes positions administratives. Ma cousine Zoé est tellement occupée de son protégé qu'elle s'en coiffe de travers. Laure m'a dit qu'on parlait déjà de mon mariage avec M. Déblin, qui devra à mon père cet avancement tout à fait inespéré.

Il est nommé. Ma cousine Zoé est triomphante, il vient la voir presque tous les jours et il nous a annoncé l'arrivée prochaine de sa mère. En disant cela, il m'a regardée. Que de choses j'ai cru lire dans ce regard ! Mais chut ! je ne dois pas prétendre à un aussi brillant parti. Ma cousine Zoé m'a confié que M. Déblin serait riche. Que m'importe ! Bonheur et richesse ne sont pas synonymes, assure-t-on.

Depuis quelques jours je me sens nerveuse, impatiente, et j'ai très-souvent recours à l'obligeance de Mme Degalle, qui me promène beaucoup, mais pas encore assez à mon gré. Elle va retourner dans sa province et elle visite Paris en détail. Ma cousine Zoé ne visite jamais avec intérêt que les magasins de nouveautés et ne comprend la promenade que sur les boulevards ou sous les arcades du Palais-Royal. Mme Degalle trace autrement son itinéraire, et de chaque sortie avec elle me reste un agréable ou utile souvenir.

— Il y a en vous l'étoffe d'une femme sérieuse, disait-elle l'autre jour ; mais vos plus intimes connaissances vous tirent en sens contraires, vos lectures sont insignifiantes, et vous n'accordez pas assez de temps à la réflexion.

Je sens qu'elle a raison et je me promets toujours de tenter une réforme dans ma propre vie, de rompre avec l'irrégularité, le va et vient. Aujourd'hui nous avons visité ensemble Saint-Etienne-du-Mont et le Panthéon. A Saint-Etienne-du-Mont on accorde d'abord son attention au magnifique jubé qui donne à cette église un aspect tout particulier. En le regardant, les vers suivants me revinrent en mémoire et je les récitai à demi-voix à Laure :

>   Dans le vieux temple, un soir, j'entrai le cœur bien las,
>   Et ne pouvant prier, je soupirais... hélas !
>   . . . .
>   Je disais. Tout à coup l'ombre devient plus noire ;
>   Dans mes cheveux émus passa ce vent glacé
>   Qui sur le front de Job autrefois a passé ;
>   Le vent d'hiver pleura sur le parvis sonore
>   Et, pensif, je sentis que je gardais encore
>   Dans un pli de mon cœur, de moi-même ignoré,
>   Un peu de vieille foi... parfum évaporé.
>   . . . .
>   . . . .
>   Le repentir me prit et j'y trouvai des charmes,
>   Et du marbre sacré la poudre but mes larmes.
>   Quand je me relevai, plus léger de remords,
>   Comme au dedans de moi, c'était fête au dehors ;
>   La vitre occidentale, allumant sa rosace,

D'une langue de feu m'illumina la face.
Le couple séraphique, en extase courbé,
Avec plus de ferveur pria sur le jubé...

C'est Hégésippe Moreau qui a écrit cela, un pauvre poëte devenu impie. L'année même où il écrivait ces vers intitulés *Un Quart-d'Heure de dévotion*, il est mort chrétien.

Laure a trouvé les vers touchants, mais elle a regretté de ne pas voir d'anges sur le jubé.

Le Panthéon est un temple dont l'aspect profane ne plaît pas à Mme Degalle. Elle a cependant beaucoup admiré les beautés qu'il renferme. La coupole est superbe et les quatre grandes peintures de la partie inférieure sont splendides. Naturellement tout le monde critique l'entrevue polie de Napoléon Ier et de la Gloire. C'est peut-être bien imaginé, mais c'est bien mal placé. J'aime mieux la *Mort* qui se trouve à gauche. Je vois encore cette femme au teint livide, à l'œil ardent, aux cheveux noirs épars sous sa couronne de fer, avec ses ailes sombres de chauve-souris, la draperie flottante et diaphane qui l'enveloppe comme un suaire. Elle est, là penchée, dévorante, la main appuyée sur la poitrine d'un homme expirant, la droite levée et menaçant le monde. Un vieillard et une jeune femme se prosternent devant sa face inflexible! C'est une page saisissante.

Nos courses nous ont conduites dans une petite église qu'on se prépare à orner de peintures. Des échafaudages s'élevaient jusqu'aux voûtes, une grande toile grise voilait la partie qu'on allait peindre et était tirée comme un rideau entre l'artiste et les curieux. J'ai pensé qu'il devait faire bon dans cet atelier aérien, dans ce sanctuaire de l'art, quand on se sentait vraiment artiste et que du cerveau fécond jaillissait l'idée que la main a la puissance et l'habileté de reproduire par la ligne et la couleur. Je me suis représenté les grands maîtres s'isolant devant les murailles qu'ils vont couvrir de chefs-d'œuvre. Comme ce silence auguste des temples, comme cet atelier entre ciel et terre devait merveilleusement favoriser l'inspiration! En regardant ce voile tendu entre le peintre et les visiteurs indiscrets, j'aurais presque envié l'artiste. J'aurais presque désiré m'abîmer comme lui dans cette recherche du beau, dans cette lutte de l'art, passer des jours, des mois, des années dans ce travail béni, oublier là le monde, ses petitesses, ses exigences, ses joies factices, ses douleurs inconsolées.

Je pense tout haut devant Mme Degalle et Laure, et ma fantaisie les a fait sourire.

— Elle a parfois des goûts d'ermite, a dit Laure à Mme Degalle.

— Ce n'est cependant pas le moment d'en avoir, a-t-elle répondu avec un bon sourire. Dans tous les cas, ne pas craindre la solitude, la rechercher même parfois n'est pas un mal.

Voilà des maximes que ne tolérerait pas ma cousine Zoé.

———

Mon mariage est décidé. Que de choses se sont passées pendant ces trois dernières semaines ! J'avais le cœur trop plein pour continuer mon journal. Soir et matin, quand je me trouve seule dans ma chambre, je ne fais plus qu'une chose : me mettre à genoux pour prier. Et pourtant je suis heureuse.

Mes amies ont accueilli bien différemment la grave nouvelle. Aurélie m'a dit qu'il était grand temps que je fusse mariée ; Lucile a pleuré et m'a déclaré que j'étais trop heureuse, elle a toujours beaucoup admiré M. Jules ; Laure m'a embrassée tendrement et m'a souhaité tous les bonheurs.

— Je me réjouis et je m'attriste, a-t-elle ajouté ; M. Déblin n'aime que Paris et sa position l'y fixe ; mes parents forment pour moi un projet d'avenir qui nous fera habiter tout près de chez ma tante Degalle. Nous voilà donc à tout jamais séparées.

Des larmes roulaient dans ses yeux.

Le bonheur est égoïste de sa nature, mes yeux sont restés secs et je l'ai consolée au lieu de m'affliger avec elle. Je suis dans une de ces phases délicieuses de l'existence humaine où le cœur rempli par un sentiment se replie sur lui-même et devient inaccessible à toute autre impression. Je voudrais tout le monde heureux ; mais la corde de l'affliction ne vibre plus autant en moi pour les douleurs d'autrui.

Quelle ennuyeuse chose que la politique ! Je croyais en avoir fini avec elle, et elle vient justement troubler ma parfaite quiétude. Un changement imprévu de ministère a eu lieu. Mon père est indigné, car c'est son ami qui tombe ; M. Jules paraît inquiet, Mme Déblin soucieuse. La conversation ce soir a été politique. Pour une fiancée c'était amusant! Ma cousine Zoé bâillait presque malgré elle, et j'avais bien envie de l'imiter.

Mon père est très-souffrant. Mon mariage qui avait été fixé au 10 du mois prochain, est retardé.

Enfin il est hors de danger. Pendant quinze jours nous avons presque désespéré de lui. Quelle terrible chose que la maladie. Dieu merci ! elle a été vaincue. Je suis fatiguée, épuisée, qu'importe? mon père est sauvé !

La convalescence marche, mais lentement. Mon père la retarde en se tourmentant outre mesure. Les colléges électoraux vont se réunir, et il aurait voulu pouvoir se rendre dans son arrondissement. Le nouveau ministre ne lui est pas favorable, il a reçu l'avis qu'on va lui susciter un adversaire très-redoutable. Il ne s'en inquiète pas. Il a rempli son mandat courageusement, consciencieusement, il est sûr de la victoire; mais il a peur que son absence ne soit mal interprêtée ; il se figure que les malintentionnés supposeront que la crainte de ne pas être réélu le retient seule à Paris. M. Déblin s'occupe activement de nos affaires, il s'est nommé le secrétaire particulier de mon père et il me délaisse un peu ces temps-ci. Je trouve cela tout simple, et cependant j'aimerais mieux qu'il se laissât moins absorber par son zèle.

M. Jules est parti. Le moment solennel approche, et sa qualité de futur gendre lui donne bien un peu le droit de se mêler des affaires de son beau-père. Il s'est offert lui-même et, après quelques difficultés, mon père a consenti à ce qu'il allât voir s'il est vrai qu'il se trame quelque chose contre lui là-bas. Ni l'un ni l'autre ne paraît redouter sérieusement cette candidature improvisée ; il y a plusieurs années que mon père représente son arrondissement, et chacun rend justice à sa haute capacité, à son obligeance et à sa loyauté. Mais M. Jules est trop prévoyant et trop rompu aux petites perfidies administratives pour ne pas désirer éclaircir la question. Il m'a très-éloquemment expliqué ses raisons, et, malgré le chagrin que je ressentais de son départ, je ne m'y suis pas opposée.

Mon père a encore les yeux faibles et je lis sa correspondance. Les lettres de M. Jules se succèdent et j'éprouve un vif plaisir à les lire. D'abord il y a tout un coin où il s'occupe exclusivement de moi, et puis les qualités de son style révèlent sa valeur intellectuelle que mon père autrefois mettait un peu en doute. Quelle activité il déploie ! Il est partout, il voit tout, il entend tout. Je pourrai, et à bon droit, être fière de mon mari.

Les nouvelles deviennent alarmantes. Il y a des défections même parmi ceux qui se montraient tout d'abord dévoués à mon père. L'homme qu'on lui oppose est enfin connu. Il jouit d'une popularité d'assez mauvais aloi, mais il s'est fait le courtisan du peuple, et le nouveau ministre le soutient. M. Jules s'inquiète. Les lettres sont courtes, fiévreuses. Ma part à moi est aussi bien diminuée. J'aurai plus tard à le gronder pour cela. Qu'ai-je de commun avec la politique, et devrait-il me négliger pour ces ennuyeuses affaires?

M. Déblin s'est excusé le plus spirituellement du monde. Je ne dois pas croire, dit-il, qu'il puisse entrer de la négligence dans son laconisme; mais il fait en ce moment la cour à l'opinion publique, une femme quinteuse, changeante, capricieuse et despotique. Et il ajoute que si j'étais un électeur influent, il m'écrirait dix pages, s'il le fallait. Ce badinage m'a remise en belle humeur.

L'orage grossit; mon père, sans l'avouer, devient inquiet lui-même; ma cousine Zoé éprouve des craintes qu'elle me communique sans se douter de la tristesse où elle me plonge. Les paroles de Mme Degalle me reviennent. Ce sont les émoluments de cette place de député qui nous font vivre dans l'aisance. Du même coup mon père perdrait tout : influence, aisance, sécurité. Ah! si, comme le disait Lucile, M. Jules n'avait désiré épouser que la fille du député influent, comme je tremblerais à cette heure, comme je souffrirais! Mais non, il m'a choisie malgré mon peu de fortune. Je ne puis concevoir le plus léger soupçon, je le juge d'après moi-même. J'aurais demain des millions que cela ne changerait rien à mes sentiments pour lui. »

———

Mme Degalle est venue me faire ses adieux. Elle emmène Laure et sa mère. Le mariage projeté va sans doute s'arranger définitivement chez elle. Je regrette bien vivement de les voir quitter Paris en ce moment. Me voilà seule avec mes inquiétudes, mes ennuis, mes tourments. Encore huit jours d'attente, huit siècles !

———

Mon père est furieux. M. Jules a écrit que ses adversaires prodiguaient l'argent et les promesses. Il demande quelques milliers de francs et une nouvelle profession de foi avec des engagements analogues à ceux qui se lisent sur le programme du concurrent. Mon père lui répond qu'il n'a jamais trompé personne et qu'il ne promettra jamais des choses impossibles à tenir, qu'il trouve indigne de lui de jeter ces promesses folles comme un leurre à ceux qui l'ont si souvent honoré de leur confiance. Il ne veut pas non plus qu'on entretienne des accointances avec les cabarets, qu'on voiture les électeurs ; ce mode d'élection à l'anglaise lui répugne souverainement. J'ai adouci ses expressions, atténué son mécontentement. Si le zèle de

M. Jules l'entraîne un peu loin, faut-il lui en vouloir à ce point?

Une dépêche télégraphique arrive, mon père est vaincu. Ce télégramme m'a frappée en plein cœur. Des larmes ont jailli de mes yeux. Le calme stoïque de mon père n'a pas reçu le moindre choc. Fort de sa conscience, il se retranche dans le sentiment de sa dignité offensée. Ma cousine Zoé est consternée. Mon cœur est comme pris dans un étau que je ne puis desserrer, un vague pressentiment me fait regarder cet échec comme un présage de malheur. J'attends M. Jules avec une impatience fiévreuse. J'ai besoin de le voir, de l'entendre. Qu'importe après tout cet événement! Mon bonheur reste assuré; il repose sur la parole d'un homme d'honneur. Je me le répète, je le crois, et malgré cela je souffre, je souffre horriblement.

Je ne l'ai point vu, et cependant il est à Paris. Que signifie ce peu d'empressement?

Je reconnais la voix de Mme Déblin. Elle s'enferme avec mon père. Si mon cœur ne battait pas si fort, j'entendrais presque ce qu'ils disent.

Je sors de chez mon père, je suis toute tremblante. Pauvre père, il tremblait lui-même en m'annonçant que

Mme Déblin était venue s'enquérir des modifications apportées dans le chiffre de ma dot par ce changement de position.

Mon père a dû répondre qu'il ne me donnerait plus que le quart de ce qu'il avait promis et il s'est hâté d'ajouter que, si M. Déblin regrettait cette diminution dans ma dot, il était prêt à lui rendre sa parole.

— Me suis-je trop avancé, ma fille ? m'a-t-il dit avec un son de voix si triste et si compatissant, que dominant mon émotion, j'ai répondu : Non, d'une voix ferme.

Mme Déblin a pris l'air embarrassé ; elle a dit que son fils aurait à se décider lui-même et elle a quitté mon père.

Ce matin ma cousine Zoé a rencontré Mme Déblin. Celle-ci lui a balbutié je ne sais quels regrets hypocrites. Son fils, certainement, m'aime beaucoup ; mais l'appui qu'il avait cru trouver en mon père lui manque. La position étant changée, il n'ose plus remplir ses engagements, il n'a pas assez de fortune, pour deux surtout, puisqu'il ne doit plus aspirer à la position sur laquelle il comptait et vers laquelle les relations de mon père, comme ami du ministre et comme député, pouvaient seules lui frayer un chemin.

J'ai ôté de mon doigt la bague qu'il m'avait offerte le jour où mon père avait agréé sa demande. Encore quelques heures d'attente, et je la lui renverrai.

Mon faible cœur se raccroche à tout. Sa mère a dit qu'il restait jusqu'à demain à Versailles, j'attendrai jusqu'à demain.

———

Il n'est pas venu. Mon père vient de lui renvoyer ses lettres et sa bague. Je porte le plus triste des deuils, le deuil d'un homme vivant qui a trompé la confiance que j'avais mise en son honneur et en son affection. Cette ingratitude, cette déloyauté, cette indélicatesse, me transpercent comme un triple glaive. O mon Dieu! souffrir, c'est expier; mais souffrir parce que l'on a cru à une parole solennellement donnée, à une affection dont le serment allait être échangé devant Dieu, trouver dans celui au dévouement duquel on avait le droit d'avoir foi, le cynisme brutal de l'égoïsme, c'est doublement souffrir.

———

Ma cousine Zoé nous a quittés. Elle nous plaint de toute son âme; mais, si elle s'attristait plus longtemps avec nous, elle en tomberait bientôt malade, dit-elle.

— Allons, oublie donc ce petit fat, m'a-t-elle dit en me quittant, cela n'a pas le sens commun de le regretter ainsi. Tu as les yeux continuellement rouges maintenant; pleurer enlaidit, mon enfant.

Elle ne comprend pas ce que je souffre.

———

La noire mélancolie dont mon père est atteint me force à dissimuler mon propre chagrin. Je remplis en automate tous mes devoirs; je vais, je viens, insensible en apparence, mais il me semble que je marche un couteau planté dans mon cœur.

J'allais écrire, je n'ai pu que pleurer.

Je prie et je me sens consolée, apaisée; je voudrais que mon père priât. Quand la tristesse est trop pesante, quel bien cela fait de se mettre à genoux!

Dieu m'a enfin rendu la santé, mes forces reviennent et mon énergie morale renaît. J'ai fait bonne contenance pendant un mois, j'ai pu endurer les sottes doléances de Lucile et lui faire admirer mon courage factice. Et puis je suis tombée. Ma dignité était sauve. J'ai été une malade patiente et résignée. Ces souffrances du corps m'ont fait beaucoup de bien. Je suis maintenant affaiblie physiquement, mais très-mortifiée moralement. Laure, qui est revenue, soigne ma convalescence et ne me quitte presque plus. Mon père n'est plus l'ennemi du sien. Ils conservent l'un et l'autre leurs opinions différentes, mais ils sont tous les deux hors de combat; restés parmi les morts sur le champ de bataille électoral, ils se donnent la main.

Nous voilà en très-bonne santé mon père et moi; chacun

de nous porte dans sa poitrine une blessure douloureuse dont il cache avec soin les élancements. Mon père a vieilli de dix ans et le travail n'a plus d'attraits pour lui. Son journal reste fermé sur sa table. La défection de ceux dont il avait si ardemment défendu les intérêts l'accable. Il ne se relèvera pas de ce coup. Il éprouve le chagrin viril d'un homme qui se sent encore la force de servir utilement son pays et auquel on a violemment arraché l'arme des mains. Et puis d'autres soucis obscurcissent l'horizon. Je ne veux pas avancer l'heure fatale où il faudra compter avec les exigences matérielles de la vie ; mais elle ne peut tarder à sonner.

———

Dans un temps ordinaire l'incertitude où je vis m'aurait été insupportable ; maintenant je la subis sans plainte et sans murmure. Où serai-je dans six mois ? sous quel ciel vivrai-je ? Je n'en sais absolument rien. Tout ce que je sais, c'est que je suis entre les mains de Dieu.

———

Mon père a parlé. Il hésitait, il souffrait. « Comment te proposerai-je cela, » m'a-t-il dit enfin ?

Ce qu'il me propose, c'est d'aller habiter la petite maison de campagne où j'ai été élevée. Sa fortune ne lui permet pas d'habiter Paris et il a le monde en horreur. Je lui ai donné sur-le-champ un acquiescement formulé dans les termes les plus propres à le rassurer. Et cependant je modérais l'expression de ma satisfaction. Si elle paraît trop vive, pensais-je, il devinera ce que je lui cache, les regrets, les déceptions qui me font si vivement désirer la solitude et le silence. Je le sais, il est triste d'aller à vingt-quatre ans s'enterrer dans une maison isolée, c'est une destinée sévère que de quitter une société animée, choisie, pour la solitude complète, d'abandonner Paris pour se reléguer dans une ferme située au fond d'une province reculée. Eh bien, cela me va. J'irai oublier là mes déceptions, je suivrai plus facilement là le plan que j'ai formé. Le bonheur intime que je croyais toucher du doigt a fui au premier souffle de la mauvaise fortune ; la solitude me rendra la paix.

Tous mes souvenirs d'enfance reviennent en foule. Je revois cette humble maison habitée par mon grand-père, je l'arrange en imagination. Beaucoup d'argent n'est pas nécessaire pour s'organiser un intérieur agréable à la campagne. J'ai été la première à engager mon père à vendre nos meubles de luxe. Il a conservé une grande simplicité de goûts, et, malgré mes velléités de grande dame, je lui ressemble en cela. Laure est enchantée de me voir me rapprocher de sa tante Degalle chez laquelle elle passe au moins un mois tous les ans. Mme Degalle habite la petite ville voisine de la Maraudière. Quel voisinage précieux ce sera pour moi !

Nous avons fait quelques visites de départ. J'ai vu se vérifier la parole de l'écrivain qui a dit : « Il n'y a rien de plus facile que de ne pas inspirer le moindre intérêt à ceux qui se disent nos amis. » J'allais vers ces personnes le cœur gros, une parole de regret sur les lèvres. Je les ai trouvées agitées, occupées ou franchement indifférentes. Lucile et sa mère m'ont quittée pour entrer dans un magasin de modes. Lucile m'a embrassée et je m'éloignais involontairement émue. Elle m'a rappelée. J'ai pensé que je n'entendrais plus sa voix et je suis revenue sur mes pas. Elle voulait me montrer une aigrette posée d'une façon étrange et nouvelle sur un chapeau. Et voilà l'adieu qu'elle m'a laissé !

―――――

Je suis entourée de malles fermées, de caisses clouées, je suis bien accablée et bien triste. J'entends le pas de Laure, elle vient passer avec moi cette dernière soirée, elle a deviné ce que seraient pour moi ces quelques heures précédant mon départ. J'aime mieux causer avec elle qu'avec moi-même. Viens donc prendre ta place de voyage, mon cher confident. Cette nuit nous serons l'un et l'autre loin de Paris.

―――――

Aujourd'hui je puis m'adresser le joli monologue qui commence une des plus charmantes fables de Florian :

> C'en est fait je quitte le monde,
> Je veux fuir pour jamais le spectacle odieux
> Des crimes, des horreurs dont sont blessés mes yeux;
> Dans une retraite profonde,
> Loin des vices, loin des abus...

. . . .
>Ainsi se lamentait certaine sauterelle
>Hypocondre et n'estimant qu'elle...

Ici s'arrête la comparaison, je ne suis pas atteinte d'hypocondrie comme la sauterelle et je ne suis pas non plus aveuglée par une vaniteuse estime de moi-même. Mais il me semble que je suis au bout du monde et qu'il s'est élevé entre lui et moi une insurmontable barrière. J'ai retrouvé la Maraudière telle que je l'avais laissée ou à peu près. L'humidité a produit ses ravages, les tapisseries ont vu pâlir leurs couleurs sous l'action du temps, et quelques-unes sont marbrées d'une mousse blanchâtre qui les dévore en les recouvrant. Mais l'air et le feu on déjà fait sentir leur bienfaisante influence.

Nous avons tout juste de quoi nous loger ; la maison est mal distribuée, il y a de grands corridors inutiles et des espèces d'antichambres sans cheminée et sans jour. L'installation a été difficile. Mon père voulait me faire habiter la chambre au-dessus du salon parce qu'elle est vaste. J'ai nettement refusé et je me suis logée dans un grand cabinet qui a un balcon de pierre. Sur ce balcon je soignerai des fleurs, et la vue est très-jolie de là. C'est une vue étroite, resserrée, il n'y a pas d'horizon, mais les détails sont charmants. Les versants du coteau voisin forment des murailles verdoyantes qui, sans cacher entièrement le ciel, bornent complétement le regard. Dans le fond de la petite vallée, il y a un grand ruisseau qui forme une écluse dont j'entends l'harmonieuse voix. Des prairies et des espaces vagues qu'on prendrait pour de jolies pelouses naturelles le bordent de chaque côté. On ne voit pas un chemin tracé, pas une habitation autre qu'un petit moulin qui se cache sous de hauts pommiers. Un peu à gauche apparaissent les seuls beaux arbres que nous possédons, une double rangée de chênes qui paraissent des géants dans l'étroite vallée. La première fois que j'ai mis le pied sur mon balcon, la vue de cet horizon si borné m'a saisie. Autrefois, avec mes yeux d'enfant, tout me paraissait grand à la Maraudière : la maison, les jardins, l'horizon. Aujourd'hui tout s'est réduit à de plus justes proportions, et je suis surtout frappée de me trouver si près des murailles verdoyantes qui arrêtent le regard. N'y a-t-il pas une analogie frappante entre la position de cette maison que j'habite et la vie qui m'est faite? Socialement parlant, je n'ai plus d'horizon, ma vie est murée, le vaste panorama qui s'étendait devant moi a soudain disparu; entre le monde et moi, la pauvreté et l'obscurité tirent un voile épais. Je ne suis pas fâchée qu'il existe une ressemblance aussi frappante entre mon monde physique et mon monde moral. C'est avec un sentiment de repos que je me blottis au fond de ma vallée profonde et contre mes coteaux abrupts. Que m'importe ce qui se passe au delà ! C'est la Providence qui a circonscrit ma vie, je ne ferai point un pas pour élargir ma sphère.

Les deux premiers mois sont passés et je me livre à de profonds calculs pour essayer de trouver que nos revenus dépasseront nos dépenses. Je crains que le contraire n'ait lieu. Malgré mon profond détachement des élégances de la vie, je médite quelques réparations, voire quelques embellissements. Mon père passe ses journées dehors, et la nature se charge de l'entourer de mille choses agréables et variées ; mais l'hiver viendra, il ne pourra plus sortir aussi souvent. Je désire ces améliorations pour moi-même, mon devoir m'attache à la maison et je la voudrais plus riante d'aspect à l'intérieur. Les tapisseries sont moisies et attristent l'œil, les plafonds sont enfumés et sales. Ces réparations seraient peu de chose, mais notre revenu est si mince !

J'ai désiré connaître à fond nos ressources, j'ai osé adresser une demande catégorique. Cette explication était nécessaire. Quand une fortune est modeste c'est à la femme qu'il appartient d'en tirer adroitement parti, de retrancher sur le superflu et même sur l'agréable. Les hommes, en général, n'entrent pas dans ces détails, et mon père en particulier n'en a pas la compréhension. Je lui demanderais demain d'acheter une voiture pour aller en ville qu'il le ferait sans hésiter. Il trouverait convenable que nous en eussions une et il ne réfléchirait pas que l'indispensable souffrirait nécessairement de ce sacrifice aux convenances. Après quelques jours de réflexion, il m'a apporté ses registres et m'a dit d'un air sérieux, presque sévère :

— Vois et compte.

Je l'ai beaucoup remercié de sa confiance et je me suis mise à l'étude avec la gravité d'un économiste. Je ne me presserai pas pour débrouiller ce chaos, mais la clarté se fera.

La lumière s'est faite. Je viens de finir ce travail fastidieux. J'ai tout revu, tout compté, tout balancé. Si nous eussions dépensé ce que mon père me laissait dépenser, nous n'eussions pas pu nouer les deux bouts. Que de terribles choses dans cette expression vulgaire ! Je vois cette année à la fin de laquelle, hélas ! nous ne pourrions nouer les deux bouts. Un spectre se dresse devant elle, le spectre de la dette. Non, il n'en sera pas ainsi, j'ai horreur des dettes. J'aime mieux regarder maintenant ce gouffre en face que de risquer d'y tomber les yeux fermés.

Comme Louise me dépassait en raison ! De son temps les dépenses de la maison étaient moindres, elle faisait des économies. Pendant mon gouvernement tout est allé de mal en pis. Mais je n'étais qu'un ministre et je n'avais pas de responsabilité. Mon père me donnait sans compter davantage. La somme que j'ai dépensée à changer d'appartement suffirait pour toutes les réparations que je médite. Ici nous commençons une nouvelle vie ; je suis, par ma volonté, responsable de tout. Je voudrais ni me montrer trop généreuse par amour-propre ni tomber dans l'économie sordide. Pour donner il faut avoir ; mais, quand on a, il faut savoir donner.

La vie agissante est saine. Je ne sens presque plus de douleur ; ce qui prend en moi de la force quand je reviens sur le passé, c'est le mépris.

Louise s'annonce, elle a pris la part la plus vive à nos déceptions et elle veut nous voir pour nous consoler sans doute. C'est chose à moitié faite, et je le lui répète dans mes lettres ; mais elle craint que je ne parle ainsi que pour la tranquilliser.

J'ai appris le mariage de Laure ce matin. Au moment d'entrer dans l'église le facteur m'a remis sa lettre. Je l'ai lue dans le cimetière, assise sur une tombe. Elle épouse le neveu de Mme Degalle, son fils d'adoption, elle vient d'habiter Randergast, c'est-à-dire à deux lieues de moi. Pendant la messe j'ai beaucoup remercié Dieu de cette grâce. Au moment où j'allais peut-être craindre un trop parfait éloignement de tout ce qui fait le charme de la vie, mon amie la plus chère se rapproche de moi pour toujours.

Je suis lasse, j'ai fait une très-longue promenade avec mon père. Il était presque causeur aujourd'hui, et il m'a dit qu'il songeait à s'abonner à son journal de Paris... si je le lui permettais, a-t-il ajouté en souriant. J'ai pris immédiatement note de son désir. Au fond du cœur je regrettais peut-être un peu qu'il se retournât vers la politique qu'il était censé avoir abandonner pour toujours ; mais l'effort était surhumain. Il a été trop mêlé à ses luttes ardentes pour ne pas vouloir continuer d'assister, de sa retraite, au combat. Sous la forme de ce journal le monde va rentrer dans notre ermitage : le monde, ses bruits, ses changements, son tracas.

———

Il y est aussi rentré par l'amitié. Hier matin, je recueillais moi-même dans une jatte le beurre encore teint de lait quand, en levant les yeux, j'ai aperçu M*me* Degalle qui me regardait faire. J'ai éprouvé une grande joie. Nous avons passé la journée ensemble. Elle m'a bien amicalement grondée d'avoir passé sans m'y arrêter la ville qu'elle habite, elle m'a grondée de l'abandonner aussi complétement. Je lui ai très-fermement répondu que ma résolution était prise, que mon sacrifice avait été entier et que, me sentant en veine de sauvagerie, je ne ferais point un pas pour jeter quelque diversité sur la monotonie de mon existence.

Elle a paru étonnée, je suis entrée dans des développements nécessaires, et elle a bien compris ma pensée ; elle n'a pu blâmer ma manière d'agir, elle l'a même hautement approuvée. Pour qu'une vie comme celle que je mène paraisse supportable, il faut s'attacher par habitude à chacune de ses plus obscures occupations, ne regarder ni derrière, ni devant, ni autour de soi. Après son départ j'ai éprouvé un vif sentiment de tristesse. Sa voix est plus agréable à entendre que celle de ma grosse Jeannette ; il y a entre nos âmes et nos goûts une affinité qui donne à nos conversations un attrait tout particulier.

Quand, en rentrant, Jeannette est venue me raconter je

ne sais quelle histoire du poulailler, je l'ai à peine écoutée, elle m'ennuyait.

J'ai enfin vu notre curé ailleurs qu'à l'autel et au confessionnal. Je l'ai rencontré chez un malade. Il est vieux, savant, légèrement original. On ne le voit qu'à l'église. Chez lui il travaille et il ne va jamais chez les autres ; sa difficulté à marcher lui sert de prétexte. Nous sommes sortis ensemble et nous avons causé quelque temps. Il m'a demandé si nous comptions passer l'hiver dans sa paroisse. Je lui ai répondu que nous y étions venus pour y vivre et, sans doute, pour y mourir. Il m'a demandé de lui expliquer ce que j'entendais par là. Je lui ai parlé franchement, simplement de notre position actuelle. Il m'écoutait avec attention, la tête penchée à gauche comme c'est son habitude.

— Allons, c'est bien, m'a-t-il dit, je vois que vous ne serez pas des oiseaux de passage et j'en suis content. Je tiendrai à tous les droits que me donne mon titre de pasteur. De plus, quand vous désirerez un bon livre ou une bonne recette pour les emplâtres, venez au presbytère. C'est moi qui donne les livres et ma sœur Michelle qui confectionne les emplâtres. Nous avons aussi quelques fleurs. J'ai toujours envié les solitaires de la Thébaïde, et, l'âge venant, j'ai essayé de faire de mon presbytère une petite Thébaïde à mon usage ; mais la porte n'en est fermée qu'aux curieux, aux bavards et aux bruyants. Amenez-moi donc votre père, il sera le bienvenu. C'est un blessé du monde et des trahisons. Je le connais bien, je l'ai vu à la Chambre, c'est un homme intelligent, sérieux, et c'est de plus un honnête homme.

Le curé, après m'avoir ainsi parlé, m'a saluée de la tête en me disant :

— Adieu, petite philosophe !

J'ai rapporté ces paroles à mon père. Il n'a pas paru disposé à profiter de l'invitation qui lui était faite ; mais je l'attends au premier journal. Si la politique extérieure ou intérieure mérite ses anathèmes, il prendra de lui-même le chemin du presbytère, sachant qu'il y a là un homme instruit, intelligent, capable de le comprendre. Il me parle de tout, excepté de la politique, et peu importe au vieux Claude, qui nous sert de jardinier, que le Mexique se donne à un prince autrichien ou que le libre échange soit proclamé. Il veut, avec tous les paysans, le pape à Rome ; voilà toute sa politique.

Mon père est au presbytère. C'est sa seconde visite. Le curé et lui s'entendent à merveille. Ce vieux prêtre, de sa cellule de cénobite, sait la marche des affaires publiques et semble connaître à l'avance la portée du plus insignifiant événement politique.

Laure est mariée et arrivée à Randergast. Mon cœur bondit vers elle ; mais, si j'allais la voir maintenant, je serais tourmentée pour assister aux fêtes qui se préparent, et il n'y a plus de fêtes pour moi.

Je suis toute fière. Mme Degalle admire, c'est son expression, ma fermeté dans mes résolutions. Elle dit fermeté, ce serait peut-être faiblesse qu'il faudrait dire. Si je ne consens pas à sortir de ma solitude c'est que je redoute tout ce qui peut diminuer ce qu'elle a de charme à mes yeux. La dissipation me nuit. A Paris je n'ai vécu que d'intentions. Je souris quand je pense à ce courage si admirable dont on me gratifie. C'est de la lâcheté toute pure. Je ne me sens pas de force de passer indifférente parmi les enivrements du monde ; la citadelle intérieure n'est pas encore assez haute. Pourvu qu'elle soit solidement construite !...

Laure est ici. Elle est venue sans son mari afin d'être toute à moi. Quel cœur tendre et dévoué ! Et j'ai dans ce cœur une place, une large place. Puis-je me plaindre ?

J'ai laissé son lit dans ma chambre, il me semble qu'elle va venir l'occuper. Elle me l'a presque promis. Son mari passe la moitié du mois en inspection et elle a une surveillante naturelle de son ménage dans sa tante avec laquelle elle demeure. Elle viendra me voir souvent l'été. Comme me l'a dit notre curé, les solitaires se visitaient entre eux.

M. Déblin épouse Lucile. J'ai voulu te faire part de ce brillant mariage, mon pauvre petit confident.

Je ne sens ni amertume ni colère. Le sentiment que j'ai

éprouvé pour M. Déblin est mort il y a longtemps. Il s'est bien moqué de la pauvre Lucile, et je ne sais si elle sera très-heureuse. Elle est riche, il est élégant ; mais elle n'a pas d'esprit et il n'a pas de cœur. Qui voudrait se mettre en tiers dans son ménage si dépourvu de tout ce qui fait le bonheur et l'agrément de la vie? Personne assurément.

Il y a des richesses dans la bibliothèque de notre curé, et il a la bonté de choisir ce qui me convient. Aux estomacs délicats il faut une nourriture délicate, m'a-t-il dit. Je trouve cette nourriture d'esprit des plus fortifiantes ; cependant j'osais à peine ouvrir ces volumes signés de grands noms. Je les ai ouverts, et l'intérêt est venu bien vite. Quelle ressource pour mes soirées d'hiver ! Je sentais qu'il me manquait quelque chose. Être la fille d'un homme intelligent et sérieux oblige. Je suis la seule compagne de mon père, je dois tâcher de fortifier mon esprit, d'élever mes idées vers les régions qu'habitent habituellement et naturellement les siennes.

Laure, qui est très-sérieuse, approuve mon plan de vie et s'engage à me fournir les livres de pure distraction qu'elle lit avec son mari. Ce sont les chefs-d'œuvre de la littérature anglaise et de la littérature américaine, beaucoup plus pures que la nôtre. J'achetais autrefois bien des inutilités, j'aimais à grossir mon petit trésor de bijoux et de jolis riens. Pour la fermière de la Maraudière quelques bons livres vaudraient mieux. Mon père est un érudit, sa bibliothèque est assez vaste ; mais je n'y trouve pas un seul petit morceau de mouche ou de vermisseau à mon usage. Presque tous ces ouvrages dépassent ce que j'ai d'intelligence et surtout d'instruction.

———

Jeannette remarque que je l'aide moins dans les soins du ménage et que je deviens moins causante. Elle commence à regarder de travers les livres qu'elle me voit dans la main.

———

Louise prépare son grand voyage. Il y a dans ses lettres, depuis quelque temps, des réticences, des ombres qui me donnent beaucoup à penser. Je n'ose pas la questionner, car je crains que le sujet de cette peine secrète qui transpire dans sa correspondance ne soit d'une nature bien délicate. Je croyais ma sœur parfaitement heureuse ; la pensée du contraire me cause une peine bien vive.

———

Je suis accablée, souffrante. Le ciel est gris et chargé, et je voudrais me persuader que ce vilain ciel est la cause de ma disposition d'esprit. Mais non, et je suis bien de l'avis de notre grand penseur Pascal et je dirais volontiers avec lui : « Mon humeur ne dépend guère du temps, j'ai mes brouillards et mon beau temps en dedans de moi. » Cependant les objets riants nous portent véritablement à la joie ; l'azur, le pur azur du ciel fait du bien aux yeux et par les yeux à l'âme. Pour étouffer ces papillons noirs je suis allée à la grand'messe. Les chantres chantaient cruellement faux, l'église était sombre, mon cœur aussi. Dieu seul est resté le même. J'ai prié amicalement sans consolation et j'ai rapporté mon poids de tristesse accru par une grande fatigue. Les chemins sont boueux, glissants, nous sommes en plein automne.

En revenant j'ai trouvé dans la cour un pâtour qui m'attendait. Il était nu-tête malgré la pluie, il est venu à moi timidement, tenant des deux mains les bords de son chapeau de feutre qui étaient pressés l'un contre l'autre. Il m'a dit bravement :

— Mademoiselle, achetez-moi ce petit lièvre.

Mes yeux ont plongé au fond du chapeau et ont rencontré le captif. Il agitait sa jolie tête grise et couchait ses longues oreilles. Je l'ai pris et j'ai demandé :

— Combien ?

— Trois sous, a répondu l'enfant.

J'ai payé et j'ai déposé sur l'herbe mon petit prisonnier, qui faisait d'énergiques efforts pour se sauver. Se sentant libre, il a pris sa course, et je me suis amusée à le regarder fuir, ivre de la liberté. Pauvre animal ! s'il grandit, ce ne sera qu'une proie de plus ménagée aux chasseurs ; mais enfin il aura, grâce à moi, joui plus longtemps de la vie. Pour ces êtres dévoués au néant, c'est tout.

Tantôt sur la cime dépouillée des acacias le ciel a blanchi ; j'aime à regarder les nuages se disperser, se déchirer, se dissoudre en quelque sorte sous l'action du vent.

J'apprends que Laure vient cette après-midi. Depuis que je l'ai su, mon esprit et mes doigts ne peuvent s'attacher à rien. On domine la crainte, le trouble, la surprise, la douleur, la curiosité ; on subit l'impatience de l'attente. Pour que je reste ici devant cette petite table, pour que je ne jette pas loin de moi cette plume, ce frêle outil, il faut que je prenne beaucoup sur moi. Aller, venir, ouvrir ma fenêtre, regarder le ciel, le chemin, essayer de tout sans m'occuper à rien, laisser les heures dévorer la matinée en comptant chaque bouchée et les trouvant lentes, vivre le corps agité, l'âme dehors, voilà ce que je ferais si la pensée d'user ainsi cinq grandes heures ne m'était souverainement déplaisante.

J'ai quitté ma grotte, mon ermitage, je me suis laissé tenter. Laure venait me chercher. Je n'ai pu résister à ses instances, et me voici écrivant dans la chambre qui porte mon nom dans la maison, pendant qu'elle fait ses comptes de ménage. Ces quelques mois de solitude absolue m'ont un peu dépaysée, je trébuchais sur les pavés ; en passant devant les vitres claires des magasins je me trouvais la tournure rustique. Laure riait beaucoup des réflexions que je faisais.

Je m'échappe du salon, il y a du monde, la conversation m'ennuyait ; je sentais la somnolence venir. Et il y a quelques mois ces entretiens étaient ma distraction suprême ! Je commence à croire que mes amies n'ont pas tort de se figurer qu'il s'est opéré un grand changement moral en moi. Je n'étais, il paraît, frivole, légère, inconsidérée, irréfléchie, qu'à la surface. Une amère déception m'a obligée à me tourner vers la vie sérieuse ; un changement de position m'a jetée dans la vie réelle, agissante et simple. J'ai fait ma compagnie ordinaire de deux hommes d'un caractère grave, d'une intelligence supérieure, et par la lecture j'ai entretenu des relations avec d'illustres morts dont les œuvres seront toujours vivantes, puisqu'elles portent le sceau du génie, c'est-à-dire de l'immortalité. Je m'en aperçois donc, mon père et mon curé, Pascal, Corneille, Racine, Boileau, Molière, la Fontaine, Bossuet, la Bruyère, Mme de Sévigné, Châteaubriand, m'ont rendue difficile. Je ne puis plus aimer à entendre parler pour ne rien dire ; il n'y a rien pour l'âme, rien pour le cœur dans ces phrases creuses et banales, dans ces paroles qui, au lieu d'être vivifiées par la pensée, ne sont qu'un vain bruit de mots bien cousus ensemble. Vraiment, quand le monde fatigue, cette fatigue a un caractère de pesanteur tout particulier Il y a beaucoup de gens qui veulent se fatiguer ainsi toujours, et qui se plaisent à ce glas d'une conversation vide et sonore. Pour moi, j'aime mieux entendre Noël, mon pâtour, me raconter les habitudes des oiseaux parmi lesquels il vit, que d'entendre jaser ce monde auquel il faut répondre et sourire. On peut supporter cela une heure, pas davantage. Je ne me crois pas pour cela atteinte d'hypocondrie, mais je pense ceci avec Mme Swetchine :

— Un à un plusieurs des individus que je viens de quitter me feraient agréable compagnie ; réunis, j'en retire de la lassitude, du vide.

J'appelle à mon secours toutes mes résolutions de fuir le monde et de ne pas quitter la Maraudière, qui est mon fromage de Hollande. Mais personne ne pressait le rat de sortir de cette résidence choisie, et j'en suis horriblement tentée. On joue *Esther* chez la grand'mère de Laure ; elle remplit le rôle d'Elise, et chacun me donne de droit celui d'Esther. Mon refus, assure-t-on, fera manquer la pièce, et comme au fond cette soirée sera une réunion de charité, et qu'on y quêtera pour une famille incendiée, on me taxe d'égoïsme.

Je cherche mon courage. Où est-il ? S'il répondait à l'appel, je partirais immédiatement pour la Maraudière, mais il a disparu comme une ombre, me laissant désarmée devant l'ennemi. La proposition est séduisante. Le public sera peu nombreux et bien choisi ; j'éprouverais un vif plaisir à dire ces beaux vers de Racine que j'ai appris pour le seul plaisir de me les réciter à moi-même ; je sais que je causerais une grande joie à Laure, qui se voit menacée d'une Esther qui n'a pas plus de mémoire que de goût. Je n'ai plus l'esprit occupé que de cela. Qu'il faut peu de chose pour troubler, pour agiter ! Je me sens préoccupée émue. Adieu, mon calme des jours passés, ma tranquillité qui, je m'en aperçois, n'a pas encore de bien profondes racines. Tout est remis en jeu par cette chose si insignifiante en apparence. Laure part de mon refus pour combattre énergiquement mon éloignement systématique du monde. Tu crois avoir jeté l'ancre, me dit-elle, tu crois avoir définitivement choisi ton port de refuge, cela n'est pas. A trente ans, à la bonne heure, et encore c'est selon les circonstances.

Elle a peut-être raison ; un malheur peut me replonger dans le monde, car j'espère survivre à mon père, qui serait si abandonné si je lui manquais. Mariée ou non, je ne puis songer à me livrer à l'isolement parfait, à traiter le monde en ennemi. Laure, que j'aime de tout mon cœur, fait partie de ce monde, Mme Degalle aussi; elles ne divorcent point avec lui.

Toutes ces belles réflexions m'ont conduite à ne pas laisser échapper l'occasion de faire plaisir à mes amis. Mon père, qui est enchanté de me voir prendre un peu de distraction, est arrivé aujourd'hui pour assister à la représentation. Jeannette seule est très-mécontente. « Mademoiselle a-t-elle perdu la tête de rester si longtemps à Randergast? a-t-elle dit à mon père. Elle avait dit trois jours, c'était déjà bien honnête ; en voilà huit, c'est beaucoup trop. » Jeannette a quarante ans; elle est affiliée à toutes les congrégations de la paroisse, elle a servi dans un presbytère ; à tous ces titres, auxquels se joignent un grand respect pour mon père et une affection très-vive pour moi, elle se permet de petites remontrances. Notre bon curé m'a aussi envoyé sa mercuriale ; je me permets de jouer la comédie et de laisser un dimanche passer sans paraître aux offices ; nous aurons maille à partir ensemble. Tout cela me prouve que je ne puis déjà m'absenter de mon petit univers sans qu'on s'aperçoive de mon absence et sans qu'on la regrette.

Me voici revenue à ma solitude et à mes humbles occupations. Esther a déposé sa couronne et épluche paisiblement des pommes de reinette pour les convertir en confitures. La soirée a été brillante. Pour des amateurs, nous avons bien joué. Mon père, qui est difficile, m'a dit qu'il n'avait porté la main à son oreille pour se la boucher, qu'une fois. Les autres ont chaleureusement applaudi, et l'émotion que je ressentais a été communicative. Mais j'ai distingué des applaudissements qui m'ont causé une satisfaction que je n'oserais pas trop analyser. Un oncle de Lucile Déblin était là. C'est un rimeur, je n'ose pas dire un poëte ; mais, si l'art de faire des vers lui a été refusé, il a du goût et il aime passionément Racine. Je voyais ses yeux gris étinceler sous ses sourcils blancs, j'entendais sa voix crier bravo, je le voyais battre frénétiquement des mains.

Il m'a prodigué des louanges certainement exagérées, et cependant sincères. Avant de quitter le salon, il est venu me demander mes commissions pour Paris. Il va voir sa nièce avec laquelle il sait par Laure que j'ai été liée. Je lui ai dit d'offrir mon souvenir à Lucile ; et, bien que tous ces noms me causassent une impression des plus pénibles, je lui ai parlé quelques minutes le plus gaiement du monde. J'aime à penser qu'il va déverser un peu de ce chaud enthousiasme dans le ménage Déblin. Je voudrais penser autrement, mais je pense ainsi. Lucile, qui me croit à moitié morte de douleur, M. Déblin, qui se figure que je porte le deuil de son infidélité, seront ainsi détrompés par un témoin qui ne peut leur être suspect. Le bon oncle ignore parfaitement ce qui s'est passé et ne leur fera pas grâce de ce qu'il croit rencontrer de qualités et de charmes dans ma modeste personne. Cette vengeance me paraît innocente, et cependant je voudrais me sentir assez vertueuse pour n'en pas savourer la douceur. Il faut avouer que ce jour-là j'ai fait une lourde chute sur le chemin de la perfection chrétienne. J'en suis toute meurtrie, et je fais de vains efforts pour me relever.

Je me suis relevée. Lucile m'a écrit la lettre la plus étrange, la plus embrouillée. Elle ne fait que penser à moi depuis que son oncle lui a tant parlé de moi.

Elle est souffrante, elle s'ennuie, son mari la délaisse, ses amies l'abandonnent, sa mère a eu la fantaisie de se faire bâtir un cottage à Auteuil et d'y demeurer. J'ai immédiatement répondu à cette lettre ou plutôt à cette plainte, et j'ai répondu avec douceur, avec indulgence, avec charité.

Nous voilà ensevelis jusqu'au cou dans la neige. Les communications sont interrompues, le silence plane au-dessus de la campagne ; c'est très-solennel. Mon père et moi prenons la chose sous son côté poétique, mais dans la cuisine il y a guerre. Jeannette croit que la réclusion ne va pas à la santé des vaches, ce qui la rend d'assez méchante humeur, car la tendresse qu'elle porte à ses vaches est grande ; Claude ne pouvant plus travailler, s'ennuie et n'est pas aussi doux que d'habitude. Pour faire passer le temps, ils se disputent ; si la neige dure huit jours ils seront complétement ennemis.

Quel temps pour les pauvres et pour les oiseaux ! Les uns et les autres continuent cependant leur vie errante. Pour les pauvres, nous avons toujours une soupe chaude au foyer ; pour les oiseaux des graines sur mon balcon, d'où la neige est soigneusement balayée.

Nous sommes heureux d'avoir des livres ; sans eux l'ennui visiterait peut-être notre maison de neige. Laure a trouvé moyen de nous faire passer un ballot de journaux et de revues. Dans sa ville, dont les rues sont un passage qu'on entretient toujours libres, elle a pensé à notre emprisonnement forcé, et son amitié a trouvé le moyen de l'adoucir.

Dans une des revues dont nous avons commencé la lecture, nous avons lu avec une indignation bien sentie un article contre Châteaubriand. Il y a des ingratitudes qui attristent. Admirer pendant la vie, dénigrer après la mort, quelle lâcheté ! Heureusement Châteaubriand est de taille à défier toutes ces attaques d'outre-tombe. Le piédestal sur lequel il est assis est en granit breton. On pourra y frotter et y user ses ongles et ses dents, on ne l'ébranlera pas.

Peu à peu nous nous remettons, mon père et moi, à nous occuper de ce qui se passe dans le monde littéraire et politique. Comme occupation, nous sommes un peu dans l'extrême. Le matin, mon père sème de l'oignon et je pétris un gâteau ; le soir, nous débattons les grandes questions à l'ordre du jour, et nous voyageons par la pensée aux Etats-Unis, en Allemagne, en Danemark, en Italie, en Pologne. Nous n'avons plus à nous occuper de choses intermédiaires ; notre silence ou les grands de l'univers, il n'y a pas de milieu.

La sainte image de la Scala Santa va, dit-on, être transportée de Saint-Jean de Latran à Sainte-Marie-Majeure, à Rome. Ce changement s'est fait dans toutes les grandes crises européennes ou pendant les périodes qui ont vu sévir les grands fléaux. Pie IX implore par là tout spécialement les miséricordes divines pour la malheureuse Pologne. Le Saint-Père prodigue ses prières et intercède pour ce que les hommes peuvent anéantir. Il est lui-même en butte à leurs injustices, à leurs colères; mais il sait que sa puissance ne peut être renversée, et dépouillé, menacé, il élève la voix en faveur des nations malheureuses et opprimées. Cela rend bien fort d'être croyant. En ce temps de bouleversements, j'ai senti, comme beaucoup d'autres, je ne sais quelle tristesse indicible et quelle vague terreur. Les horizons assombris effrayaient mes regards; je rêvais d'horribles choses, de peuples sacrifiés, de violences, de sang. La marche des idées révolutionnaires me faisait peur. Je n'ai pas eu la pensée de craindre pour l'Eglise catholique ni pour son auguste chef. Laissons le temps passer et passer les hommes.

Je viens d'apprendre une nouvelle assez déplaisante. Dans notre petite paroisse, il y a des maisons de campagne qui ont l'été des habitants. C'est notre curé qui m'a annoncé cela hier. J'ai fait la grimace, ce qui l'a beaucoup amusé. Mais c'est en vain que j'ai multiplié les questions pour connaître à l'avance ces futurs voisins, il s'est retranché dans un mutisme complet.

— Vous les jugerez vous-même, mon petit philosophe, m'a-t-il répondu en hochant sa tête grise.

A quelque chose malheur est bon. Les loisirs dont je jouis forcément dans mon ermitage me font cultiver ce que j'ai d'esprit, et je me sens grandir intellectuellement. Mon père et mon pasteur, voyant que je puis aborder les lectures sérieuses, ne m'en font pas jeûner. Je crois que les femmes ont grand tort de ne se croire destinées qu'à lire des livres dangereux, inutiles ou tout au moins frivoles. Et combien d'hommes sont femmes sur ce point! Le dégoût des lectures fortes ne prouve pas en notre faveur. Quelle différence entre les arbres, mais aussi quelle différence entre les fruits ! Après le roman, tel qu'on l'écrit maintenant, l'âme est vide, ennuyée, affadie ; après la lecture d'un bon ouvrage elle est vigoureuse et comme pleine d'idées. Le roman met sur le front le vague dangereux du rêve ou y laisse la morne indifférence ; la lecture sérieuse y pose la réflexion, la sérénité. Les quelques minutes de méditation auxquelles on se laisse forcément aller ne sont jamais sans fruit, et ainsi par une série graduée d'impressions, on arrive sans secousse à désirer acquérir une solidité de jugement et de caractère bien désirable chez notre sexe.

Nous avons eu dans notre pauvre église une cérémonie qui m'a remuée, et dont mon père lui-même a été impressionné. Une grand'messe solennelle terminait les exercices d'une retraite. On travaille peu dans les champs ; les hommes de la paroisse étaient au complet et il y avait beaucoup de voisins. Après l'Evangile, ce peuple a chanté le *Credo* avec beaucoup d'ensemble et beaucoup de force. On aurait dit une seule grande voix s'élevant sous ces voûtes et affirmant sa foi. Un souffle d'impiété se fait sentir autour de nous ; on imprime des blasphèmes, Dieu tombe dans le domaine du roman. Il est d'autant plus beau d'entendre toute une population s'écrier : « Je crois ! » L'impression religieuse que j'ai ressentie m'a donné une journée très-douce.

Un ministre est mort. C'était le champion du gouvernement pour les sessions du Corps législatif, un grand lutteur. Il fourbissait ses armes pour batailler, à la première session. O néant !

Je suis très-occupée d'une petite fleur d'hiver qui fleurit sur notre cheminée. Elle languit, et comme je sais qu'elle réjouit les yeux de mon père, je cherche d'autant plus à lui rendre la santé. Les riens occupent beaucoup parfois. J'accorde une importance extrême à la vie de ma fleur, mais les Parisiens en ce moment sont-ils occupés d'autre chose que des ascensions de Nadar? Je parle de ceux qui restent complétement étrangers à la question scientifique et pour lesquels le mot aviation n'a pas de sens. A Paris, Nadar et son ballon *le Géant* occupent tout le monde. On assigne à ce ballon une singulière destinée : il doit être le dernier des ballons. Il a été construit uniquement pour subvenir aux frais du nouveau système de locomotion aérienne. Ce qu'il y a de curieux, c'est que c'est un joujou d'enfant, le spirifère, qui a donné l'idée du nouveau système.

Mon père m'a lu un article sur ce rêve moderne qu'un savant qualifie d'impossible. Les raisons qu'il donne nous paraissent concluantes, mais, comme il me l'a dit, en notre temps d'inventions on se sent disposé à ne douter de rien. Que sera dans l'avenir l'hélicoptère? rien sans doute; beaucoup peut-être.

———

Mon père et moi faisons un compromis pour nos lectures. J'écoute le soir, en poussant mon aiguille, les discours politiques prononcés à la chambre, les mémoriaux diplomatiques, les bulletins financiers; mais il doit aussi me donner lecture des articles que je lui désigne. Hier soir il m'a lu des fragments d'un de ces écrits éloquents qui jaillissent comme des éclairs de l'intelligence de Mgr Dupanloup.

Quel athlète que cet évêque ! Sa parole, aidée de la grâce, ferait des martyrs. En le lisant se réveille dans toute sa force le sentiment religieux que nous portons tous au fond de notre être, sentiment que les souffrances, les ennuis, les bonheurs de la terre, peuvent étouffer, mais non éteindre.

———

Mon journal a ce soir les honneurs du petit salon. Mon père lit silencieusement; et il me croit toujours occupée de ma correspondance. La lueur vive de notre lampe éclaire bien sa figure mâle et calme. Il y a des rides sur son front; ses cheveux sont devenus blancs, mais l'ensemble de sa physionomie s'est adouci depuis qu'il a quitté sa vie dévorante. Je l'aime mieux ainsi, vieilli, mais paisible, presque heureux. Si nous étions trois dans ce petit salon, j'écrirais hardiment heureux. Je ne suis pas malheureuse non plus. J'ai accepté une vie modeste et sans joies vives, et je ne désire plus voir mon horizon s'agrandir. Cependant ce soir je me sens plus triste. L'année 1863 agonise; elle a été pour moi pleine de catastrophes, de déceptions, de tourments, et cependant quand la première jeunesse avec son auréole d'illusions est passée, on met toujours, dans la tombe qui s'ouvre pour l'année écoulée, d'involontaires regrets, et le regard s'attache anxieux sur l'année qui s'avance. L'inconnu a quelque chose de terrible, et l'avenir, c'est toujours l'inconnu.

Au fond, que m'importe? Je n'attends rien de cette année qui vient. Elle se déroulera sous l'œil de Dieu, et aussi bien pour les années que pour les jours le chrétien dit à Dieu, avec Madame Élisabeth ;

« Mon Dieu! que m'arrivera-t-il aujourd'hui? je n'en sais rien; mais je sais que rien ne m'arrivera qu'avec votre permission. »

Louise va quitter l'Algérie. En recevant sa lettre, nous avons éprouvé une joie vive, mais courte. Son mari, par un caprice inexplicable, a désiré qu'elle allât d'abord visiter sa famille à lui. Elle lui obéit, mais comme on sent que c'est à regret! Cette exigence déraisonnable et la soumission passive de ma sœur ont renouvelé mes craintes secrètes et ont enfin éveillé les soupçons de mon père. Cette nouvelle, qui ne fait que retarder notre bonheur de deux mois, l'a beaucoup attristé. Il est patient, il sait attendre; ce n'est donc pas seulement cet ennuyeux délai qui le préoccupe.

J'ai passé deux jours chez Mme Degalle. Laure m'a quittée le moins possible. Nous avons causé beaucoup de nous et un peu des autres, et une correspondance va s'établir entre nous.

— Que vous soyez à deux lieues ou à dix lieues de moi, qu'importe, m'a dit Laure, si je ne vous vois pas! Or pourquoi s'écrit-on, si ce n'est pour remédier, autant que cela est possible, au désagrément de ne pas se voir?

Elle disait vrai, et les semaines pendant lesquelles nous ne pourrons nous visiter, nous nous donnerons de nos nouvelles par la poste. Je n'aurais jamais consenti à prendre cet arrangement avec une autre. Qu'ai-je à dire d'intéressant? Rien. Mais l'intimité se passe des nouvelles qui jettent tant d'intérêt dans la correspondance! C'est mon cœur et mon esprit que j'ouvre à Laure. Il y a toujours quelque chose à en tirer pour une amie aussi intelligente qu'aimée.

La neige a fondu, les pluies sourdes, monotones, sont passées; le vent émeut l'air autour de moi. Ces raffales brusques animent le silence, peuplent la solitude. J'aime cette musique capricieuse et sauvage. Le soir, je l'écoute avec ravissement.

Louise est tombée malade. Nous sommes inquiets et bien mécontents. La faire passer de l'Afrique dans le nord de la France en cette saison n'était pas du tout prudent. Ici elle eût moins souffert du froid, nous n'avons qu'un luxe, c'est le bois, et notre foyer est toujours bien garni. Et puis l'air qu'elle eût respiré ici, c'est l'air natal, toujours sain aux poumons. Elle nous écrit qu'elle est entourée des soins les plus affectueux, mais que le médecin a déclaré qu'elle ne pourrait se remettre en route avant six semaines. Sa belle-sœur soigne le petit Arthur, qui s'est tout de suite acclimaté.

La neige est revenue, mais le soleil prend de la force; elle paraît le matin, elle n'est plus le soir. J'ai recommencé mes promenades. J'ai vu hier un fossé sur lequel était jeté un charmant tapis de velours du plus beau vert. Sur ce fossé, ni herbes, ni ronces, ni épines, rien que de la mousse humide et gonflée. La saison des pluies passée, ce fossé perdra sa parure éphémère; aussi tous les jours je passe par ce chemin et je regarde en passant cette tenture veloutée si unie, si fraîche, qui semble être déployée là pour le plaisir de mes yeux.

Enfin, le triste hiver nous a lancé ses dernières giboulées. L'air s'adoucit, le ciel s'éclaire, l'horizon semble s'étendre. Ce matin, il y avait je ne sais quelles harmonies voilées dans l'air. Ce n'était pas encore le gai printemps avec ses chants éclatants, ses bouquets de verdure, ses fleurs naissantes, ses émouvants murmures; c'était son ombre, et comme derrière cette ombre transparente on devinait sa présence, comme on apercevait pour ainsi dire derrière ce voile gris, qui se déchire un peu tous les jours, son visage riant, on éprouvait une sensation de bien-être indéfinissable.

L'Église est en deuil. La semaine sainte rappelle ses funèbres souvenirs. A travers les siècles retentit je ne sais quel écho des plaintes divines. Tout cœur chrétien s'émeut et sent passer sur lui comme un flot ces larmes qu'ont fait couler les scènes saintes de la Passion du Sauveur. L'esprit lui-même se recueille. Malgré l'entraînement de la vie, malgré le soleil radieux et le ciel pur, à tous les instants du jour apparaît à l'imagination cette figure adorable couverte de sueur, de larmes et de sang. Dans les heures méditatives de la journée, on éprouve le besoin de suivre Jésus dans sa voie rigoureuse, de monter avec lui jusqu'au Calvaire. Là, au pied de cette croix à laquelle est suspendu le Rédempteur du monde, on laisse tomber son propre fardeau, on demande à Dieu le courage de boire courageusement ce que notre propre calice contient d'amertume. A l'époque des grands déchirements, des grandes souffrances, quand il n'y a rien à dire, quand la parole humaine la plus éloquente est impuissante à consoler, je comprends qu'on se contente de montrer à celui qui souffre la tête divine ployée sous le poids d'incompréhensibles douleurs. La parole que répètent les échos du jardin des Oliviers monte alors du cœur aux lèvres.

Enfin, voici ma chère Louise arrivée d'hier soir avec son enfant et son mari.

Mes chers hôtes dorment encore. Le voyage a été long, fatigant, et personne n'a eu le droit ce matin de se lever de bonne heure à la Maraudière. Cet ordre que j'avais solennellement donné ne me concernait pas. Une maîtresse de maison à tant à faire! Me voici donc debout, habillée, ayant délivré à Jeannette une instruction pour le déjeuner, et regardant dormir un joli enfant dans lequel je retrouve de plus en plus le petit Arthur d'autrefois. Hier, quand il m'est apparu en veste et en pantalon, sa petite casquette crânement posée sur ses cheveux bouclés, en petit homme enfin, je cherchai en vain à reconnaître mon gros poupon aux jambes courtes. Arthur a bientôt six ans, âge charmant, l'innocence dans toute sa grâce avec une pointe d'intelligence qui rend l'enfant causeur, questionneur, doublement intéressant. Ma joie est grande, mais elle n'est pas sans mélange. Ma sœur est affreusement changée, et sa physionomie n'a rien d'heureux. Même au milieu des épanchements de l'arrivée, il y avait je ne sais quoi de triste au fond de ces grands yeux bleus. Quelle est donc cette souffrance mystérieuse qu'elle nous cache? Nous sommes encore tout entières au bonheur de nous retrouver; mais dans quelques jours il faudra bien qu'elle parle. Mon beau-frère est aussi très-vieilli. Le climat de l'Afrique n'a guère convenu à ce ménage-là. Joseph est très-maigre, jaune comme un coing mûr, il a les yeux noyés et les mains agitées par une sorte de tremblement nerveux.

Mon père a été froid pour lui et le regarde fixement parfois d'une manière étrange.

Quelle place tient un enfant! Arthur remplit la Maraudière de sa présence. Il connaît déjà tout, il est déjà au fait de tout; Jeannette, qui en raffole, l'initie aux mystères du dedans; Claude, qui l'adore, lui montre le dehors en détail. Il voyage partout sans guide maintenant. Mon père et lui se rencontrent souvent, et j'aime à les voir se rejoindre. Arthur lui prend machinalement la main ou s'accroche à un pan de sa redingote, et ils marchent se parlant, s'écoutant.

Arthur lève souvent sa figure mutine vers mon père, comme pour l'interroger; mon père courbe sa haute taille pour lui répondre. Ils sont charmants à regarder ainsi. Dans la maison c'est bien autre chose : il remplit de bruits et de rires la vieille maison muette. C'est très-doux à entendre, le rire, le rire argentin de l'enfant surtout. Sa présence m'est toujours révélée, même quand je n'ai pas devant moi ce ravissant visage aux traits délicats, aux contours gracieux, qui me ferait presque faire des péchés d'amour-mour-propre. Sa voix, sa claire voix, son rire frais, éclatant, résonnent à mes oreilles; j'entends son pas rapide, léger, si différent des autres pas ; il est ici. là, partout. Le soir je l'aime encore davantage, il est fatigué, il aime à s'asseoir sur les genoux, il est moins vif, moins spirituel, plus poupon. Il m'a prise en vive affection, et c'est à moi que reviennent de droit les petites fatigues qu'il occasionne encore. Je le déshabille, je lui fais dire sa prière. Il prie, ses beaux yeux limpides fixés sur les miens, je crois voir le ciel s'ouvrir, puis il m'embrasse, me murmure un tendre bonsoir, se couche, appuie sa jolie tête sur l'oreiller, le voilà endormi.

Et le matin, donc! Quand il relève ses grands cils et qu'il me dit bonjour en bégayant un peu, ce n'est pas encore le petit tapageur, le lutin, c'est l'enfantelet dont le cœur s'éveille avant la pensée.

———

Les jours heureux passent vite, je ne sens plus le temps. Laure et Mme Degalle sont venues voir Louise, qui est trop fatiguée encore pour se remettre en voiture. Nous avons passé une journée charmante. Il est bien doux de vivre avec d'autres femmes quand on les aime sincèrement et qu'on en est sincèrement aimée. Trouver une amie dans une sœur est, je crois, un des grands bonheurs de la vie. Quel charmant caractère a Louise, quelle dignité douce dans son maintien, quelle tendresse dans son regard, quel charme dans sa conversation! Elle parle de tout, elle parle sur tout. Le matin nous causons ménage, économie domestique; le soir nous abordons d'autres sujets après la lecture que mon père a pris l'habitude de faire à voix haute.

Dans l'après-midi nous travaillons dans le salon, en nous racontant le passé. Il n'a encore été question que de moi dans ces causeries intimes. Louise a voulu tout savoir dans les plus minces détails : ma vie à Paris après son départ, l'échec subi par mon père, mon mariage manqué, notre résolution de vivre à la campagne, mes échappées à Randergast, mes tentatives pour devenir une femme sérieuse pouvant se suffire à elle-même, mes relations de plus en plus intimes avec Laure. Les femmes ont vraiment le goût des confidences poussé très-loin, et je me sens très-femme sur ce sujet ces jours-ci. Je laisse s'écouler avec bonheur tout ce que j'ai amassé de souvenirs, d'impressions, d'idées. Louise m'écoute avec intérêt, elle provoque les explications, les descriptions, elle me cite les points obscurs de mes lettres afin que je les éclaircisse, enfin elle prête l'oreille la plus complaisante à tout ce que je dis, et je parle, je parle. Il me semble qu'un bâillon est tombé de mes lèvres. Jeannette, qui m'a toujours connue silencieuse, s'arrête d'étonnement à la porte quand elle entend ma voix : — « Puisque Mme Légerval vous a rendu la parole, m'at-elle dit l'autre jour, j'espère que vous serez plus devisante désormais. » Nous voyons peu mon beau-frère, il accompagne mon père dans ses promenades, ou se promène seul en fumant. « Il fume toujours, il a pris cette mauvaise habitude en Afrique, » m'a dit Louise hier, quand je plaisantais son mari sur cette longue pipe qui ne quitte pas sa bouche. Comme elle disait cela, nos yeux se sont par hasard rencontrés. Elle a tout de suite baissé les siens et je l'ai entendue soupirer. Autrefois elle n'avait pas de secrets pour moi....

———

J'écris en mai. Quel mot charmant! Le prononcer, c'est évoquer les plus gracieuses images, s'enivrer de parfums, de chants ; c'est ouvrir son âme aux pensées riantes, ses yeux aux frais tableaux. Il y a des mots qui ont quelque chose de magique ; mai compte parmi ces mots-là. Pour les cœurs catholiques il possède un charme tout parculier ; mois de mai et mois de Marie sont devenus synonymes. On a bien fait de lier ainsi la terre parée, embaumée, éblouissante au ciel radieux. Pendant ce doux mois les âmes pieuses ou souffrantes éprouvent d'ineffables tendresses pour la Vierge immaculée. On dirait que Marie est redevenue une habitante de la terre. Du moins elle la couvre de son souvenir comme d'une égide. Elle est partout et toujours présente à nos pensées, son nom sacré est plus souvent sur nos lèvres. En levant les yeux on s'imaginerait volontiers entrevoir sous l'azur transparent ou sous les blancs nuages cette figure céleste et suave dont chaque âme se fait un portrait idéal mille fois plus beau que tout ce que la main des hommes a pu créer. C'est en son honneur que tant de fleurs éclosent, que l'atmosphère semble se purifier. Quelle que soit la situation de leur esprit, les heureux et les malheureux, les consolés et les inconsolés, aiment à murmurer ces invocations touchantes :

« Refuge des pécheurs, priez pour nous ; Consolatrice

des affligés, priez pour nous ; Cause de notre joie, priez pour nous ; Porte du ciel, priez pour nous. »

Les marronniers superbes sont en fleurs. Nous en possédons trois, c'est assez. Nous avons aussi des arbres verts dont la sombre livrée s'égaye en ce moment de pousses nouvelles. Chaque branche de sapin se pare à son extrémité d'un petit éventail souple, d'un vert tendre, qui rend tout à fait noir le feuillage de l'an passé.

On ne saurait être longtemps satisfait. Je crois que mon beau-frère qui n'aime pas la campagne, en France du moins, s'ennuie à la Maraudière. Il ne le dit pas, il fait pis, il le montre. C'est fâcheux, mais je dois en convenir, il n'est pas facile à amuser. Rien ne paraît l'intéresser. Il bâille quand on lit, il s'assoupit quand on cause. Je m'étais fait de son caractère et de son intelligence une bien plus haute idée pendant les deux ans que nous avons vécu ensemble. A l'âge où les autres grandissent intellectuellement, il semble diminuer. Il parle quelquefois d'aller en ville ; mais ce projet paraît déplaire souverainement à Louise, elle y met toujours obstacle d'une façon ou d'une autre.

Nous allons avoir des voisins. Notre curé vient de m'annoncer qu'il a déjà reçu leur visite. Ce sont des gens du pays, je crois. Rien ne pouvait m'être plus désagréable. Adieu mes longues promenades sans but arrêté, mes courses à travers notre petite paroisse, adieu ma liberté ! Je ne serai plus la seule dame dans notre petite église, des yeux experts se porteront sur ma toilette dont personne ne s'occupait. Je me croyais au bout du monde, et mon désert va se peupler d'étrangers, d'inconnus.

Joseph est depuis ce matin à Randergast. Louise s'est en vain opposée à ce qu'il y allât seul. Il a prétexé une commission et aussi le désir de flâner un peu, d'apprendre quelques nouvelles, et il est parti à cheval. Louise a été agitée toute la journée, elle est allée dix fois au-devant de son mari, elle y était encore. Devant mon père, elle essaye de dissimuler son inquiétude. — « Le caractère de mon père a un peu changé, m'a-t-elle dit avant de sortir ; je le trouve plus silencieux, plus grave encore qu'autrefois. Il a parfois une sévérité de physionomie qui me trouble à cause de Joseph. » Que craint-elle donc ?

Je connais le malheur de ma sœur et j'en suis navrée ; son mari à la passion des liqueurs fortes, c'est un buveur d'absinthe ! Voilà donc le secret du changement que je trouvais en lui. Il était causeur, aimable, gai ; il est absorbé, taciturne, c'est un homme éteint.

C'est hier soir que j'ai fait ma triste découverte. Joseph ne revenait pas de la ville et Louise paraissait en proie à une anxiété mortelle. En déshabillant son fils pour le coucher, des larmes roulaient sur ses joues. Je n'avais pas le courage de la questionner ; en ce moment, une question m'eût paru une cruauté. Joseph est arrivé pendant notre souper. Ses habits étaient souillés, il était tombé de cheval sans se faire le moindre mal. Il nous a raconté en riant ce petit accident, il était rouge, animé, ses yeux ordinairement ternes brillaient d'un éclat singulier. Ses plaisanteries m'ont d'abord beaucoup amusée ; mais en jetant les yeux sur ma sœur, je l'ai vue pâle, attérrée, j'ai vu les sourcils de mon père se rapprocher, j'ai examiné plus attentivement Joseph, et la vérité, la triste vérité, s'est fait jour dans mon esprit. Le repas s'est continué au milieu d'un malaise général, que Joseph était le seul à ne pas ressentir. Louise lui adressait vainement de muettes prières, il n'y prenait pas garde et sa bruyante gaieté allait son train. Le souper fini, mon père s'est levé. Il a arrêté sur Joseph un regard dont je n'oublierai jamais la douloureuse et méprisante expression, il a embrassé Louise et il est remonté dans sa chambre, ce qu'il ne fait jamais le soir. Peu de temps après, Louise a aussi disparu, me laissant seule avec son mari. Je lui ai tenu quelque temps compagnie. Il m'en a chaleureusement remerciée, il avait une tendresse d'expression tout à fait inusitée. Peu à peu son excitation a diminué, sa gaieté factice a disparu, il s'est assoupi presque en me parlant. Je l'ai bien vite quitté et je suis allée à la recherche de ma sœur. Je l'ai trouvée en larmes auprès du lit de son fils. Il n'y avait plus à dissimuler Je me suis jetée à son cou. C'est donc là ce que tu me cachais ? lui ai-je dit. Ses sanglots m'ont répondu.

Je l'ai laissée un instant et je suis descendue à la cuisine. Jeannette balayait les cendres du foyer autour des derniers charbons. Je lui ai dit de rallumer le feu, car je désirais faire un peu de tilleul pour Louise qui n'était pas très-bien. Elle m'a obéi et a cherché tout ce qu'il fallait pour cela avec un empressement qui n'est pas toujours dans ses habitudes. « C'est bien, lui ai-je dit, allez maintenant vous coucher, je vais faire cela moi-même. » Elle m'a regardée, m'a dit bonsoir et est sortie ; et puis, revenant tout à coup sur ses pas. « Est-ce que M. Légerval est souvent gris comme cela, » m'a-t-elle demandé ? Elle s'était parfaitement aperçue de l'état de mon beau-frère. J'ai atténué la chose autant que possible et je lui ai recommandé de ne pas faire connaître sa découverte à Louise. Elle m'a quittée sur cette recommandation et je suis allée chercher ma sœur. Les soirées sont encore fraîches, je l'ai trouvée toute frissonnante. Nous sommes descendues dans la cuisine où il y avait bon feu, je lui ai servi une tasse de tilleul, ce qui a servi à calmer ses nerfs et nous avons longtemps causé à voix basse. Elle m'a confié ses tristesses. Ce qui la fait surtout souffrir, c'est la pensée qu'il n'y a pas de remède au mal. La passion de l'absinthe ne s'éteint pas. C'est pendant son premier voyage en Afrique que mon beau-frère avait contracté cette terrible habitude.

En rentrant en France il avait voulu s'en corriger et y avait à peu près réussi, surtout grâce à son mariage. Rien n'avait reparu pendant les premiers mois de son séjour en Algérie ; mais il avait été malheureusement envoyé dans une résidence éloignée. Il y avait passé six semaines seul avec un détachement dont les officiers étaient tous des buveurs d'absinthe. De retour à Alger, il avait continué d'abord en cachette, et puis un jour tout avait été découvert à Louise. Elle avait essayé tous les moyens de guérison, elle avait toujours échoué. Ni sa santé délabrée, ni son avancement compromis, ni la douleur de sa femme, n'avaient pu l'amener au sacrifice. Le sacrifice n'était pas possible à un homme d'une faiblesse de caractère aussi grande, il aimait l'absinthe, il fallait qu'il en bût. En quelques mots Louise me fit comprendre l'étendue de son malheur. L'absinthe abrutit ; elle voyait donc sous ses yeux s'abrutir celui qu'elle aimait, elle voyait son intelligence s'atrophier, ses sentiments s'éteindre. Si le présent était douloureux, l'avenir se présentait plus sombre encore. Au moment où son fils aurait besoin des conseils et surtout des exemples paternels, il se trouverait en présence d'un homme livré à une passion honteuse.

Elle lutte encore, elle luttera toujours, mais elle lutte sans espoir et ne peut se défendre parfois d'un amer découragement. J'ai pleuré avec elle, je l'ai consolée de mon mieux, et je lui ai promis de joindre mes efforts aux siens pour empêcher Joseph d'aller en ville. Elle voudrait qu'il ne laissât pas paraître complétement sa dégradation devant mon père, et que leur séjour à la Maraudière ne fût pas attristé par des scènes qui ne changeraient rien à l'état des choses.

Notre conversation a été interrompue par Joseph lui-même. Louise lui a parlé avec sa douceur habituelle afin de l'engager à regagner sans bruit sa chambre. Nous sommes remontés en silence. Je ne me sentais pas le courage d'adresser la parole au coupable, et cependant je n'aurais pas voulu devant Louise lui témoigner mon ressentiment. Sur le palier il m'a souhaité le bonsoir et s'est avancé pour m'embrasser ainsi qu'il a l'habitude de le faire. J'ai reculé vivement, mais Louise nous regardait, je n'ai pas voulu ajouter à son humiliation. Il m'a embrassée et j'ai regagné ma chambre.

Que cette journée a été pénible ! Nous avions devant nous la figure sévère de mon père, le visage boursoufflé, à la fois chagrin et arrogant de Joseph. Il sent la gravité de la faute qu'il a commise, mais l'habitude l'emporte. D'après ce qu'il a dit, j'ai bien vu qu'il n'hésiterait pas à quitter la Maraudière si mon père, directement ou indirectement, porte atteinte à ce qu'il appelle son indépendance.

Je suis allée consulter notre curé ; la position se tendait tellement, que je craignais une scène. Joseph va fréquemment en ville comme pour braver le mécontentement de son père. Il ne revient pas ivre, mais je sais qu'il passe son temps au café. Le curé m'a demandé si on servait de l'absinthe sur notre table, et sur ma réponse négative il m'a dit : « Il faut lui en donner, lui en servir à petites doses et ainsi vous n'allumerez pas par la privation totale ce désir dont il va chercher la satisfaction ailleurs. Dans les pays chauds on boit beaucoup de liqueurs fortes. Quant à espérer une guérison radicale, je n'ose y compter. Dans ce ménage, la vertu et ses énergies sont toutes du côté de la femme. Là où votre sœur a échoué il est presque inutile de combattre, car sa force est revêtue de douceur et d'affection. Espérons que ses prières lui obtiendront la conversion de son mari ; vaincre une passion a toujours dépassé les forces humaines, il faut que Dieu et ses grâces s'en mêlent quoi qu'en disent certaines gens. »

Le conseil m'a paru bon, et je l'ai suivi. Laure est censée m'avoir envoyé de la crème d'absinthe et de l'absinthe ; je vais tenter cet essai, lui servir ce poison à très-petites doses, de manière à calmer sa soif, tout en l'empêchant d'arriver jusqu'à l'excès. J'ai agi assez adroitement. On ne se doute de rien.

Mon expédient a réussi. Tous les jours je prépare moi-même à mon beau-frère un verre d'absinthe et il s'en tient là. Voilà huit jours qu'il n'a pas parlé d'aller à Randergast. Mon père s'est enfin décidé à questionner indirectement ma sœur.

— Cela lui arrive-t-il souvent, Louise, lui a-t-il demandé tout à coup, au moment où ils se trouvaient seuls ?

— Très-rarement, a-t-elle répondu tremblante. En Afrique les hommes, en général, boivent habituellement de l'absinthe.

Cette parole a rassuré mon père, et, ne voyant pas son gendre abuser de cette liqueur dangereuse, il s'est figuré qu'il avait été surpris. Ses manières sont devenues plus cordiales et la paix règne de nouveau à la Maraudière. J'en suis bien heureuse, car ce séjour à la campagne fait beaucoup de bien à Louise. Elle est aussi beaucoup mieux depuis qu'elle n'est plus obligée de craindre sans cesse une découverte tellement affligeante. Ce secret qu'elle gardait au plus profond de son cœur la dévorait. Elle pleure encore quelquefois avec moi, mais ces larmes la soulagent. Les larmes qu'on verse devant une personne aimée sont un poids de moins sur le cœur.

Le bonheur durable n'est pas de ce monde et sur les destinées les plus prospères se lève tout à coup le vent desséchant de l'adversité. Pendant deux ans ma sœur a été la plus heureuse des femmes. Son mari avait du cœur, de l'esprit, des dehors séduisants, une position brillante. Sur ce bonheur un verre d'absinthe a été répandu, et ce bonheur s'est dissous. La nature par ses tableaux changeants nous montre la même inconstance. Entre hier et aujourd'hui quelle différence dans le temps ! Sur l'azur et les légers nuages blancs s'est tendu une sorte de voile d'un gris sale et terne, le vent agite violemment le feuillage encore délicat des arbres, le marronnier épais et odorant planté comme un gigantesque bouquet devant mon balcon entr'ouvre, sous les raffales, ses flancs fleuris. Ce vent brutal sème déjà dans l'air les pétales arrachées aux fleurs nouvellement écloses. Les oiseaux ne chantent plus, ils poussent des cris plaintifs. Le petit monde ailé et bourdonnant qui peuplait l'atmosphère a complétement disparu. Les prairies seules offrent encore au regard le plus charmant coup d'œil. Dans les herbes déjà hautes et encore tendres le vent produit des effets ravissants. Il les fait frémir et se coucher sous son souffle, la surface verte et mobile se couvre de vagues moirées qui ondulent capricieusement. J'aime à contempler toutes ces petites choses de mon balcon.

Nos châteaux sont habités. Malgré ce nom pompeux de châteaux que nos paysans leur donnent, ce sont de simples maisons de campagne à peine plus importantes que la Maraudière et qui n'étaient jamais habitées autrefois. Il n'y a guère que quatre ans que les propriétaires ont jugé à propos d'y paraître l'été. L'une de ces maisons est une vieille gentilhommière à pigeonnier, bien cachée dans ses grands bois ; l'autre une espèce de ferme à un étage, une grande maison bâtie sans goût, mais entourée de splendides jardins. C'est le manoir devant lequel passe la petite rivière que j'aime tant à regarder.

Les Landiers sont habités l'été par une excellente famille de ce nom, qui passe l'hiver au chef-lieu. La grande maison s'appelle la Villeormond et appartient à M. Brillion, l'oncle de Lucile Déblin. Il y conduit sa femme quand le temps est venu de récolter les fruits du jardin, et il y vient faire sa provision de rimes. Nous avons reçu hier la famille des Landiers. J'ai vu apparaître une grande femme au teint florissant suivie de trois belles filles non moins florissantes. Au bout de dix minutes, nous étions les meilleures amies du monde. Notre curé avait fait les honneurs de ma personne et on se promettait de me voir souvent. J'étais un peu étourdie de cet entrain, de cette gaieté. Mes voisines jouissent de la campagne en campagnardes ; elles pêchent, elles courent, elles montent à cheval, elles tuent les merles qui s'avisent d'aller becqueter leurs cerises, ce sont de véritables amazones enfin ! Elles raffolent de leur vieux manoir et elles ont fait abandonner pour lui une jolie maison beaucoup moins isolée. Je ne les distingue pas trop encore entre elles. Elles ont la même taille, le même teint rose, les mêmes cheveux blonds, elles sont charmantes. « Le bon père Brillion fait ratisser ses allées, m'a dit l'une d'elles, on croit qu'il attend des parents à la Villeormond. — On parle même d'une nièce, une Parisienne pur sang, a ajouté une autre. — Est-ce qu'on parle à Saint-Clément ? ai-je dit en souriant. — Autant et plus qu'à Randergast, a répondu Mme des Landiers. Nous savions, à peine arrivées, que vous aviez Madame votre sœur, que ce joli enfant que nous avons aperçu l'accompagnait. — Nous savons qu'il s'appelle Arthur, a repris une des jeunes filles, qu'il a des cheveux bouclés de la même couleur que les vôtres ; nous savons que vous visitez seuls les pauvres des environs, que vous aimez les livres et les fleurs ; nous savons... — Assez, ai-je dit en riant, je vois que vous savez tout. »

Elles sont parties en me donnant force poignées de main et en m'avertissant qu'elles attendaient une armée de cousines et de cousins.

— La Parisienne de la Villeormond n'aura qu'à se bien tenir, a dit la plus jeune ; si elle nous regarde de trop haut, nous la laisserons à M. Brillion.

Le reste du jour j'ai beaucoup pensé à nos voisines et aussi à cette étrangère dont nous sommes menacés. Pourvu que ce ne soit pas Lucile elle-même !...

C'est Lucile. M. Brillion sort d'ici enchanté de la bonne nouvelle qu'il m'apportait. Sa nièce se plaignant toujours de sa santé et témoignant le plus vif désir de me revoir, il l'a engagée à venir à Randergast ou à la Villeormond afin d'être plus près de moi. Ce voisinage me contrarie, il m'est déplaisant de me retrouver face à face avec M. Déblin. C'est à peine si je me souviens d'avoir été sa fiancée, son nom ne m'émeut plus ; sa vue, je le crois, me laissera parfaitement indifférente, mais je ne vois pas quel plaisir nous aurons mutuellement à nous revoir.

Je désire vivement que Lucile et son mari arrivent avant le départ de ma sœur, fixé au 15. Je ne voudrais pas qu'ils me surprissent des larmes dans les yeux, la pâleur sur le front, et le vide sera si grand que je ne pourrai facilement prendre une physionomie heureuse les jours qui suivront une séparation dont la pensée m'attriste tant déjà. Combien ma solitude me paraîtra sévère ! Mon cœur se serre à la pensée de ne plus retrouver partout cette amie devant laquelle mes pensées suivaient leur libre cours et dont ma conversation souvent enjouée endormait les peines. La causerie intime est un véritable baume pour le cœur. Le cœur après vingt ans, c'est un vase hermétiquement fermé où s'amasse ce que les joies, les peines, les inquiétudes, les découragements de la vie, ont de plus doux ou de plus amer. On ne le découvre entièrement que devant Dieu ; mais il est doux de pouvoir l'entr'ouvrir devant une créature qui souffre et sent comme nous. Ce qui s'en échappe ne monte pas aussi directement vers le ciel sans doute, mais c'est autant d'évaporé. Ainsi raisonnent les imparfaits. Sous ce rapport je suis grandement imparfaite ; sous mon courage apparent se cachent d'étonnantes faiblesses. En ce moment, j'écris auprès du petit lit d'Arthur, et à la seule pensée que dans huit jours il ne sera plus là, je sens une sorte de mélancolie noire m'envahir le cerveau et le cœur. Je ne le verrai donc plus s'endormir. Quel doux spectacle cependant ! Ce soir sa fatigue était moins accablante, il voulait jouer, même dans son lit. J'y ai un peu consenti, nous avons joué au médecin, à pigeon-vole, j'ai raconté une histoire. Les yeux devenaient de plus en plus vifs, il riait, il se trémoussait, il disait : « Encore ! » le mot des enfants et bien souvent, hélas ! des grandes personnes. J'avais beau lui répéter sur tous les tons : « Allons, dors ! » il ne dormait pas. Alors j'ai feint de me sentir très-fatiguée, je me suis renversée sur ma chaise, j'ai fermé les yeux. Pour me tirer de ce sommeil qu'il soupçonnait devoir être un peu factice, il a fait mille drôleries, il a dit des choses si étonnamment spirituelles, que je ne savais trop comment je persisterais à ne pas sourire.

J'ai tenu bon, il a commencé à croire que j'étais vraiment endormie et il s'est décidé à renoncer au jeu au moins pour un instant. Il voulait me tromper aussi. Il a pris son oreiller entre ses bras et il est demeuré quelque temps tantôt fermant les yeux, tantôt les ouvrant pour me surprendre. Evidemment il luttait contre le sommeil qui arvait grand train. Peu à peu ses yeux se sont vitrés, ses longues paupières frangées ont battu comme les ailes fatiguées d'un oiseau, enfin il a croisé les bras comme quand il dit sa prière, il a penché la tête, et rien n'a plus bougé dans le petit lit auprès duquel il me semblait voir l'Innocence priant et veillant. Dans huit jours, il n'y aura plus pour moi de ces petits bonheurs intimes. Tout me manquera à la fois: les doux entretiens de la mère, les joies folles du fils. Que ne puis-je les retenir, les fixer auprès de moi, voir grandir sous mes yeux cet enfant que j'aime avec une tendresse presque maternelle ! Vains désirs !

Louise, Arthur et Joseph sont partis; ma solitude me pèse, m'effraye, me rend singulièrement pensive. Tout à l'heure, par habitude, j'ai ouvert la porte de la chambre de Louise. Je l'ai refermée en frissonnant. Ces jalousies fermées, cette chambre vide, nue, m'ont saisi le cœur. Je suis allée pleurer sur mon balcon. Mon père, qui errait comme une âme en peine au dehors, m'appelait de toutes ses forces. M'apercevant là, il m'a demandé ce que je faisais; je lui ai répondu que j'arrosais mes fleurs : il s'est éloigné sans rien dire, et j'ai pu laisser couler mes larmes, cette pluie du cœur.

Je quitte mon père. Devant lui je ne veux pas être trop abattue, il a assez de ses propres regrets. Je ne puis rien faire, j'ai les yeux obscurcis, les doigts tremblants. J'écris. Ecrire, c'est parler, c'est se plaindre sans honte et sans réserve. Si je savais ma sœur heureuse, je souffrirais moins de son absence; mais nous étions en quelque sorte nécessaires l'une à l'autre. Je l'obligeais à sortir de sa tristesse, elle me tenait fidèle et agréable compagnie. Et l'enfant donc!

Me voici maintenant seule dans ma chambre, tressaillant au moindre bruit, sentant qu'on m'a enlevé quelque chose, que quelque chose me manque; Arthur n'est pas parti tout entier. Voilà contre le mur l'image de la sainte Vierge qu'il a voulu clouer lui-même en cet endroit; voici une toupie muette qui, ayant roulé dans un coin, a été oubliée; sur une table à écrire, j'aperçois une maison de cartes en construction. Comme cela me le rappelle vivement! Cette maison ne sera donc jamais finie, cette toupie ne chantera plus sa monotone chanson, il ne fera donc plus sa prière devant cette petite image.

Quelle place il tenait déjà dans ma vie! Depuis son départ je me tourmente. Pourquoi? Le sais-je? J'ai la tête pleine de voitures qui versent, de trains qui déraillent. S'il allait se jeter étourdiment devant les chevaux, s'il allait faire un faux pas en montant en wagon. Il est leste, mais ses jambes sont encore si petites. Je suis un peu absurde de m'inquiéter ainsi, mais je ne puis penser qu'à cela. Le convoi qui les emporte passe ce soir à une lieue d'ici. Si j'allais le voir passer!

Je reviens de mon voyage nocturne. Claude m'accompagnait. A mi-chemin une pluie torrentielle nous a surpris. Il eût été sage de retourner sur mes pas, la nuit allait venir, tout présageait un temps effroyable. J'ai continué, j'avais besoin de me mouvoir, de me fatiguer. Nous sommes arrivés au passage à niveau. Je me suis accoudée sur la barrière, il faisait nuit et rien n'apparaissait sur le chemin. Enfin une double lueur rouge s'est montrée, la locomotive accourait entourée de jets de vapeur; d'une certaine distance elle faisait l'effet d'un monstre à l'haleine épaisse, aux yeux sanglants. Mes yeux essayaient de percer à l'avance les wagons éclairés; le train a passé, rapide; j'ai entrevu contre les vitres une petite figure chérie, étincelante de gaieté. Ah! les chagrins d'enfants! Cette vue m'a apaisée, et j'ai repris vaillamment ma route. Quelles ténèbres nous enveloppaient! Ni ciel, ni terre, le chaos. Claude, ne distinguant même plus son chemin, avait allumé la lanterne dont il s'était muni. Cette lueur vacillante éclairait mal un chemin plein d'eau et de broussailles ruisselantes. Nous sommes arrivés trempés jusqu'aux os.

Me voici près d'un bon feu; cette fatigue extrême m'a fait du bien au moral et au physique. J'éprouve une vive sensation de bien-être auprès de ce foyer devenu solitaire.

Pendant mon absence, Lucile, son mari et son oncle sont venus, mon père ne les a pas reçus. Je ne suis pas fâchée d'avoir manqué leur visite. Aujourd'hui ils m'auraient trouvée abattue, mortellement triste. Qu'auraient-ils pensé?

———

Laure a un cœur qui veille toujours. Le lendemain du départ de Louise, M. Belmont, venait me chercher. Elle me savait triste, et, ne pouvant venir elle-même, elle m'envoyait son mari. Il avait aussi l'intention d'emmener mon père.

Nous avons longtemps bataillé. M. Belmont mettait en avant je ne sais quelle réunion scientifique et littéraire à laquelle, disait-il, mon père ne pouvait se défendre d'assister. Ce dernier ne s'est rendu que quand j'ai déclaré nettement que je n'irais pas seule. Au fond, je crois que quelques jours passés hors de la Maraudière ne nous feront pas de mal. Nous avons l'air de deux exilés depuis le départ de nos hôtes. Je ne veux pas, aussi bien pour mon père que pour moi, prendre l'habitude d'être triste, ce qui viendrait bien vite si je ne combattais pas énergiquement la tendance qui m'y porte parfois.

J'ai revu M. et Mme Déblin, et le hasard m'a été singulièrement favorable en cette circonstance redoutée.

J'avais retrouvé à Randergast les demoiselles des Landiers. Nous nous sommes traitées en vieilles connaissances et elles m'ont dit en me quittant : « Nous irons sans tarder vous relancer dans votre Maraudière. » Elles sont venues hier toutes les trois à pied. On aurait dit qu'une nichée de pinsons s'était abattue sous nos maronniers.

Leur gaieté est vraiment communicative, j'ai refoulé le triste.

— Allons, riez donc, m'a dit Anne, la plus jeune, en me frottant les joues, sans doute pour les rendre moins pâles, et regardez-moi avec des yeux bleus moins rêveurs.

Elles ont visité notre petite maison, elles se sont penchées sur mon balcon de pierre.

— Regardez donc Hermine, m'a dit Marie en me prenant le bras, sur ce vieux balcon elle me fait l'effet de la dame de Malborough apostrophant son page.

— Ou d'une damoiselle du moyen âge attendant son

fiancé, a répondu mon père, qui admire beaucoup la beauté d'Hermine.

Hermine est la plus belle de cette belle famille ; c'est une grande femme blonde, aux traits purs, à la peau blanche, aux mains fines ; elle produisait vraiment un charmant effet sur mon vieux balcon.

Nous sommes descendues en causant et en riant, et nous sommes entrées en tourbillon dans le salon où nous ne croyions trouver personne. M. et Mme Déblin y étaient. Lucile m'a embrassée avec une certaine contrainte et son mari, après m'avoir fait subir une sorte d'examen d'une délicatesse douteuse, m'a saluée avec un respect plein d'aisance. Mes voisines sont parties en me disant : « A bientôt ! »

— Comme tu as bonne mine ! m'a dit Lucile avec un étonnement quelque peu naïf, je ne t'ai jamais vue plus fraîche.

J'avais pensé juste : ces époux-là me croyaient minée par le chagrin, et ma vue les surprenait. Mes joues étaient encore rouges des cordiales embrassades de mes nouvelles amies, leur gaieté m'avait animée, je me sentais les yeux brillants.

— L'air de la campagne m'est très-salutaire, ai-je répondu en riant.

Nous avons causé quelque temps, et ils sont partis. Lucile est un peu enlaidie et toujours prétentieuse, M. Déblin a beaucoup vieilli, il a des cheveux gris. Il me paraît peu attentif pour sa femme, et, quand elle parle, il prend malgré lui un air agacé. Dieu merci, le premier pas est fait, ce voisinage que je redoutais tant me devient parfaitement indifférent.

———

Les soirées sont devenues charmantes. Nous les passons dehors sur un banc rustique placé contre un bouquet d'aulnes.

Nous ne lisons pas et nous causons peu. C'est notre moment de repos, de *far niente*. Quand le jour tombe et que mes doigts ne sont plus occupés, le silence complet se fait.

Mon père est très-sensible aux beautés de la nature; mais il communique rarement ses impressions, de quelque nature qu'elles soient.

———

Les haies d'aubépine en fleurs ont toutes leurs parfums, parfums suaves, pénétrants, qui embaument notre petite vallée. Dans le verger le trèfle est en pleine floraison. Les extrémités des aigrettes rouges et largement épanouies se colorent même déjà, par une très-régulière gradation, des plus charmantes nuances de rose.

———

J'ai passé la journée aux Landiers. Les cousins et les cousines sont arrivés. Un certain cousin du nom de Georges me paraît fort touché des grâces de la belle Hermine. Il a une sœur, appelée Marthe, qui est en brun la doublure de ses cousines. Sa grande jeunesse la rend d'une timidité excessive. Anne essaye de lui communiquer un peu de son entrain, mais la belle enfant ne me connaît pas encore assez pour oser s'émanciper autant devant moi.

— Eh bien, m'a dit notre curé ce matin, comment trouvez-vous mes nouvelles ouailles?

Je lui ai fait l'éloge de la famille des Landiers. Il souriait en m'écoutant.

— Allons, tout est pour le mieux, m'a-t-il dit, j'ai bien fait de vous laisser juger par vous-même du mérite de vos voisins. Vous étiez en veine de sauvagerie, et, si vous y eussiez trop souvent pensé, vous vous fussiez peut-être tenue sur vos gardes. Mme des Landiers est une vraie chrétienne, ses filles ont un cœur d'or. Et les autres, que dites-vous des autres?

Je lui ai répondu que je les connaissais de longue date et que c'était à moi à lui demander ce qu'il en pensait.

— Hum, m'a-t-il dit, je devrais peut-être me taire par charité. Cette jeune femme m'a fait l'effet d'avoir la tête un peu à l'évent. Quant à son mari...

Il s'est tu un moment et a repris en hochant la tête :

— C'est un enfant du siècle.

Il m'a saluée sur ces paroles et m'a quittée.

Comme je suis la seule compagne de mon père, je ne puis le quitter souvent, et cette raison sert d'excuse à la rareté de mes visites à la Villeormond. Je la donne aussi à mes voisines des Landiers ; mais elles n'ont pas la susceptibilité de Lucile, et, quand je ne vais pas aux Landiers, elles accourent à la Maraudière. Elles ne sont pas non plus aussi délicates qu'elle. Lucile ne trouve guère jamais le temps à la convenance de son teint, et la fatigue sous une forme ou sous une autre l'arrête presque toujours.

Mes blondes voisines arrivent à pied, quelquefois en voiture. Un jour elles me sont apparues juchées sur une charrette pleine de trèfle en fleur ; une nichée d'enfants blonds se trouvaient aussi dans la masse fleurie, le tableau était d'un pittoresque achevé.

En ce moment M. Déblin pose pour moi. Il s'ennuie de tout son cœur à la Villeormond, ce qui n'est pas très-flatteur pour sa femme, et il ose maintenant nous faire de fréquentes visites. Or bien souvent il se rencontre avec notre curé qui est très-instruit. Entre ce vieux prêtre et mon père il fait une assez triste figure. Hier il est arrivé au moment d'une discussion. J'apprenais un point de broderie à Marie des Landiers de façon qu'il s'est vu obligé de prendre part à la conversation de ces messieurs. J'écoutais attentivement ses paroles sans en avoir l'air. Ce qu'il disait était bien vide et bien superficiel. Le sujet était haut, et son esprit léger faisait en vain des bonds pour y atteindre. Les deux interlocuteurs, d'un mot, réduisaient ses pauvres arguments à néant.

— M. Déblin a raison d'être amoureux de son pied, m'a dit tout à coup Marie à voix basse, c'est bien ce qu'il a de mieux dans sa personne; ce qu'il dit n'a pas le sens commun, je le croyais plus fort.

J'ai souri sans répondre. Où est le temps où je lui accordais bien gratuitement tant d'intelligence? Mon père me l'avait dit une fois : « Tu te fais illusion, c'est un homme médiocre, et le temps usera vite la mince couche d'esprit qui recouvre sa nullité. » Elle commence déjà à percer malgré toutes les précautions qu'il prend pour donner le change. Il y a quelque chose de très-fin dans sa dose d'esprit, il fait un usage extrêmement adroit de sa mémoire, il ne manque jamais d'à-propos ; mais une fois réduit à ses propres forces, une fois mis au pied du mur, forcé de juger, de traduire, de comparer, d'affirmer par lui-même, il reste presque au-dessous du médiocre, car le caractère manque. Ses opinions souvent erronnées n'ont pas même pour excuse cette énergie passionnée qui oppose au moins à la vérité l'entêtement d'une erreur loyale.

Ce matin nous avons été les auditeurs involontaires d'une conversation très-animée, très-passionnée même entre ces messieurs. M. Georges avait accompagné ses cousines à la Maraudière; le mari de Laure était aussi chez nous, et malgré leur âge ils se rangeaient dans le camp des vieux. On parlait littérature. M. Déblin restait seul de son avis; il essayait de lutter, mais il pataugeait.

— En vérité le spectacle devient intéressant, m'a dit Marie des Landiers, regardez donc ce que l'enthousiasme produit sur ces vénérables figures, et admirez l'air pitoyablement ironique de M. Déblin. Ne vous semble-t-il pas voir Pascal, Bossuet, Racine, en présence du *Petit Journal*.

C'était bien trouvé, et, comme M. Déblin aime ce genre de littérature qu'il qualifie de moderne, entre nous nous ne l'appelons plus que le Petit Journal.

Vivre à la campagne, c'est se trouver en face de soi-même, c'est être forcément dépouillé de tout ce que l'on emprunte au monde. Or, on lui emprunte beaucoup.

Cette réflexion m'est inspirée par le profond ennui que cause à tous ici la compagnie de Lucile. Les bruits du jour, les modes nouvelles, les cancans de quartier, les représentations de théâtre lui faisant défaut, elle ne sait absolument que dire. Dans dix ans ce sera une femme insupportable, car elle n'a pas les vertus domestiques qui, à un certain âge, sont une source d'occupation et qui donnent une véritable valeur à la femme. Mme des Landiers n'a pas l'esprit brillant, elle n'est pas sortie de sa province, ce qui n'empêche pas qu'elle est excellente mère de famille et maîtresse de maison parfaite. Son esprit pratique lui fait comprendre ses devoirs, et sa conversation a toujours un certain intérêt.

En parlant des choses qu'elle connaît elle ne déprécie pas les choses qu'elle ne connaît pas. Et si elle ne vise pas à l'esprit elle cause souvent d'une manière spirituelle. Hermine lui ressemble un peu, elle n'a pas les goûts artistiques et littéraires de Marie, elle est peu curieuse de ce qui se passe dans le monde des idées ; mais elle vous suit obligeamment dans les excursions qu'il vous est agréable d'y faire et vous laisse en chemin sans dépit, sans jalousie.

Lucile, qui s'ennuie, ne sait s'intéresser à rien de sérieux et ne comprend pas du tout le chez soi comme il doit être compris. Elle va, elle vient, se mêlant à tout, imposant ses sujets favoris de conversation, critiquant ce qu'elle ne peut comprendre. Elle n'aime pas Marie des Landiers dont elle envie la supériorité.

Au milieu des bois l'article Modes a peu d'attrait. Nous parlons toilette pour nous divertir aux dépens des excentricités qui se produisent dans le royaume de la mode ; mais ce sujet de conversation ne peut plus avoir un intérêt vif pour des personnes qui se regardent comme délivrés de son joug. Nous ne médisons jamais non plus les unes des autres, nous nous regardons même comme un peu affranchies de cette politesse de trahison qui ferme bien souvent la bouche de celles qui n'ont pas acquis le droit de défendre publiquement ceux qu'on attaque, de sorte qu'il faut agir comme nous ou s'ennuyer dans notre société. La pauvre Lucile n'est pas sur son terrain. Elle a beau changer de toilette tous les huit jours, produire, au grand effarouchement de nos paysans, les modes les plus tapageuses, son luxe excite à peine parmi nous un mouvement de curiosité. Mieux vaudrait pour elle essayer de se rendre sympathique ou plus aimable. Sa conversation insignifiante m'assoupit, je ne sais comment l'intéresser, et bien souvent il m'arrive de suivre intérieurement le fil de mes pensées en sa présence. Je dois à ma solitude ordinaire ce genre de distractions qu'elle a plus qu'aucune autre le pouvoir de provoquer. Par goût et par raison, je ne m'occupe pas du luxe et de ses fantaisies plus ou moins ruineuses, je ne puis donc m'intéresser très-vivement à ces choses qui hantent en maîtresses le cerveau de Lucile. Je la vois moins souvent depuis quelque temps. Elle me boude, cela me donne le temps de respirer et de visiter librement mon petit domaine dans sa coquette parure d'été.

La grand'mère de Laure est malade. J'ai eu plusieurs fois l'occcasion de voir cette femme respectable dont la vieillesse est entourée d'affections. Malgré son grand âge, elle tient encore une grand place dans la famille et dans le cercle des amis sincères. On ne peut se faire une idée de la voir disparaître de ce fauteuil d'où, depuis tant d'années, elle assiste à la vie active des siens. Tout un monde gravite autour de ce trône modeste et sûr : la famille d'abord, puis les générations d'amis. Les vieux ont montré le chemin aux plus jeunes, et tous viennent tour à tour écouter cette voix qui est comme un écho du passé. On reproche aux vieillards d'être égoïstes, ce n'est pas Mme Degalle mère qui mérite ce reproche. Elle sait encore s'oublier. Elle ne revient sur sa longue vie que quand il s'agit de satisfaire la curiosité de ceux qui la visitent, elle s'intéresse au présent, elle s'occupe même de l'avenir qu'elle ne verra pas. Je lui ferai une visite sans tarder.

Anne des Landiers éprouve une joie qui tient du délire. La sœur de sa mère part pour Paris et les eaux, et elle la demande à Mme des Landiers, qui la laisse partir. Elle est littéralement folle de joie.

Je viens de lire une bien intéressante étude sur lord Byron. Ces vies-là font peur : la paix, le contentement de de l'âme, n'y ont pas de place. On pense involontairement à l'orage avec son accompagnement d'éclairs sinistres et de coups de foudre. L'orage gronde toujours sur ces existences étranges. Rien de calme, de lumineux, de serein. Un cœur inassouvi, une âme dévastée, un corps tôt usé! Le génie ne vaut pas la foi.

J'écris maintenant sur mon balcon quand le soleil n'y donne pas. Je n'aime rien autant que cela. Aujourd'hui donc, mon père m'ayant quittée pour aller voir charrier son foin, je me suis installée parmi mes fleurs. J'allais peindre pour moi le tableau charmant que je contemplais, la rivière étincelante, les contrastes de lumière et d'ombre, et le reste, quand un bruit de grelots m'a annoncé qu'une charrette passait dans le chemin. Maintenant ce bruit attire mon attention, j'aime à voir passer ces tas de foin embaumé dont les haies peignent les flancs mobiles. Je me suis donc penchée pour regarder venir celle-là, et j'ai vu le plus inattendu et le plus charment des spectacles. Une charrette apparaissait traînée par quatre beaux chevaux aux brides ornées d'épais glands rouges. Sur les trois premiers s'essayaient trois femmes, trois amazones. Leurs robes légères, couvraient à demi la large croupe de leurs rustiques haquenées. Trois visages roses et riants, entourés de cheveux brillants et ébouriffés, se sont levés vers moi. C'étaient mes amies des Landiers qui voyageaient sur le dos des chevaux de leur fermier. Elles étaient belles à peindre ainsi, avec leur petit chapeau Montpensier, leur voilé bleu, leurs yeux riants et les cheveux à moitié dénoués par le vent et les secousses.

Avant que je me fusse dérangée, elles avaient sauté lestement à terre, après m'avoir crié : « Nous vous rejoignons, ne bougez pas. » Si, par une coïncidence ennuyeuse, Lucile ne vient pas aujourd'hui, je vais passer une bonne après-midi.

C'est la Fête-Dieu dans huit jours. Nous allons élire domicile au presbytère. Nous voulons faire un beau reposoir. Le curé nous a dit: « Mes enfants, je n'ai pas d'argent à vous donner, les malades et les pauvres absorbent tout, arrangez-vous comme vous voudez. » Qu'avons-nous besoin d'argent ! N'avons-nous pas de la mousse, de la verdure et des fleurs ? n'avons-nous pas des doigts? M#me# des Landiers a fait conduire dans le jardin du presbytère, qui devient notre atelier, des branches vertes coupées à ses sapins et à ses mélèzes, elle a fait prendre de la mousse dans ses bois. Au dernier moment, la Maraudière, les Landiers, seront dépouillés de leurs fleurs, le sacrifice est décidé. A la Villeormond on se montre avare, Lucile aime à se faire présenter des bouquets.

Notre reposoir était une merveille de fraîcheur. Avec la vieille charpente nous avons fait quelque chose de ravissant. Vendredi et samedi ces messieurs ont été mis en réquisition. Mon père et Georges de Balmy se sont improvisés charpentiers. Lucile a voulu d'abord se mêler à nous. L'odeur du buis l'a bien vite incommodée, elle trouvait la mousse humide et sale, elle est venue deux heures. M. Déblin, au contraire, a jugé que notre société valait bien la peine de se donner un peu de mal, il nous a proposé ses services et il a rempli conciencieusement sa tâche. Il est adroit, leste, il a du goût, il nous a été très-utile pour attacher nos guirlandes. On soupait au presbytère, et on revenait de compagnie, la semaine a passé comme un éclair. Le dimanche nous étions très-fières de notre œuvre et il y avait de quoi. Nous avons tous suivi la procession, moins Lucile qui craignait les coups de soleil et M. Déblin qui n'affirme pas ainsi ses croyances, assez tièdes d'ailleurs.

Mon père et M. Georges ont fait comme nous. Ils savaient que nous avions résolu de faire cet acte de foi public devant tous nos paysans, malgré un soleil brûlant, parce que dans la paroisse je ne sais quel demi-savant a parlé récemment du livre impie et menteur qui sera une flétrissure pour cette année.

Je me suis rencontrée avec les demoiselles des Landiers à la Villeormond. Lucile nous a donné la comédie. Il faisait une chaleur étouffante, chacune de nous éloignait précipitamment ce qui l'empêchait de respirer à l'aise. Lucile, que nous avions rencontrée dans le jardin, n'a pas ôté son chapeau et a gardé appliqué sur sa figure un voile-loup devenu un masque ardent. Nous la regardions presque avec compassion et nous nous demandions pourquoi elle endurait ce supplice. On a parlé tabac. Lucile a fait des mouvements d'horreur, son oncle pour plaisanter lui a passé sa grande tabatière ouverte sous le nez. Un vigoureux éternument lui a échappé ; cet éternument dans le voile de tulle, c'était un coup de canon dans une tapisserie. Il s'est déchiré du haut en bas, et Lucile, toute honteuse, a dû produire sa figure. Parce qu'elle avait les paupières un peu rouges et un bouton sur le nez, elle s'était condamnée par cette chaleur au supplice du voile-loup.

Les lettres de Louise, qui étaient beaucoup moins tristes, remontent à leur note plaintive. Il y a toujours dans chaque enveloppe un billet sur lequel le mot : *Intime*, se lit, et depuis quelque temps je sens que des larmes tombent sur ce papier. Joseph a repris toutes ses anciennes habitudes, la guérison paraît de moins en moins possible. J'écris souvent à ma pauvre sœur dont le malheur m'attriste profondément.

Je me plonge avec ravissement dans les douceurs de l'été. Sortir est pour moi une fête, un plaisir, un repos. L'air tiède, parfumé, dilate la poitrine. Le triste, le mauvais, le soucieux, s'évaporent dans cette pure et douce atmosphère.

M. Brillion vient de me causer une assez vive émotion sans le savoir. Il est arrivé ce matin seul. Je travaillais dehors. Je lui ai demandé pourquoi Lucile ne l'avait pas accompagné.

— Lucile est la plus fantasque et la moins raisonnable des femmes, m'a-t-il répondu assez brusquement. Rien ne l'amuse et ne la distrait longtemps. Ma foi ! je plains son mari.

— Heureusement que M. Déblin ne voit pas les choses du même œil que vous, lui ai-je répondu en riant.

Il a hoché la tête et a dit :

— C'est-à-dire qu'il a beaucoup moins d'indulgence que moi pour les défauts de sa femme.

— J'en suis bien fâchée, ai-je répliqué avec sincérité. Lucile a ses petits travers, mais elle n'est pas méchante.

— Non, et je l'ai même connue assez bonne enfant. Mais elle arrive à l'âge où les niaiseries semblent fades et elle est exigeante et un peu jalouse. Ce n'était pas du tout la femme qu'il fallait à Jules. Il ne se gêne pas pour le dire, et, pas plus tard que ce matin, il y a eu entre eux une discussion à propos d'un mariage qu'il a manqué et il parlait durement, très-durement. Il paraît qu'il a rencontré dernièrement celle qu'il a failli épouser. Lucile lui disait un peu de mal de cette jeune fille, par jalousie peut-être. Il lui a dit sèchement : « Vous êtes incapable de la comprendre, elle vous est trop supérieure, j'ai été un fou, un triple fou, ma lâcheté a été punie. » Alors elle a pleuré, elle a eu une crise, j'ai pris mon chapeau et je suis parti. Parlez-moi bien raisonnablement pour me faire oublier ces sottises-là.

J'ai causé avec lui de choses et d'autres jusqu'à l'arrivée de mon père. La confidence qu'il m'avait faite m'avait singulièrement impressionnée. Je ne suis vraiment pas très-fâchée de me savoir regrettée, mais je voudrais que Lucile ne se donnât pas la peine d'être jalouse de moi. Je ne suis rien dans ses déboires de ménage. Ce qui arrive devait arriver. Après ce qui s'est passé entre M. Déblin et nous, elle aurait dû prévoir ce que lui ménageait un caractère de cette trempe. Elle l'a accepté avec empressement quand il a daigné courtiser son million, elle n'aurait pas bonne grâce à se plaindre. Et lui, moins encore peut-être !

Le temps est au beau fixe, c'est ce que j'aime. Il y a des gens qui se lassent vite de tout. Ce ciel pour eux serait trop uniformément bleu, cette nature trop calme, ces teintes de blés mûrs et d'arbres verts trop monotones. Ce qui me fait paraître les soirs si délicieux maintenant, c'est que je puis m'oublier à regarder le ciel pur, si pur que je suis à peu près certaine de le retrouver ainsi le lendemain. Pouvoir compter sur le lendemain est une jouissance si rarement éprouvée en ce monde !

———

M. et Mme Déblin sont partis. Ils laissent peu de regrets. Lucile est trop parfaitement ennuyeuse, et le caractère égoïste de son mari finit toujours par percer. Ils ont répandu un peu d'or autour d'eux, et les pauvres n'ont pas l'air de leur en savoir gré. Les pauvres, auxquels ils ne se heurtent jamais dans leur vie brillante, leur paraissent des êtres repoussants, et leur aumône donnée avec indifférence était reçue avec indifférence. M. et Mme Brillion eux-mêmes témoignent presque ouvertement un certain soulagement qui n'est rien moins que flatteur pour leurs hôtes. La présence de ces derniers à la Villeormond ne les empêchait cependant pas de se livrer à leurs occupations ordinaires: Mme Brillion donnait à son poulailler et à son pigeonnier les mêmes soins, M. Brillion courait seul à la recherche de ses rimes le long des frais sentiers de ses bois ; mais il n'était pas agréable de se rencontrer le soir avec la figure ennuyée de Lucile, de voir errer dédaigneusement par les allées du parc un homme élégamment mis qui ne s'intéressait à rien. M. et Mme Brillon prétendent n'avoir pas perdu entièrement le bénéfice de leur dévouement à leur nièce. « Qu'elle ne se plaigne plus, m'a dit le bonhomme assez sèchement, car je ne lui offrirai plus la Villeormond comme hôpital. Ses maladies d'ailleurs sont parfaitement imaginaires maintenant. Bon gré, mal gré, elle s'est fortifiée. Malgré son système absurde d'alimentation, son effroyable paresse, elle a subi l'influence d'un air pur et d'une vie paisible; à son insu elle s'est guérie. Elle était obligée de s'y prendre à plusieurs fois pour se donner une crise de nerfs, tandis qu'au commencement une contrariété, une mine de Jules, un, deux, trois c'était fait. Ma pauvre femme avait l'emploi de la remettre dans son assiette, car pour lui il s'en allait en levant les épaules. »

J'écoutais sans rien dire et je plaignais au fond de mon cœur ces deux êtres auxquels rien ne semble manquer pour être enviés et qui seront cependant toujours à plaindre.

Laure éprouve une joie profonde. Elle sera bientôt mère, et je me suis empressée d'aller lui dire la part que je prends à son bonheur. La grand'mère est heureuse. Mme Degalle est heureuse, Laure et son mari sont heureux. J'ai passé tous ces jours dans une atmosphère de félicité. M. Belmont a été élevé par Mme Degalle, c'est tout dire. Il possède toutes les qualités essentielles et il est doué de tous les avantages extérieurs. Ce ménage-là réconcilie avec la nature humaine; la vue de cette entente, de ce bonheur calme, sérieux, solide, fait du bien.

Madame Degalle mère demande à vivre jusqu'à la naissance de l'enfant de Laure, pas davantage. Je crains que ce bonheur lui soit refusé. Hier je l'ai vue et je l'ai trouvée sensiblement changée. La décrépitude vient ; on dirait que son corps va se dissoudre. Son visage semble s'amollir, ses yeux se décolorent, ses lèvres pendent. Un parchemin fin, luisant,, plissé, recouvre ses mains sur lesquelles saillissent des nerfs rigides et des veines roidies dans lesquelles rien ne semble couler. Veines et nerfs ressemblent à des fils de fer tendus sur une main momifiée. Dans ce cadavre vivant, l'âme est restée intacte. L'enveloppe se rapetisse, s'amoindrit, sans causer aucun dommage à son habitante immortelle. Elle sent qu'une séparation est proche et le sourire n'abandonne pas ses lèvres pâles.

— Je voudrais encore bénir le petit être qui apportera tant de bonheur à ceux qui me sont chers, dit-elle, je voudrais le voir vivant et baptisé. Et puis je m'en irais soumise et résignée, laissant devant ma tombe ce berceau comme consolation.

J'écris très-souvent à Louise. Sa vie est toujours la même, triste, remplie de soucis et de tracasseries. Joseph voit passer avant lui dans son administration, des hommes beaucoup moins anciens que lui. Il a d'effrayantes colères et puis tout se noie dans l'absinthe. Arthur grandit et devient savant. Il m'écrit de petites lettres dont je baise l'écriture irrégulière et informe. Il aime follement sa mère et il lui témoigne déjà sa tendresse de la façon la plus touchante. Malheureusement il commence à s'apercevoir du malheureux défaut de son père. A un dîner d'enfants on lui a proposé de la crême d'absinthe. Il l'a dit à sa mère, le soir, en ajoutant fièrement : « Je n'en ai pas bu. » Et se jetant tout à coup dans ses bras : « Sois tranquille, maman, je ne boirai jamais d'absinthe, » s'est-il écrié en pleurant. Ma sœur paraissait tout émue en me racontant cela dans sa dernière lettre.

Je viens d'embrasser l'enfant de Laure, j'ai encore le cœur plein de toutes les émotions bénies de la famille. On a eu des angoisses et puis un bonheur suprême. Il m'a été impossible de quitter ces heureux-là aussi vite que j'en avais formé le projet. J'ai même pu assister au baptême.

Ce n'était pas le premier baptême auquel j'eusse assisté, mais il y a des choses qu'on oublie. Ici la cérémonie a été simple, courte et bien touchante. L'acte par lui-même est si solennel. Après le baptême, l'orgue s'est fait entendre. les cloches ont appris à la ville la régénération du nouveau chrétien. Il était là frêle, impuissant, mais délivré de la souillure originelle. Puisse-t-il pour son bonheur et celui des siens être toujours fidèle aux engagements qui ont été pris en son nom! puisse-t-il porter vaillamment ce lourd fardeau qui pèse sur les épaules de l'humanité! La tache est enlevée, mais les suites de la faute première restent. Il a un beau nom, il s'appelle Emmanuel.

Ma liaison avec la famille des Landiers ne sera pas éphémère. Entre Marie et moi il y a maintenant mieux qu'une amitié banale, nous nous comprenons, nous nous aimons; nous nous le sommes dit. Nous entr'ouvrons peu à peu l'une devant l'autre ce livre intime de l'âme qu'il n'est jamais donné à une main indifférente de feuilleter, et nous trouvons de grands contrastes, mais aussi de grandes ressemblances entre nos deux personnes. Dans la famille on s'aperçoit très-bien de ce degré d'intimité, et personne ne s'en montre jaloux. Hermine est froide et Anne me regarde comme à demi respectable et comme trop occupée de choses sérieuses. Son voyage lui a un peu enlevé de sa folle gaieté cependant « Anne est presque raisonnable, maintenant, » dit madame de Landiers. Elle se trompe, ce n'est pas encore la raison qui a germé dans ce cœur-là.

Mon père et le curé deviennent intimes. A leurs entretiens philosophiques succèdent des conversations sur le jardinage. Ils échangent des graines, ils préparent des essais. Le curé utilise la science qu'il a acquise. Il voudrait qu'à l'école des garçons on fît un cours d'agriculture et un cours d'horticulture. Il raisonne parfaitement sur cette instruction primaire donnée à tous. Il en voit clairement les avantages et aussi les inconvénients. « Faisons de cette instruction un outil utile et non point une arme inutile et dangereuse, » dit-il. Mon père pense exactement comme lui là-dessus.

M. Brillion m'a dédié des vers. Ce cher et vénérable poëte! J'ai vraiment une grande amitié pour lui. Il est resté fidèle à tous les cultes de sa jeunesse, il n'a même pas abandonné les Muses, ces pauvres délaissées de notre siècle positif. Notre curé, qui l'aime beaucoup, ne laisse pas passer une occasion de le plaisanter sur ses goûts poétiques. « Ce bon vieux rêveur, dit-il, ira au ciel sur un nuage qui aura passé sur les cimes du mont Parnasse. »

La grand'mère de Laure a rendu son âme à Dieu. Le berceau a été à peine rempli qu'il a fallu songer à creuser la tombe. Elle ne demandait plus que cette grâce à Dieu, elle l'a obtenue et elle s'est éteinte. On la pleure. C'est le plus bel hommage qu'on puisse rendre à cette mémoire. L'ingratitude est souvent, hélas! trop naturelle à l'homme. Une génération oublie vite une génération qui l'a précédée. Des devoirs nouveaux, pressants, absorbent. L'affection descend plus vite qu'elle ne remonte. Aussi que de vieillards, dont les rejetons sont nombreux, achèvent tristement leur vie dans la solitude! Ceux-là n'ont pas su se faire aimer, ils n'ont pas su faire à temps les petits sacrifices commandés par les circonstances, ils n'ont pas su se dépouiller assez parfaitement de l'égoïsme, ce défaut auquel parfois s'abandonnent si naïvement les jeunes. Alors le vide s'est fait autour d'eux, un froid respect a pu survivre chez les petits-enfants, et le cœur glacé de l'aïeule n'a reçu que cela. Ici le respect semblait être un fruit de l'affection. Mais quelle exquise bonté avait cette aïeule ! comme elle se montrait reconnaissante de ce qu'on lui donnait ! comme elle savait se rendre encore nécessaire ! Sitôt qu'un membre de la famille souffrait, il accourait auprès de ce fauteuil, et une parole ferme, affectueuse, consolante, répondait toujours à son cri de douleur. Rien ne pouvait rester longtemps en souffrance avec elle. Elle avait conservé sur les siens une autorité qui ne se montrait pas tous les jours, mais qui était bien réelle. Elle tenait à cette autorité, non point par amour du commandement, mais parce qu'elle lui donnait le pouvoir d'arranger les différends de famille, de concilier les caractères, d'obtenir les sacrifices dont son excellent jugement lui révélait la nécessité. Aussi les larmes coulent-elles à flots sur son cercueil. Les pères et les mères regrettent leur appui et leur conseil, les jeunes gens leur plus intime confidente, les enfants une seconde mère devant laquelle il ne fallait rien faire de mal, mais qui ne voulait ni gronder ni punir. Toute la ville assistait à ses funérailles. Un soleil magnifique rayonnait sur le long cortége en deuil, et, sur le parcours, les enfants, qui vivent en plein air, se pressaient pour le regarder passer et souriaient. Tout cet appareil funèbre leur paraissait beau. C'était la vie placée sur la route de la mort. Beaucoup continuaient leurs jeux. Sur le chemin avaient été jetées des tiges gonflées et jaunies de l'oignon monté en graine, les plus grands en faisaient des trompettes retentissantes. Un de ces enfants, un petit garçon de six ans à peine, a suivi le convoi en soufflant doucement dans sa flûte improvisée. Il marchait un peu devant moi et il est allé se placer contre la fosse béante. Il est resté là, le blond innocent, regardant gravement tout ce qui se faisait, sa flûte d'oignon dans la main. Mes yeux ne pouvaient se détacher de cette petite figure insouciante et pourtant étonnée et naïvement curieuse. C'était la première fois sans doute qu'il osait marcher seul jusqu'au cimetière, et, tout étant nouveau pour lui, il restait à son poste d'observation, foulant très-indifféremment de son petit pied nu, les ossements humains mêlés à la terre fraîchement remuée.

Le feuillage découpé de la vigne s'entoure d'un cordon jaune clair. C'est le premier coup de pinceau de l'automne et l'un des plus délicats. Si l'automne n'annonçait pas l'hiver, combien je l'aimerais ! C'est une charmante et magnifique saison. A elle appartiennent surtout les teintes splendides, les admirables couchers de soleil, le ciel éclatant, capricieux, mouvementé. Notre petite vallée a des aspects ravissants dont mon père jouit sans arrière-pensée. Je ne jouis plus de rien qu'incomplétement. Mes voisines vont prendre leur vol vers la ville où elles prennent leurs quartiers d'hiver, et je vais retomber dans ma solitude absolue. Cette pensée m'attriste si profondément, que j'en suis venue à me demander s'il n'aurait pas mieux valu pour mon repos, passer mon été sans la moindre société. J'ai remplacé le vide par les regrets. Maladroit échange !

Mon pauvre cœur saigne, tout lui manque. Les pluies sont torrentielles et rendent impossible toute visite à Laure et à Mme Degalle, et les Landiers sont déserts. Malgré la pluie, j'y suis allée ce matin. J'aurais presque pleuré devant cette maison close et morne dont l'humidité noircissait sur la façade les larges cordons de pierre. Elle portait bien le deuil de ses maîtres. La fenêtre où apparaissait la figure calme de Mme des Landiers, close ; celle de la chambre de Marie d'où je la voyais souvent interroger le chemin par où je devais venir, close ; celle de la salle à manger où passaient et repassaient des silhouettes élégantes, close. Il me semblait entendre le bruit de toutes ces voix, distinguer celle qui m'était la plus chère. Je me repaissais ainsi de souvenirs quand a paru la gardienne portant une lourde baratte pleine de légumes bien hachés.

— Ah ! m'a-t-elle dit en laissant tomber sa baratte sur le pavé de la cour, vous m'avez fait croire à une vision ; j'ai cru qu'une de nos demoiselles rentrait chez elle.

Elle s'est essuyée les yeux et a repris :

— J'ai la mort dans l'âme depuis qu'elles sont parties, et si je n'avais pas la chèvre de Mlle Anne à soigner, je n'aurais guère le cœur à l'ouvrage.

Et moi aussi j'ai la mort dans l'âme. En reprenant le chemin de la Maraudière j'ai beaucoup médité sur cette parole d'un écrivain célèbre: « Toutes les sources de joie sont des sources de douleur. »

Notre bon curé s'est aperçu de mon abattement, que je dissimule de mon mieux devant mon père quand je suis seule avec lui. Mais, quand je les vois bien ancrés dans leur conversation, je ne veille plus sur ma physionomie que je voudrais un peu moins expressive parfois. La première fois que j'ai rencontré ce saint prêtre il m'a doucement grondée. « Ne lâchez pas trop les rênes à ce petit cœur fort et pourtant passionné qui s'accroche un peu à tout, m'a-t-il dit : les affections sont douces, mais vous savez ce que dit Pascal : « On mourra seul ! » Allons ! que la fermière de la Maraudière reparaisse, qu'elle apprenne à se suffire à elle-même et qu'elle accepte bravement sa vie un peu isolée. Quand les hommes manquent, et ils manquent toujours tôt ou tard, qu'importe ! Dieu nous reste. »

Il a raison. Je vais reprendre mes occupations rustiques, ressaisir mon autorité de maîtresse de maison sur laquelle Jeannette a tout doucement usurpé pendant cette saison d'été qui me laisse de si agréables souvenirs et de si vifs regrets.

Le remède agit, je me sens plus forte. Je m'occupe de remplir mes devoirs dans le présent, laissant à Dieu le soin d'arranger l'avenir comme bon lui semblera. J'aurai toujours la ressource d'aller habiter Randergast l'hiver si je dois vieillir seule. Pour une vieille fille, la campagne toute l'année serait-elle agréable? j'en doute. Maintenant j'ai le pied leste, la vigueur de mon tempérament et celle de mon âge semblent doublées par la vie saine et active que je mène, mais alors!

Alors? est-ce que je rêve de tant penser à un avenir si incertain? A chaque jour suffit sa peine.

Je suis allée moi-même porter au presbytère un flacon de conserves. La table du presbytère est d'une frugalité passée en proverbe. Tout ce qui se fabrique chez le curé en surplus de l'alimentation ordinaire doit, le cas échéant, pouvoir servir aux pauvres. Mon flacon de tomates sera donc forcément réservé pour la table du maître. Quand je l'ai placé sur la table, M. le curé a regardé sa sœur du coin de l'œil et a souri en voyant son air de parfait contentement.

— Vous croyez-peut-être que cela vaut un remercîment, m'a-t-il dit d'un air bourru, quand elle a quitté l'appartement emportant mon flacon.

— Je n'y ai vraiment pas compté, monsieur le curé, lui ai-je répondu.

— Tant mieux, car vous auriez compté sans votre hôte. Savez-vous que vous introduisez ici avec toutes ces superfluités, la gourmandise, un des péchés les plus laids? Un bon pot de confitures, passe encore! cela peut se transformer en tisane rafraîchissante. Est-ce vous par hasard qui avez fait cela?

— Moi-même.

— De vos propres mains?

— Jeannette n'y a pas touché, je vous assure.

— Oh! alors, c'est différent, je retrouve enfin ma petite ménagère de la Maraudière. Merci mille fois, mon enfant, que Dieu vous le rende.

— Pas en nature du moins, monsieur le curé, ai-je dit en riant.

— Fi donc! ce ne sont pas des tomates que produisent les jardins du ciel, mais il descend de ces régions heureuses certaine rosée qui désaltère abondamment ici-bas les cœurs trop altérés.

J'ai un peu rougi, je pense, et je suis montée dans la chambre de sa sœur pour admirer les fruits rangés dans la grande armoire transformée en fruitier. Pendant qu'elle rangeottait encore, je me suis approchée de la fenêtre. Les enfants de l'école étaient en récréation et jouaient sur la place. J'aime tous les enfants, même ceux-là. Ils sont bien sales, bien déguenillés, bien tapageurs, et déjà brutaux, mais ce sont des enfants, et ils me font penser à mon cher petit Arthur. Pendant que je m'amusais à les regarder jouer, une pauvre idiote a passé. Ils ont fait ce que n'aurait jamais fait Arthur, ils ont pris des pierres et se sont mis à la lapider. Cela m'a attristée et aussi indignée. L'idiote s'était accroupie, ce n'était plus pour mes yeux qu'un tas de haillons, mais de ces haillons sortaient des gémissements et des cris. Je suis descendue en courant, j'ai marché vers elle, je lui ai parlé avec douceur et je lui ai donné un peu de monnaie, ce qui l'a consolée tout de suite. Les enfants, en m'apercevant, avait cessé leur jeu cruel, et ils me regardaient de loin.

Je les ai grondés. Les plus grands paraissaient honteux, et il n'y avait de méchanceté sur aucune figure. Est-ce donc instinctivement que les forts accablent les faibles? et la Fontaine aurait-il eu raison de dire en parlant des enfants : « Cet âge est sans pitié? »

Louise m'écrit que sa santé est toute chancelante depuis quelque temps. Arthur est aussi atteint d'une petite fièvre qui ne cède pas aux remèdes. Un mois à la Maraudière les remettrait l'un et l'autre ; mais Joseph est désormais une sorte d'enfant qu'il est impossible de laisser seul sous peine de le voir s'abandonner à sa funeste passion, et la question d'argent doit aussi être mise en ligne de compte. Personne ne s'entend mieux que Louise au gouvernement du ménage; elle a un talent tout particulier pour établir un parfait équilibre entre ses revenus et ses dépenses, mais Joseph met le plus souvent le désordre dans ce budget. Il est possédé de ce que j'appelle une manie de générosité qui a plutôt sa source dans l'amour-propre que dans la justice. Au lieu de se montrer si généreux, il ferait mieux d'alléger le plus possible le fardeau écrasant des obligations domestiques que sa femme porte si vaillamment. Louise se plaint doucement, sans aigreur, sans amertume, et elle ne se décourage pas, car elle pense à son fils auquel son père ne laissera probablement pas de quoi être généreux. Elle paye tant qu'elle peut de sa personne ; mais les économies qu'elle réalise par ses travaux d'intérieur s'épanchent le plus souvent dans une bourse à laquelle comme au fameux tonneau des Danaïdes, il manque un fond.

Laure a passé plusieurs jours à la Maraudière. En été un jardin ne vaut pas la campagne. Mme Degalle l'accompagnait, et elle m'a appris que le désaccord s'aggravait dans le ménage Déblin et prenait même des proportions alarmantes. Mme Brillion a beau faire des scènes publiques à son gendre, celui-ci ne change pas sa conduite d'une ligne et continue à manger princièrement la dot de sa femme. Mon fidèle confident, je m'accuse devant vous d'avoir eu un moment de maligne joie, en voyant l'intérieur de ce triste ménage. C'est mal. Je veux désormais prier pour eux en remerciant Dieu de m'avoir préservée d'un tel mari.

M. Brillion m'a fait à peu près les mêmes confidences. Son frère est furieux d'avoir donné sa fille à un homme pauvre qui ne la rend pas heureuse. Si M. Déblin eût été riche, le beau-père eût fermé les yeux, mais voir gaspiller son propre argent par un homme qui croit vous faire beaucoup d'honneur en prenant votre fille, c'est plus difficile à supporter.

Le beau temps passe avec une inconcevable rapidité, je

commence à frissonner en regardant devant moi, j'aperçois l'hiver, l'hiver, ce visiteur inévitable à la figure maussade et glacée. Cependant il faudra bien lui ouvrir cette porte à laquelle il frappe à coups redoublés. Aujourd'hui on dirait que le vent chante sa chanson d'adieu à l'été. Mon oreille, faite au calme de l'air pendant les mois précédents, écoute avec plaisir le frémissement continu des feuilles, et je ne sais quel bruit vague, tantôt fort, tantôt doux, qui est comme l'haleine puissante de l'automne. Que ce vent qui berce et qui chante si mélodieusement soit le bienvenu! J'aime le vent. Comme le feu et l'eau, il tient compagnie. Depuis hier je sens à peine ma solitude et je me passe très bien de société. Mon père, qui malgré sa haute capacité politique pense parfois en poëte, écoute aussi avec plaisir ce concert dans lequel la tempête jette de loin en loin ses notes graves.

Les jours qui pleurent sont arrivés. Je ne sais en vérité pourquoi j'ai le cœur si triste. Si j'étais superstitieuse, je dirais que c'est un pressentiment et j'interrogerais toute tremblante l'avenir. J'ai beaucoup pensé à ma pauvre Louise, j'ai pleuré en songeant qu'elle souffrait et que je n'étais pas auprès d'elle.

La maladie de ma sœur s'aggrave. Les nouvelles sont mauvaises. Nous ne vivons plus que dans l'attente du facteur. Joseph écrit des lettres désespérées ; les lettres naïves d'Arthur sont navrantes dans leur simplicité.

Il y a du mieux, nous commençons à respirer plus librement et à faire des projets pour notre chère malade. Il faut qu'elle vienne à la Maraudière avec son fils. Nous ferons tous les sacrifices pour cela. J'entame à ce sujet une correspondance très-active avec mon beau-frère. Les lettres où revit toute son ancienne tendresse pour Louise m'ont désarmée.

Il y a une ombre de rechute, nous voilà pour quinze jours en tristesse.

Arthur seul a écrit. Les nouvelles qu'il nous donne sans nous rassurer complétement ont diminué nos craintes. Son orthographe est horrible, mais quel cœur et déjà quel style ! Il y a pour lui une chose impossible, c'est que sa mère lui manque. Je sais bien, dit-il, que maman ne peut pas mourir, mais j'ai bien du chagrin de la voir toujours dans son lit.

Ne peut pas mourir !... hélas !

Je suis allée dans les derniers jours du mois de décembre souhaiter une bonne année à Laure et à sa famille. J'ai passé une agréable journée, car le matin même nous avions reçu une lettre très-rassurante de Joseph.

« Il n'y a plus, dit-il, l'ombre d'un danger. »

J'ai pillé un peu dans toutes les bibliothèques de Randergast et j'ai rapporté à la Maraudière un ballot de livres et de revues pour nos soirées à venir.

Me voici encore à la fin de ce livre qui compte trois cent soixante-cinq pages. Quand je tournerai la page demain, mes yeux verront un chiffre nouveau. Je regarde venir cette nouvelle année avec un calme profond. Mes années désormais se ressembleront parfaitement; sans doute, il y aura bien dans les régions intimes du cœur et de l'âme ce mouvement qui est inhérent à la vie, mais au dehors je ne vois rien qui puisse rompre cette monotonie d'existence que j'accepte. Mon imagination, qui a toujours aimé les pérégrinations un peu lointaines, a parfois certaines velléités de frapper à la porte mystérieuse de l'avenir pour contempler la destinée idéale qu'elle y élaborerait bien volontiers. Mais la raison lève ses respectables épaules, prend par les oreilles cette mutine incorrigible et la reconduit prestement à la Maraudière où les saisons ramènent les mêmes occupations : je devrais peut-être dire les mêmes plaisirs. Je me le dis souvent, mon père est très-heureux, aussi heureux qu'il peut l'être dans ce monde de mensonge, cela doit suffire à mon propre bonheur. Il y a bien, de temps à autre, des voix qui chuchottent d'une manière assez importune à mon oreille. Elles parlent de fleurs qui se fanent, de jeunesse qui s'envole, de destinée inachevée et incomplète. Je les laisse dire, il le faut bien ; mais, quand elles parlent trop haut, je les fais taire.

Tackeray est mort. Il n'avait que cinquante-deux ans. Cette perte sera vivement sentie par tous ceux qui, comme moi, n'ont que la lecture pour distraction suprême. Que de livres charmants eût pu produire encore cette intelligence féconde ! Son livre des *Snobs* est une mine d'éclats de rire ; sa *Foire aux vanités* fait oublier la marche du temps. L'inépuisable gaieté dont quelques romanciers anglais ont le secret rend leur talent sympathique doublement aimable. Car leur sensibilité est profonde et vraie, et chez eux se confondent les sourires et les larmes. Leur récit a un naturel qui charme, qui séduit. Ils sont aussi vrais qu'ingénieux, et le plus mince de leurs personnages, peint de main de maître, ne peut passer inaperçu. Et quelle puissance d'analyse ! quel génie descriptif !

Le jour est triste et je lui ressemble. Travailler, lire, écrire me fatigue. Ce ciel plombé, traversé par des clartés froides, a quelque chose de sinistre. L'hiver, on dirait que nous habitons un autre globe. Où est le ciel d'été si haut, si bleu, si profond ? Nos arbres gémissent sous le vent. Je vois d'ici un peuplier qui s'incline comme si une main puissante le forçait à se courber ; à un chêne pend, comme un membre cassé, une grosse branche que le vent a détachée du tronc. Comme dans toutes les tempêtes ce sont les hauts qui souffrent.

Après la tempête, le calme. Le calme de l'hiver est morne et triste, j'aime encore mieux les raffales et les lugubres sifflements du vent. La vue de ces grands arbres immobiles et noirs donne le frisson. La mort et son immobilité ont pris possession du dehors. Tout y est lourd, étrange, tout pèse. Ainsi doivent être les âmes dévastées par les chagrins et les deuils. La vue seule du ciel me rend sérieuse. et ma pensée monte tout naturellement vers Dieu. Mon Dieu, vous êtes toujours là, derrière ce ciel de plomb, et notre cri d'adoration saura bien le traverser.

Oh! mes pressentiments du jour des Morts! Un grand malheur nous menace. Louise se meurt et se meurt loin de nous. Ce soir, j'ai pris ce cahier et cette plume. Pourquoi? Pour ne plus voir le visage morne et altéré de mon pauvre père, pour avoir l'air de m'occuper de quelque chose quand je suis incapable de m'arrêter à rien. Qu'écrire, hélas! quand la plume trempe dans des larmes? J'attends demain. Demain! quel mot pour nous! Que se passe-t-il à cette heure dans la maison où elle agonise? Mon Dieu, j'ai peu d'affections, ne me les ôtez pas encore.....

On dirait que Louise a toujours vécu à la Maraudière, tant, depuis sa mort, la Maraudière nous semble vide!

Mon père et moi, errons au hasard au dehors, le jour. Nous revenons le soir fatigués, et nous nous asseyons l'un devant l'autre pour parler d'elle et pour la pleurer.

Il y a déjà un mois que nous l'avons perdue, et il me semble que c'est hier que mon père a brisé d'une main tremblante le cachet de cette fatale lettre, et que je l'ai vu tomber à genoux, en se voilant la figure de ses deux mains. O mon pauvre cœur, souffres-tu !

———

Je viens d'écrire à Arthur. La pensée de ce qu'il a souffert, de ce qu'il souffre, m'est infiniment douloureuse. Mes lettres le lui disent, je lui écris sans cesse, mais combien j'aurais voulu pouvoir à cette heure déchirante le tenir pressé contre ma poitrine ! Il aurait senti que dans cette poitrine battait le cœur d'une seconde mère, et à son chagrin ne se serait pas jointe l'amère pensée de son isolement.

Cette douleur d'enfant me poursuit nuit et jour.

Arthur a une nature aimante, profondément aimante.

Il avait parfois une façon de regarder sa mère qui donnait la mesure de sa tendresse pour elle. Mon Dieu ! qu'il est triste d'être séparé de ceux qu'on aime ! Nous avons écrit hier une lettre suppliante à Joseph. Nous lui demandons notre enfant. Consentira-t-il à se séparer de son fils ? J'ose à peine l'espérer.

———

La réponse, que j'attendais avec une impatience fiévreuse, est arrivée. C'est un refus catégorique, sans appel. Il ne nous reste qu'à dévorer nos regrets.

Une nouvelle lettre de Joseph vient augmenter notre affliction. Arthur est malade, malade de chagrin sans doute. Son père est inquiet, mais il ne se résoudra jamais à se séparer de lui. Il a retourné contre nous la demande que nous lui faisions. Pourquoi ne viendriez-vous pas à Alger? nous dit-il ; aucun intérêt ne vous retient là-bas, tandis que je ne puis, moi, abandonner la place qui me fait vivre.

Mon père et moi avons échangé un regard à ce passage de sa lettre. Evidemment, le même désir nous est venu. Nous n'avons pas osé l'exprimer.

Les jours passent, et la même incertitude nous agite. Il y a un secret entre nous, chacun de nous voile à l'autre ses pensées intimes. Je trouve que c'est à mon père à prendre l'initiative de cette mesure qui changerait complétement notre vie. Je ne puis lui conseiller de quitter sa patrie, sa maison, cette maison où il espérait mourir. A son âge un pareil sacrifice paraît au-dessus des forces humaines. Je le sens, je l'accomplirais sans hésiter. J'éprouverais une joie austère à remplir ce dernier vœu de ma sœur, et, si je n'étais indispensable à mon père, je serais déjà partie. Ce que je sais du caractère de Joseph ne me donne aucune sécurité. Je prévois pour son fils, tôt ou tard, un abandon complet. Qui saura veiller sur lui? Qui, surtout, l'aimera comme l'aimait sa mère? Comme mon cœur s'élance vers toi, pauvre petit inconsolé !

———

Nous partons pour Alger. C'est hier que mon père a pris cette résolution héroïque. Hier, il est entré dans ma chambre à une heure inusitée. J'étais assise dans mon balcon et je regardais, non point le paysage, mais la photographie d'Arthur qui m'était arrivée dans la dernière lettre de ma sœur. Il paraît que des larmes roulaient sur mes joues. Depuis quelque temps je pleure si souvent, que je pleure sans m'en apercevoir. Mon père a vu ces larmes, il s'est approché sans bruit et il a regardé par-dessus mon épaule. Sa résolution, encore chancelante, s'est affermie. J'ai levé la tête, nos yeux se sont rencontrés, nous nous sommes compris.

— Nous n'abandonnerons pas cet enfant, a-t-il dit.

Et il a repris d'une voix forte :

— En conscience, nous ne pouvons pas l'abandonner ; et, puisqu'il ne peut venir vers nous, nous irons vers lui.

J'ai gardé le silence, l'émotion me coupait la voix.

— Cela te coûtera-t-il donc tant de t'expatrier? a-t-il demandé vivement.

J'ai forcé ma gorge à parler, et nous avons commencé de mutuelles confidences. J'hésitais à cause de lui, il hésitait à cause de moi,

— Faudra-t-il vendre la Maraudière? lui ai-je demandé au moment où il me quittait.

Il a répondu : Oui, en soupirant profondément.

Il n'y a pas moyen d'échapper à une vente. Louer la Maraudière est une impossibilité. Qui donc voudrait habiter cette maison solitaire, perdue dans les bois? L'isolement va bien aux châteaux; mais il faut qu'une modeste maison de campagne soit très rapprochée d'une ville pour trouver des locataires. L'argent, cet esclave, devient, hélas! bien souvent une sorte de maître, il faut lui sacrifier jusqu'à ses plus chers souvenirs. Mon père a beaucoup souffert en donnant les ordres nécessaires pour le prix, l'affichage, tous ces préliminaires d'une vente. Il aime ce coin de terre où il est né et qui appartient à sa famille depuis un temps immémorial. Je l'aime aussi, et ma promenade d'aujourd'hui, ma dernière promenade, m'a navrée.

Vraiment notre pauvre cœur s'accroche à tout, il regrette tout.

Le moment fixé pour le départ approche. Notre maison est nue, et l'herbe croît déjà dans les allées négligées du jardin. Je vais et je viens le cœur serré par une angoisse involontaire, prodiguant avec des larmes dans la voix des consolations à Jeannette, qui s'arrête dans tous les coins pour sangloter.

Ce pauvre nid, comme il m'était devenu cher!

Et puis enfin, il ne s'agit pas d'un voyage quelque long qu'il soit, nous nous exilons, et ce doit être bien douloureux, l'exil. Quel mot amer ! Je ne croyais pas aimer aussi profondément ma terre natale, mon pays.

Le navire qui doit nous emmener hors de France part demain; encore un quart-d'heure et nous aurons dit notre dernier adieu à la Maraudière. L'affreuse affiche jaune qui est là devant mes yeux va être collée sur la porte fermée de notre chère maison, si riante encore sous son feuillage jaunissant. Un silence de plomb m'environne; tous les êtres qui donnaient de la vie autour de nous ont disparu, et, comme il y a de l'orage dans l'air, les oiseaux mêmes se sont tus. Je vais donc quitter pour toujours cette terre de France dont mon cœur, en ce moment, semble pétri ! Adieu ma vie rêveuse et libre de la campagne ! adieu mes doux loisirs ! Je serai désormais une maîtresse de maison, une mère, et ma tâche de fille s'alourdit. Mon père aura doublement besoin de moi dans cette ville étrangère, et quand je quitterai le vieillard, ce sera pour m'occuper de de l'enfant. Je ferme donc pour ne plus le rouvrir ce cahier, écho fidèle de la phase solitaire de ma jeunesse; je le ferme avant de franchir le seuil de cette demeure aimée. Ce n'est pas sans regret, mais mon temps ne m'appartient plus, et ce journal est inutile aux autres. Mon cœur a tressailli, c'est bien un bruit de roues, il faut partir et laisser tomber ce mot, le dernier que j'écrirai sur ces pages : Adieu !

DEUXIÈME PARTIE

DEUXIÈME PARTIE

L'homme propose et Dieu dispose. Je ne trouve pas une autre parole à murmurer à l'oreille de mon discret confident le jour où je rouvre ses feuillets qui n'ont pas eu le temps de jaunir. Je croyais bien les avoir fermées à jamais, ces pages sur lesquelles se sont inscrites instinctivement en quelque sorte mes impressions intimes pendant mes heures de solitude. Accablée à l'avance par les peines amères de l'exil, je croyais aussi dire un dernier adieu à la Maraudière; et cependant ce n'est point un rêve, c'est bien dans le petit salon tapissé de bleu que j'écris ce matin. Tous les vieux meubles, qu'aucune main étrangère n'a touchés, sont là comme de vieux amis, la rivière coule sous ma fenêtre en chantonnant, le vent agite le feuillage magnifiquement jauni de nos trois maronniers, qui ont vraiment l'air de causer joyeusement entre eux du retour inespéré de leurs propriétaires. En regardant dans le jardin, je vois Claude qui marche en boitant dans les allées envahies par l'herbe; si je prête l'oreille dans la direction de la cuisine, j'entends la voix légèrement grondeuse de Jeannette qui s'élève pour gourmander notre vieux chien qui, seul, n'a jamais pu se décider à abandonner, ne fut-ce qu'un jour, le seuil de la Maraudière. Donc je ne rêve pas, et ce qui a été un rêve, c'est notre projet d'exil. Nous avions proposé de nous expatrier, d'aller vivre et peut-être mourir sous un ciel étranger; Dieu en a disposé autrement. Comme j'aimerai plus tard à me rappeler fidèlement les incidents qui sont venus rompre d'une manière si inattendue la monotonie de notre vie, je les écrirai. Je tâcherai de me rappeler heure par heure, émotion par émotion, ce temps si court et si rempli. Mais j'ai promis à mon père de me reposer, et j'ai besoin vraiment de repos. A demain les souvenirs.

Il me semble que c'était hier. Une voiture et une lourde charrette chargée de caisses se trouvaient dans la cour. Nous les avons suivies à pied afin de pouvoir regarder plus longtemps derrière nous. A la dernière barrière, nous nous sommes détournés pour donner encore un regard à cette chère maison sur laquelle un vent capricieux jetait de longues feuilles qu'on aurait prises de loin pour des larmes peintes sur le toit. Je n'ai pu retenir un sanglot auquel un soupir profond de mon père a répondu. Puis mornes, désolés, nous sommes montés en voiture et nous avons couru vers Randergast où des adieux mille fois plus déchirants nous attendaient. Tous nos amis s'étaient donné rendez-vous à cette dernière étape, ils étaient tous là dans une maison ou dans une autre, mais la tristesse sur le front, les larmes dans les yeux. Les amitiés sérieuses, formées loin de la dissipation et du mouvement purement mondain, sont puissantes et enfoncent leurs racines au plus profond de l'âme. Notre cœur a été bien contristé, bien déchiré; il me semblait avoir perdu la moitié du mien quand je suis arrivée à Paris. Mon père m'a demandé si j'avais le désir de faire quelques visites. Je me suis hâtée de lui répondre négativement. Mes connaissances sont éparses dans l'immense ville, et combien en est-il qui se souviennent encore de la fermière de la Maraudière? Avec un peu d'efforts je me serais procuré l'adresse de Lucile; mais quel bien me ferait Lucile en ce moment pénible du sacrifice? Elle ne comprendrait pas que je me dévouasse ainsi pour un enfant; femme et mère, elle ignore la vie sérieuse ennoblie par le dévouement et l'immolation de soi-même. Sa compagnie m'eût apporté une sorte de dissipation que suit toujours un profond ennui. J'ai donc laissé mon père vaquer seul à ses affaires, et je ne suis sortie de ma chambre d'hôtel que pour me rendre à l'église. J'allais là épancher le trop plein de ma tristesse, demander le courage, la patience, la confiance. Malade de cœur et d'âme, je recourais à ce remède doux et puissant, la prière. En sortant de la chapelle de Notre-Dame-des-Victoires, j'ai aperçu mon père un enfant à la main, un enfant aux cheveux bouclés, au teint mat, aux longs yeux bruns : Arthur! Mes deux bras l'ont enveloppé, et nous avons repris le chemin de l'hôtel pressés l'un contre l'autre. Mon père me racontait comment il avait rencontré Joseph au Palais-Royal dans la galerie vitrée, Arthur me regardait un peu en dessous avec des yeux pleins d'une timide mais profonde tendresse, et je marchais comme machinalement entre eux, suffoquée par l'émotion intérieure et serrant d'une main tremblante la petite main emboîtée dans la mienne.

A l'hôtel, j'ai attendu avec une sorte d'impatience douloureuse l'arrivée de Joseph. Depuis la mort de Louise, ses lettres véritablement désespérées m'avaient portée à oublier un peu ses torts; mais, au moment de le revoir, je me le rappelais vivement, et je ne savais moi-même comment je l'accueillerais. La question s'est résolue d'elle-même quand il est entré. Devant cet homme aux cheveux blanchis, à la figure navrée, la compassion a envahi mon cœur. Il ne m'a pas embrassée, il est resté debout devant moi, suffoqué par les larmes. Je lui ai tendu la première une main qu'il a serrée en silence; puis il s'est assis, et nous avons causé de notre pauvre Louise. En vérité, notre chagrin, si grand qu'il soit, n'est rien auprès de celui de son mari, car le remords est venu, remords cuisant qui, m'a-t-il dit, ne lui laisse ni paix ni trêve.

Il ne se pardonnera jamais d'avoir abreuvé d'amertume les dernières années de la femme excellente qu'il a perdue; il ne cache ni sa faute ni son repentir, et sa parole est si sincère, sa douleur si touchante, que mon père et moi nous lui avons pardonné. A ce doux et triste sujet succédèrent les affaires. Joseph, après nous avoir refusé nettement son fils, a été touché de notre abnégation et n'a pas voulu se laisser vaincre en générosité. Il a demandé un congé, est parti immédiatement pour Paris solliciter son changement, et, connaissant le jour de notre arrivée à Paris, il a pu venir avec Arthur au-devant de nous pour nous avertir qu'il nous le donnerait si, l'année révolue, il n'avait pas l'espoir de quitter Alger. Nous avons combattu quelque temps, mais il l'a emporté. La Maraudière n'était pas vendue, il ne nous restait qu'à revenir sur nos pas. Ainsi, sur cette promesse solennelle, nous avons pris la résolution de faire volte-face et de retourner planter nos choux. Nous en avons éprouvé, mon père et moi, une vive impression de bonheur que je ressens encore.

Le reste du temps s'est passé en projets. Notre vie n'est-elle pas un tissu de projets? Vers le soir nous sommes sortis ensemble, et j'ai remarqué que Joseph ne perdait pas Arthur de vue, qu'il avait pour lui mille attentions, mille sollicitudes. L'enfant avait en plein air une physionomie joyeuse, animée; chaque fois que je le voyais courir et tourner vers nous un visage rose et riant qui contrastait péniblement avec ses vêtements de deuil, je me sentai tressaillir douloureusement. Je pensais à sa mère, si aimée, j'accusais presque le pauvre enfant d'ingratitude. Et cependant je n'osais parler de Louise devant lui. Quelque chose m'avertissait que sa sensibilité n'était pas aussi émoussée qu'elle me paraissait l'être, que la première explosion de sa douleur ne l'avait point toute épuisée. Je ne tardai pas en avoir la preuve. Avant de souper, je me suis trouvée seule à l'hôtel. Joseph venait d'y faire porter ses bagages et ceux de son fils afin que nous y passassions le plus de temps possible ensemble. Je me suis rendue dans leurs appartements pour préparer le coucher d'Arthur. Je voulais moi-même arranger la couverture de son lit, placer sur l'oreiller le petit bonnet enfantin sous lequel j'aime tant à voir sa figure espiègle. Il y avait une valise à son adresse, son nom écrit de sa main malhabile encore se lisait sur le cuir. J'ai voulu l'ouvrir. La servante qui allait et venait par la chambre s'est tournée vers moi et m'a dit : « Allez-y doucement, mademoiselle, car je crois qu'il y a du fragile là-dedans. Le petit monsieur l'a tant recommandée au garçon, il a même voulu la porter lui-même, mais il n'était pas de force. » J'ai suivi l'avis et j'ai usé de précaution. J'ai tiré un à un des objets bien différents. Vêtements et jouets faisaient là bon ménage, les plis du drap recélaient des billes, une toupie dormait entre des mouchoirs de poche dépliés. Ma main a enfin rencontré un lacet, et j'ai tiré le petit bonnet connu, mais il tenait à quelque chose, des crochets se sont trouvés sous mes doigs ; j'ai tiré ce quelque chose à moi, et je me suis mis mise à pleurer devant cette valise ouverte. J'avais devant moi une robe de soie noire sous laquelle je croyais voir Louise.

Et comme le dit Anaïs Ségalas dans une de ses plus touchantes poésies,

> Et ces robes sont là comme des coquillages
> Verts, bleus, bruns, gris ou blancs ramassés sur les plages,

Qui n'ont plus l'habitant qui les faisait mouvoir.
Dans leur forme et leurs plis, hélas ! je croyais voir
S'agiter leur maîtresse . . . . , ...

C'était donc là le trésor que contenait la valise d'Arthur, la chose précieuse sur laquelle il veillait avec tant de sollicitude. C'était lui, et lui seul sans doute qui avait dérobé cette relique dans la garde-robe maternelle, qui l'avait placée sous ses jouets et ses vêtements. Je repliai la robe et la remis soigneusement dans le fond de la valise. Comme je l'embrassai quand il rentra avec sa petite figure rose de la course qu'il venait de faire ! Pendant le souper je demandai à Joseph s'il avait défait ses malles ; il me répondit qu'il avait jugé la chose inutile, il avait son sac de nuit et Arthur une petite valise qu'il avait voulu faire lui-même avec les habitudes d'ordre que sa mère lui a données, a-t-il ajouté en soupirant.

A l'issue du souper je me suis levée avec l'intention d'aller présider au coucher d'Arthur. Il est venu m'embrasser et m'a dit tristement : « Tante, je me déshabille seul maintenant. » J'ai insisté, il a répété qu'il se couchait seul, nous a embrassés et est passé dans la chambre voisine. Mon père et Joseph sont restés causer auprès de la cheminée, j'ai regagné ma chambre ; une de ses portes donnait dans la chambre d'Arthur, je l'ai entr'ouverte doucement ; je l'ai vu agenouillé devant la valise, dont les courroies étaient pendantes. Bientôt un bruit de sanglots m'est parvenu ; le pauvre enfant avaient pris la robe de soie noire entre ses bras, il la baisait et il pleurait le plus doucement possible. Deux minutes plus tard sa robe et lui étaient sur mes genoux ; une fois là il a repris ses manières enfantines et tendres, il a appuyé sa tête sur ma poitrine pour pleurer plus à l'aise, et nous avons passé une heure ainsi confondant nos regrets et parlant d'elle que nous aimions tant. Je ne l'ai quitté que quand il a été endormi. Il y avait encore des larmes sur ses joues, mais son petit visage était parfaitement calme. J'ai raconté cette scène à mon père et à Joseph ; ils ont été profondément attendris.

Le surlendemain nous nous quittions pour ne nous revoir que dans un an. Ma dernière conversation avec mon beau-frère m'a rassurée, consolée, et m'a donnée la mesure de l'ébranlement moral qu'a causé la mort de Louise. Du mal le plus irréparable en apparence, Dieu ainsi sait tirer un grand bien. Nous étions sortis seuls et nous revenions par la rue de Sèvres. Il s'est mis à me parler d'elle, de lui, d'Arthur ; quand il parle d'elle, c'est toujours avec des larmes dans la voix ; quand il parle de lui, c'est toujours en des termes qui annoncent l'intention bien arrêtée de se guérir de sa malheureuse passion ou d'en mourir.

— J'ai consulté à Paris, me disait-il ; je puis guérir encore, mais quelle énergie de volonté il faut !

Et il a ajouté avec une angoisse profonde :

— Oh ! cette énergie persistante, où la trouverai-je ? Quand il s'agit de vaincre une passion d'habitude, l'homme le plus fort a d'inconcevables faiblesses.

Comme il disait cela, nous passions auprès de la chapelle de Jésus.

Je la lui ai montrée d'un geste, et j'ai presque machinalement répondu :

— Là.

Il s'est arrêté et a murmuré :

— Elle aussi le disait.

Il faisait presque nuit en ce moment; nous ne nous voyions qu'à la pure mais faible clarté des étoiles; il y avait peu de passants; le silence solennel du soir, si favorable aux réveils de l'âme nous enveloppait. Il me semblait sentir la présence de ma sœur, et j'ai osé parler, conseiller, me faire l'écho de ces grandes voix qui tonnent dans les chaires chrétiennes, de ces apôtres qui peuvent poser les doigs sur les blessures morales pour les sonder et les guérir.

Joseph m'écoutait avec une docilité intelligente qui m'encourageait. Peu à peu ses yeux éteints se sont animés et se sont levés vers le ciel.

Il est demeuré silencieux, mais il était profondément ému. Chacune de mes paroles remuait quelque chose en lui. Au nom de Louise, qui tombait sans cesse de mes lèvres, une larme coulait sur sa joue amaigrie. Il ne m'a pas répondu un mot. Quand je me suis tue, il m'a offert le bras, et nous avons regagné l'hôtel en silence.

Louise, j'en ai la ferme conviction, obtiendra son changement de vie. Sa mort a été un de ces coups de foudre qui semblent parfois de véritables avertissements du ciel.

Le lendemain nous nous sommes séparés en nous disant : « Au revoir. » Son air triste, souffrant, me faisait mal. Je lui ai longuement recommandé notre petit Arthur et je lui ai laissé comme souvenir de notre sérieux entretien d'hier une *Imitation de Jésus-Christ* qui a appartenu à Louise. Ce livre admirable n'est-il pas le trésor où les âmes tristes ou malades trouvent un baume divin, une consolation puissante? L'intelligence est frappée de la prodigieuse connaissance du cœur humain qui s'y révèle, et le cœur surtout se laisse toucher par ces conseils, ces exhortations à la patience, qui sont la force des faibles.

Je suis très-heureuse de penser que mon beau-frère a maintenant entre les mains cette arme spirituelle, trop inconnue aux gens du monde, et je me sens pleine d'espoir. Il me semble que de loin j'assiste aux luttes qu'il aura à livrer, et je prie tous les jours pour qu'il parvienne à vaincre sa malheureuse passion.

Notre retour à la Maraudière a été bien attristé par la pensée que nous laissions encore derrière nous notre enfant. Quelque bon que soit un homme, il est un âge où les soins d'une femme sont presque indispensables. Arthur n'a pas quitté l'enfance. Le soir où je l'ai surpris dans la naïve expansion de sa douleur, il paraissait si heureux de pouvoir sangloter dans mes bras : « Tante, je suis bien ici pour pleurer, » murmurait-il à mon oreille. Et le lendemain, chaque fois que la pensée de sa mère lui revenait, il sautait sur mes genoux, m'embrassait et me disait : « Je pense à maman ! » Et cela le soulageait.

La joie que j'ai éprouvée en me retrouvant dans mon pays a été empoisonnée par le souvenir des absents, et cependant quel doux accueil m'y attendait! Un des plus grands bonheurs de ce monde est de constater la sincérité des amitiés humaines, dont notre faible cœur est parfois si avide, et sur lesquelles il aime à s'appuyer dans ses moments de défaillance. J'étais pour ces cœurs fidèles une sorte de ressuscitée à laquelle on laissait voir toute sa joie. Laure, Mme Degalle, nos voisins, sont accourus à la Maraudière. Notre vieux recteur lui-même s'est laissé aller à une sorte d'attendrissement qui n'est pas habituel à sa forte nature. Nos serviteurs se sont hâtés de venir se replacer sous un joug qui ne leur paraît pas trop dur, et la Maraudière est redevenue ce qu'elle était. Un nuage noir et lourd a passé sur notre ciel, voilà tout. Il s'est dissipé, tout est redevenu azur.

J'ai passé quelques jours à Randergast. Laure voulait fêter mon retour. Nous avons beaucoup parlé ensemble de Louise, de Joseph, d'Arthur. Avec elle, je n'ai rien à cacher, rien à taire. Mme Degalle venait me voir très-souvent. Elle m'a appris que le désaccord du ménage Déblin prenait des proportions alarmantes. Mme Brillion fait des scènes à son gendre; Lucile, dont la santé devient mauvaise, prend de plus en plus sur les nerfs de son mari, qui s'éloigne d'elle tout à fait. C'est un ménage parisien dans la plus triste acception donnée à ce mot. M. Déblin vit ici, sa femme vit là. Monsieur s'amuse de ce côté, madame s'ennuie de cet autre. Ils mènent tous deux grand train, et la dot de Lucile se fond entre leurs doigts. Que je les plains !

Me voici de retour à la Maraudière, attendant ce visiteur à la figure revêche et glacée, l'hiver. Il faudra bien lui ouvrir cette porte à laquelle il frappe à coups redoublés.

Notre bon voisin m'a consacré toute une après-midi. Sa femme dispose ses fruits dans des mannequins pour les faire transporter à la ville, et le vieil amant des Muses fuit ces grandes opérations de ménage. Il était un peu soucieux ; mais après une demi-heure de conversation, il est redevenu lui-même, et il m'a récité avec beaucoup de feu ses deux derniers sonnets. Ils n'étaient pas sans défaut, mais je les préférais quand même à un long poëme. Naturellement il m'a parlé de sa nièce en me confirmant tout ce que m'avait dit Mme Degalle.

Aujourd'hui, on dirait que le vent chante à l'été sa chanson d'adieu. Mon oreille, faite au calme de l'air pendant les mois précédents, écoute avec plaisir le frémissement continu des feuilles jaunies, et ce je ne sais quel bruit vague, tantôt fort, tantôt doux, qui est comme l'haleine puissante de l'automne. Que ce vent léger qui berce et qui murmure si mélodieusement soit le bienvenu ! Depuis hier, je sens à peine ma solitude et je me passe très-volontiers de société.

N'ai-je pas maintenant à écouter ces voix aériennes et confuses, dont l'harmonie me plaît singulièrement? Mon père qui, malgré ses aptitudes politiques, pense parfois en poëte, écoute aussi avec plaisir ce concert dans lequel la tempête semble de temps en temps vouloir jeter des sons plus graves.

Les jours qui semblent pleurer sont venus. Ciel sombre et cœur triste vont bien ensemble. O morts, grâce à l'Eglise, la pensée des vivants est aujourd'hui invinciblement attirée vers vous ; il y a foule dans les allées silencieuses de vos demeures, ordinairement si désertes ; de tièdes larmes tombent sur vos froids tombeaux. O morts, tenez-vous compte de nos prières, de notre souvenir? Ayez pitié de nous, de nous qui possédons encore ce flambeau de la vie, dont la flamme, sans cesse vacillante, peut s'éteindre au premier souffle, et qui pourtant, hélas! vivons souvent comme si elle devait brûler toujours. Le souvenir de Louise a rempli ce jour où mon père a voulu assister à l'office des Morts. Depuis que nous vivons solitairement à la Maraudière, il y a chez lui comme une expansion des sentiments religieux que renferme son cœur. Il a toujours accompli strictement certains devoirs, mais l'homme politique était plus occupé du Forum que du Temple. Ici, il a en quelque sorte suivi le courant. A la campagne, on prétend que le peuple n'est pas suffisamment éclairé, mais sur les grandes questions je le trouve beaucoup plus sensé que certaines gens. L'homme n'a pas moins de souci de son âme que la femme, et l'étrange séparation, qui se fait en ville trop souvent, n'existe pas aux champs. Entrez le dimanche dans une église de campagne, elle est remplie de femmes et d'hommes. Si la mère, la sœur, la fille sont présentes, le père, le fils, le frère sont présents aussi. A la ville le spectacle change. Les femmes sont partout et on aperçoit çà et là quelques hommes, et encore ont-ils presque tous dépassé la jeunesse. Où sont les oisifs, les heureux, les jeunes, les forts ? Ailleurs, et plus que d'autres ils auraient besoin d'être là. Nous avons donc passé une grande partie de la journée à l'église, nous nous sommes agenouillés ensemble sur le tombeau de famille, et nous avons sanglotté là en priant pour notre Louise.

Nous avons à la suite passé une soirée recueillie, silencieuse ; mais ces tristesses volontaires sont une dette que le cœur doit payer. Ceux qui s'en débarrassent sont ceux qui ne savent pas aimer au-delà du temps.

———

La journée est bien mauvaise pour ce feuillage si délicatement, si richement nuancé, qui fait un peu l'effet d'un voile magnifique, tendu entre l'opulent automne et le sombre hiver. Le vent arrache brutalement à nos pauvres arbres leurs feuilles jaunies. La cour sablée en est maintenant jonchée. Voilà les feuilles rousses, larges, hardiment découpées des platanes et des sycomores, la feuille petite, ronde et encore verte des tilleuls; voici les feuilles de hasard de toutes formes, de toutes nuances. Quand souffle la raffale, elles courent les unes après les autres, comme d'informes papillons au vol irrégulier et court; quelquefois elles tourbillonnent et s'envolent au loin comme si des ailes leur étaient soudain poussées. Et du grand arbre humain que de feuilles tombent aussi maintenant! L'automne n'est-il pas un des pourvoyeurs de la mort? Les unes se détachent sans effort de la branche contre laquelle elles se sont desséchées, mais combien d'autres tombent flétries avant le temps! D'après la dernière lettre de Marie des Landiers, je commence à craindre que Marthe ne soit une de ces fleurs destinées à garder leur parfum et leur éclat pour le ciel. C'est une triste pensée, et je la chasse en regardant le portrait photographique qu'elle m'a laissé. Je ne puis voir une poitrinaire dans cette belle jeune femme, si riche en santé et en fraîcheur.

Je suis encore occupée de ces feuilles mortes. A travers les vitres de la fenêtre près de laquelle je suis assise, je ne vois plus qu'elles, et elles me donnent aujourd'hui le spectacle le plus drôle et le plus gai. Les petites folles ont séché leur robe jaune si alourdie l'autre jour par la pluie, et elles jouent maintenant dans la cour qui est pleine de soleil. Notre grand platane y allonge toujours son ombre mais c'est une ombre d'hiver, quelque chose de diaphane, de maigre ; cette ombre est à son ombre d'été ce que l'esquisse est au dessin. Le tronc dessine une ligne droite et ronde qui grossit graduellement; on dirait le grand mât d'un navire chargé de cordages emmêlés. Les feuilles dansent là-dessus et sur la surface sablée, elles se livrent aux évolutions commandées par un vent capricieux. Les voici qui arrivent en tourbillon, on dirait un escadron au galop dont les officiers généraux sortent du sycomore voisin. Mais bah! l'armée est bientôt mise en déroute et les soldats se mettent à danser. Ici on organise un ballet, là une ronde légère. Quelles danseuses bondissantes et gracieuses! Le vent change, adieu la danse, une nuée de phalènes se poursuivent comme hier, mais en essayant à voler plus haut.

Nos voisins de la Villeormond nous sont venus aujourd'hui. Ils subissent en ce moment une petite épreuve; leur fortune va considérablement diminuer par la faute du père de Lucile, qui a compromis leurs capitaux dans une fausse spéculation. La Villeormond va sans doute être vendue. « Nous n'avons plus le moyen de conserver une maison de campagne pour l'habiter seulement deux mois de l'année, m'a dit M. Brillion, et à notre âge, nous ne pouvons penser à nous établir toute l'année à Villeormond. Philémon et Baucis habitaient une cabane solitaire, mais ils n'avaient habité que cela. »

Mon père, tout en exprimant les regrets qu'il éprouve de voir la Villeormond changer de propriétaire, a approuvé leur résolution. Les bois-taillis et les étangs qui dépendent de la Villéormond en font une résidence très-agréable pour un chasseur, et il ne doute pas qu'ils ne vendent très-avantageusement cette terre. A la fin de la visite, ils étaient tout à fait gais.

— Tu achèteras tes fruits au marché au lieu de les cueillir toi-même, ce qui te donnait beaucoup de peine, a dit M. Brillion à sa femme.

— Et comme nous agrandirons notre jardin de ville, on pourra y laisser pousser des arbres au lieu de légumes, ce qui te conviendra beaucoup mieux, a reparti l'excellente femme.

— N'amoindrissez pas inutilement le produit de votre jardin, madame, a dit mon père en souriant ; ce cher poëte n'aura-t-il pas tous les arbres de la Maraudière à sa disposition ?

— Avec notre jolie fontaine dans le roc, ai-je ajouté. C'est alors qu'elle méritera vraiment le nom d'Hippocrène, dont M. Brillion l'a parée, et dont jusqu'ici elle s'est montrée tout à fait indigne.

Ils sont partis en nous disant : « A demain. » Pendant les derniers jours qu'ils passent à Villeormond, ils nous feront de fréquentes visites.

La pluie ravage tout autour de nous, elle fait tomber les dernières feuilles et rend mou le sol de notre cour. Les traces de pas se voient maintenant dans la terre détrempée, des sentiers s'y tracent, les roues du petit cabriolet de notre voisin creusent des ornières. Dans quelques semaines, elles seraient profondes, s'il venait plus longtemps. Mon père a chargé Claude d'arranger cela, et en le voyant râcler la boue, broyer des pierres, je pense à la nécessité permanente de ce qui s'appelle l'entretien. Vraiment cette nécessité poursuit l'homme et lui commande un travail sans relâche. La feuille qui tombe, le nuage qui crève, le brin d'herbe qui pousse, le caillou qui roule, la poussière qui vole, sont les ennemis invisibles, mais naturels et puissants qui concourent à détruire l'ordre qu'il établit. Dans une région plus haute et plus immatérielle, n'en est-il pas ainsi? Sur le sol de notre âme, la paresse ne laisse-t-elle pas s'accumuler les cailloux, les mauvaises herbes, l'ivraie, cet ennemi de l'épi, la poussière. La paresse est un ennemi qu'on ne craint pas assez ; heureux les vigilants !

M. et Mme Brillion ont pris définitivement congé de Saint-Clément. Ils vont s'établir à Randergast pour y vivre et y mourir. La Villeormond a été achetée par le petit-fils de l'ancien propriétaire. Il a profité de l'occasion pour ressaisir cette terre patrimoniale dont il porte le nom. Ce jeune homme, d'une trentaine d'années, remplace donc nos vieux voisins. Il habitera la Villeormond toute l'année; mais son âge l'éloignera de nous et aussi ses occupations, je pense. Il chasse, il pêche, il fait de l'agriculture; « c'est un véritable gentleman-fermier, » m'a dit notre curé, qui a connu autrefois laquelle tante, qui tiendra le ménage à la Villeormond.

———

Les soirs deviennent tristes, et cependant aujourd'hui le jour, en finissant, avait la splendeur d'un soir d'automne. Le ciel était clair, les nuages avaient de magnifiques teintes vertes et orangées. En revenant du bourg ce matin, j'ai voulu passer sous nos chênes complétement dépouillés désormais. Je les ai trouvés très-beaux ainsi, plus beaux qu'il y a quelques mois, quand les feuilles cachaient leur ramure puissante. C'est l'histoire de toute vraie beauté, la richesse des vêtements qui la recouvrent importe peu. Rien de laid comme le squelette des arbres médiocres, rien de beau comme nos grands chênes dans leur sévère nudité.

———

Ce matin, une longue lettre de Joseph, une longue lettre d'Arthur. Nous n'aimons rien tant que de recevoir des nouvelles de nos exilés. La lettre de Joseph m'était adressée, et sa lecture m'a vivement touchée. La santé physique est toujours mauvaise. La privation complète de cette liqueur qui le tuait à petit feu bouleverse son organisation; mais la santé morale est meilleure, et il commence à connaître la patience. Arthur ne pense qu'au moment de la réunion, il me parle beaucoup de son père, qui est très-changé, mais moins accablé. Je leur ai répondu longuement aussi. Ma lettre à Joseph peut se résumer en ce mot : « Courage! » Mon père est moins facile à persuader. Il croit la guérison presque impossible. Mon père, qui a l'esprit élevé, ne l'a pas encore assez haut parfois. Certes, si aucun motif humain ne peut déterminer un homme à lutter contre une passion et à la vaincre, on n'en peut dire autant des résolutions de ce genre qui enfoncent leurs racines dans un sentiment religieux. Ce travail de conversion, succédant dans l'âme de Joseph à l'ébranlement causé par la mort de sa femme, peut le sauver.

Quel dur hiver nous avons ! Le sol est devenu de pierre. Tout semble pétrifié sur la surface de la terre. On s'enveloppe frileusement dans ses vêtements les plus épais, on ne quitte plus qu'à regret le coin de son foyer. On s'y trouve si bien quand le feu flambe joyeusement en répandant autour de vous une chaleur égale et douce ! Malheureusement, une vision lugubre passe devant les yeux de l'esprit : La maison froide, la chambre nue et glacée du pauvre, vieillard misérablement vêtu, la femme qui grelotte, l'enfant qui pleure. La pensée de ce que doit souffrir le pauvre en hiver est trop amère pour qu'on puisse jouir pleinement et sans arrière-pensée de son propre bien-être.

Marie des Landiers m'écrit pour m'exprimer les regrets qu'elle éprouve de me savoir solitaire au coin de mon feu. Sa lettre m'a donné à penser qu'il me serait en effet bien agréable de jouir de sa société pendant ces heures reposées du soir si favorables à la causerie *intime*.

Tout se couvre de neige. Les poëtes ont peut-être abusé du blanc linceul, mais nulle autre image ne saurait remplacer celle-là. C'est un véritable linceul qui enveloppe la nature autour de moi. Elle est morte, bien morte ; ni chants, ni parfums, ni feuillages, ni murmures. La neige tombe toujours plus épaisse et s'enroule comme un large suaire autour de cette puissante trépassée, dont le jour de résurrection est proche.

Les lettres de Joseph et celles d'Arthur sont arrivées toutes parfumées des senteurs de leur beau climat. L'un me parle des fleurs qu'il cultive, l'autre des oranges qu'il cueille aux orangers en pleine terre. Je frissonnais en lisant ces pages le soir auprès de la fenêtre et mon père souriait en pensant au contraste qui existe en ce moment même entre les deux pays si différents que nous habitons.

La glace a tué le blé dans la terre, du moins on le craint. Les sillons sont à peine verts. Si cela continue, le blé montera, le pain deviendra cher. Et les pauvres, que deviendront-ils ?

Madame la duchesse de Parme est morte ! Cette mort est un deuil pour tous ceux qui honorent le malheur rehaussé par un grand caractère, et l'infortune portée aussi dignement qu'une couronne. Quelle triste destinée fut celle de cette princesse. L'assassinat et la révolte se dressèrent à ses côtés, comme deux spectres hideux, au seuil même de sa vie, et lui formèrent une sorte de sanglante escorte jusqu'à sa dernière heure. Ils ne l'épouvantèrent pas. C'était une âme forte, un cœur vraiment bon et grand. Sa couronne a été d'épines. Tant mieux pour elle maintenant! Dans les balances éternelles, ces couronnes sanglantes pèsent plus que les brillants diadèmes, plus légers au front.

La neige continue à tomber à flots. La Maraudière est devenue une forteresse inaccessible. Pour aller à la messe ce matin, j'ai subi des fatigues inouïes. J'en ai été récompensée par la satisfaction intérieure que j'ai ressentie en revenant, celle du devoir accompli, malgré les obstacles matériels qui s'opposaient à son accomplissement. Le souvenir de ce solitaire dont un ange comptait les pas m'est revenu, car je marchais, la sueur au front, dans la neige. Il est bien consolant de penser que chaque sacrifice, chaque souffrance, peut se transformer en un mérite.

La guerre vient de commencer sur les bords de l'Eider, entre les Allemands et les Danois qui se disputent la possession du Schleswig. De notre temps, il faut donc que le sang coule comme il coulait dans le passé. Est-ce donc un engrais nécessaire à cette terre de désolation? Mais elle en est abreuvée! L'histoire enregistre une bataille à chacune de ses pages, et maintenant, quand tant de gens déclarent que le monde a vu luire l'aurore d'une paix universelle, le doigt peut, en se posant ici ou là sur une carte géographique, se tacher au contact du sang. On se bat au Mexique, en Cochinchine, dans l'Inde, dans la Nouvelle-Zélande. On assassine la Pologne, les Américains s'entre-tuent, le pape s'est vu arracher ses provinces. La révolution est ici, la révolte gronde sourdement là. O vous qui rêvez la paix universelle, dites donc où elle se trouve. Le cœur est saisi d'une tristesse indicible en songeant aux résultats de ces collisions sanglantes, à tout le sang qui coule de ces membres d'hommes, à toutes les larmes que répandent les yeux des femmes.

Mon père et moi lisons beaucoup. Nos soirées perdent ainsi de leur monotonie et de leur longueur. Nous lisons alternativement. J'ai peur qu'il ne se fatigue la vue, et il éprouve la même crainte pour moi. Nous ne lisons pas plus d'une heure, et nous causons après sur ce que nous avons lu. Il déploie en ma faveur la richesse de ses vastes connaissances, et nous sommes souvent l'un vis-à-vis de l'autre comme un professeur et un élève. Il m'est très-agréable de m'instruire ainsi sans fatigue, presque sans travail. Plus tard, si je suis assez heureuse pour voir se rapprocher de moi l'enfant que j'aime tendrement et qui me rattache à l'avenir, je le ferai jouir à son tour de ce que j'aurai acquis, je veux qu'il m'aime et aussi qu'il ne me regarde pas trop du haut de sa grandeur d'homme. En définitive, cet enfant deviendra un jeune homme, et je voudrais lui inspirer de bonne heure une grande confiance en moi. Pendant que mon père lit, je file au fuseau. Mes travaux de couture, mes lectures fréquentes, m'ont un peu fatigué les yeux, et j'ai fait comme la reine Berthe, je me suis mise à filer. C'est une gracieuse occupation qui plaît extraordinairement à mon père. Il sourit parfois en me regardant tourner mon fuseau, et, chose bien rare, je l'entends parfois fredonner le « Tournez, tournez encore, » de la *Dame Blanche*. Quand je vois sur son grave visage ce sourire de contentement, il me semble que rien ne manque à mon bonheur.

J'ai trouvé, dans ce que j'appelle mon garde-manger intellectuel, un livre ou plutôt une série de livres composant une sorte de galerie des hommes de la Révolution. Mon père a flairé du médiocre et a écarté cet ouvrage de nos lectures du soir. Aujourd'hui, je gardais la maison, c'est-à-dire que je soignais le pot-au-feu pendant que nos domestiques assistaient à la grand'messe, et j'ai pris ce livre, dans lequel il y a des gravures. Les faces ignobles ne manquent pas dans cette galerie, mais un intérêt très-vif s'attache encore à tous ces personnages trop connus. Après avoir regardé les gravures, j'ai entamé les biographies. Est-il possible de juger ainsi les hommes et les choses! Peut-on écrire le mot d'éclectisme quand il s'agit de forfaits pareils? Ose-t-on prononcer des paroles louangeuses même pour ces conventionnels farouches qui nous font, à nous, l'effet de véritables bêtes fauves? N'est-ce pas une dérision de les entendre parler de la liberté les pieds dans le sang, exalter hypocritement une patrie à laquelle ils arracheront ce qu'elle a de beau, de bon, de grand, entonner des hymnes à la fraternité, quand on les voit se dévorer entre eux plutôt que de rester sans haines ? Quand la pensée se pose sur ce pêle-mêle des plus affreuses passions brutalement déchaînées, un frisson de terreur court dans les veines. Le hideux 93 peut cacher ses grands hommes, ils nous font peur. Nous ne saurions trouver en eux que d'épouvantables énergumènes étalant au grand jour, sans vergogne, tout ce que le vice a de plus terrifiant. En les regardant de près on découvre que ces buveurs de sang sont de plus des voleurs, des concussionnaires. Il leur faut les jouissances matérielles qu'on se procure avec de l'or. « Il ne leur fallait que cela, » dit naïvement l'auteur. Je trouve que ces portraits reçoivent la dernière touche par ce joli coup de pinceau. Pour contribuer au bonheur de ces aimables asssassins, c'était bien la peine d'infliger à la France ce baptême de sang qui devait la régénérer. Dieu nous garde de pareils réformateurs ! Autant vaudrait désirer voir la peste et la fièvre jaune faire invasion dans notre patrie. Mon père m'a souvent dit, et je le crois, qu'il n'y a pas d'homme absolument mauvais. Il faudrait peut-être excepter de cette règle les hommes dont je viens de lire la vie. On a beau les regarder attentivement, ils sont toujours effroyables. Il y en a même qui, à la cruauté, la plus froide, joignent l'hypocrisie la plus raffinée. Je veux naturellement parler du doux Robespierre. En lisant le discours sur la peine de mort, prononcé le 30 mai 1791, je me demandais si c'est bien lui, le bourreau infatigable, l'hyène révolutionnaire, qui a écrit cela. Il y a des choses qui confondent, celle-là est du nombre. Si ce nom exécré de Robespierre ne faisait de lui-même mourir le sourire sur les lèvres, j'aurais franchement ri devant la gravure qui le représente. Debout entre des trépieds où fument des parfums, la taille ceinte de son écharpe flottante, un chapeau empanaché à la main, il dépose sur l'autel enguirlandé élevé à l'Eté un bouquet de fleurs fraîchement cueillies. Le joli sujet d'idylle, n'est-ce pas? Ce serait à faire éclater de rire, si, parmi ces pastorales, on n'entendait pas des cris de désespoir, si derrière cet autel à l'Eté on ne voyait pas se profiler la hideuse guillotine, si ce beau Némorin ne portait pas ce nom terrible : Robespierre ! Vraiment, quand les hommes ont voulu vous ôter Dieu et usurper sa place, on est épouvanté de la profondeur de la perversité humaine. Pendant cette période lugubre, pour quelques êtres vertueux, pour quelques âmes droites et vraiment patriotiques, que de monstres !

J'écris pour épancher mon indignation, et le silence se fait dans la cheminée; plus de bois pétillant, plus d'eau en ébullition. Si Jeannette arrivait !

Jeannette a trouvé le potage mauvais. « Ce n'est pas là une soupe à servir à monsieur, qui se fait vieux, » a-t-elle marmotté entre ses dents. Elle a jeté un regard investigateur autour d'elle. Tout était en ordre et brillant de propreté. Tout d'un coup sa figure s'est rembrunie, elle est allée poser un doigt vengeur sur une tache d'encre que son œil de lynx avait aperçue sur la table. Son exaspération, que je devinais, avait un côté si comique que je me suis enfuie en éclatant de rire. Je n'ai pas eu de peine à faire partager ma gaieté à mon père, qui se trouvait dans la salle à manger. Il a voulu s'amuser un peu lui-même du courroux ordinaire de Jeannette. Il a fait la grimace en portant à sa bouche la première cuillerée de potage. Jeannette, qui rôdait par la salle à manger uniquement pour surveiller ses impressions, a poussé un gros soupir.

— Votre potage ne vaut pas le diable aujourd'hui, Jeannette, a dit mon père, qui s'occupe très-peu du ménage et qui ignore le plus souvent quelles mains ont accommodé les mets qu'il mange.

J'ai regardé Jeannette.

Ses joues ridées étaient devenues écarlates, ce reproche la frappait en plein cœur. Mais elle m'aime, et il y a pour elle quelque chose de si déshonorant dans un plat manqué qu'elle reculait devant une accusation directe.

Je n'ai pas voulu prolonger son supplice, et j'ai rappelé à mon père que nous étions au second dimanche du mois, et que son reproche me revenait de droit.

Jeannette soulagée a voulu généreusement prendre ma défense. Elle a été jusqu'à s'accuser elle-même. Les légumes qu'elle avait préparés n'étaient pas en quantité suffisanté, et autres menues raisons qui tendaient à diminuer le poids de ma faute.

Elle plaidait les circonstances atténuantes pour sa coupable maîtresse.

Nous avons discuté quelque temps là-dessus. Je voyais que notre discussion amusait mon père et je la nourrissais de mon mieux.

— C'est bon, je le veux bien, c'est de votre faute, s'est écriée Jeannette à bouts d'arguments, mais je dirai ceci : Si monsieur voulait mettre l'encre et les livres sous clef, le dimanche, cela n'arriverait pas. Quand les choses imprimées et les plumes ne se promènent pas par ma cuisine, le dimanche, votre soupe est meilleure que la mienne.

Heureusement que cette énormité ne sortait pas de la bouche d'une autre : elle lui eût paru inacceptable.

Aujourd'hui le ciel fond en eau, hier il faisait un froid intolérable. L'hiver, la plainte germe sur toutes les lèvres.

Laure a failli perdre son fils, et je suis à Randergast chez Mme Degalle. Je n'ai pu rester à la Maraudière, sachant ma pauvre amie en proie à de telles angoisses, et mon père est venu me conduire à Randergast.

Mme Degalle n'a pas voulu que je m'en retournasse avec lui, et je me suis laissée persuader.

Quel chagrin fait éprouver la vue des souffrances d'un petit enfant ! Comme j'aurais fui de cette chambre dans les moments de crise, si je ne m'étais aperçue que ma présence ranimait le courage de Laure.

La crise passée, le cher petit caressait sa mère, il lui souriait, et la pauvre femme dévorait ses larmes pour lui sourire aussi. Du jour au lendemain il est devenu bien. Depuis ce matin il est hors de danger. Bien des actions de grâces sont montées vers le ciel et se sont adressées à la sainte Vierge qu'on avait spécialement invoquée. Jusqu'à sept ans Emmanuel portera ses couleurs. Il a fallu lui mettre immédiatement les jolies bottines bleues que Laure, dans son empressement, avait fait acheter, et il m'a reçue ce matin tout chaussé, dans son petit lit, et heureux comme un roi.

Tout le monde est venu admirer les petites bottines. Depuis qu'on a craint que cet ange s'envolât, il semble qu'on l'aime doublement.

———

J'ai entendu les vêpres hier dans une paroisse voisine de Saint-Clément. Mon père avait besoin de parler à un ouvrier qui habite ce bourg, et nous étions partis après dîner. Il y a un orgue dans cette petite église, et conséquemment un organiste. Instrument et musicien ne valent pas grand'chose, mais ils ont joué de vieux airs, de ces airs dont l'oreille a été frappée dans un temps plus ou moins éloigné. Je me sentais émue, je m'abîmais dans le passé; j'étais à cette époque bénie où, encore ignorante de la vie, je priais avec ma ferveur d'enfant. La plus belle musique n'aurait pas eu le pouvoir de m'émouvoir ainsi.

Au sortir de l'église j'ai rencontré l'organiste, un vieux boiteux, qui de profane violonneux est devenu musicien d'église, et je l'ai bien vivement remercié.

Il a paru enchanté.

— Si je vous avais vue là, j'aurais joué des airs plus nouveaux, mademoiselle, a-t-il dit en se redressant.

Je l'ai engagé à ne pas craindre de donner la préférence à ses vieux airs, et je l'ai quitté enchantée de n'avoir pas été aperçue par lui avant l'office. Toute chose prétentieuse déplaît, mais la mauvaise musique, qui ne fait vibrer aucune corde de souvenir, m'est horriblement déplaisante.

Il y a partout des natures mauvaises, et même ici je ne puis vivre dans la bonne opinion du genre humain en général. On voudrait ne pas croire au mal, mais on ne le sent que trop en soi, et on le voit sans cesse apparaître à ses côtés. Ce matin j'ai trouvé dans la cuisine un homme, un ouvrier, qui m'était étranger. Jeannette l'avait relégué dans un coin, et, je dois le dire, la charité n'illuminait pas en ce moment-là la figure ridée de ma vieille servante. J'entendais s'entrechoquer les grains de son rosaire, tant sa démarche avait une vivacité inusitée. Ce pauvre homme avait cependant la physionomie très-douce, l'air très-humble, et il attendait patiemment mon père qui le menaçait d'un procès, me dit-il, parce qu'il avait abattu un arbre sur un fossé qu'il croyait bien sa propriété. Je m'intéressais déjà à lui, peut-être par esprit de contradiction, et je me promettais *in petto* de plaider sa cause auprès de mon père.

Jeannette me regardait de côté, pendant que je lui parlais, et elle faisait des signes d'impatience auxquels je ne prenais pas garde. Mon père est entré et il l'a fait monter dans sa chambre. Jeannette a couru appeler Claude, et lui a dit avec agitation en lui mettant deux brosses dans la main :

— Montez bien vite, Jacques Baliveau est tout seul, en haut, avec monsieur.

Et comme il paraissait ne pas comprendre parfaitement :

— Je ne peux pas vous envoyer garder monsieur, a-t-elle repris en levant les épaules, il serait furieux ; mais vous ferez semblant de frotter sur le palier, et comme cela il ne sera pas seul avec ce coquin.

Claude est monté avec ses brosses et Jeannette nous a fait l'historique de Jacques Baliveau. Cet homme à l'aspect faible, à l'air si doux, a tué à force de mauvais traitements un enfant que sa femme avait eu d'un premier mariage, il l'a rendue elle-même infirme pour toute sa vie en lui cassant la jambe d'un coup de pied. Il est la terreur du village qu'il habite. Ses rancunes sont implacables, et beaucoup prédisent qu'il ne mourra que sur l'échafaud. Mon père m'a plus tard confirmé ces témoignages. Il m'a dit qu'il ne connaissait pas de plus rusé fripon et d'homme plus méchant, mais qu'il le tenait en respect par la connaissance de certains faits qui le mèneraient droit au bagne si des témoins se découvraient.

— Il me regarde comme savant, il me croit homme de loi, a-t-il ajouté, et il ne redoute rien tant que ma colère.

Je m'en aperçois une fois de plus, il ne faut pas toujours prendre les gens à la mine.

———

M. de la Villeormond et sa tante nous ont fait leur visite d'arrivée. La tante est une vieille fille causeuse, curieuse, affairée ; elle sait déjà toutes les histoires de Saint-Clément, et connaît la scélératesse de Jacques Baliveau. Le neveu n'a pas l'air d'un méchant homme, mais qu'il est vulgaire ! Son extérieur est parfaitement ordinaire ; s'il avait une autre tournure, un autre maintien, un autre langage, il serait presque un joli homme. Il a vécu dans le milieu le plus distingué de la province, et ce n'est qu'un sot mal élevé. De plus il possède une sorte de fatuité grossière réellement insupportable. Il rit à gorge déployée de ses propres plaisanteries, il parle à tort et à travers, il se trouve aimable, spirituel, beau parleur, il est positivement enchanté de lui-même et le mot moi est toujours sur ses lèvres. Un peu de vernis ne lui ferait pas de mal, la sottise ainsi mise à nu est par trop choquante. Il est parent éloigné de la famille des Landiers, et il m'en a parlé, dans quels termes, mon Dieu ! Il a cligné de l'œil, et frappant un coup retentissant sur son genou, il s'est écrié avec un affreux claquement de lèvres :

— Trois beaux brins de filles, sapristi !

O mes blondes amazones, qu'en diriez-vous?

Je l'ai regardé avec une surprise qu'il a traduite à sa manière.

— Vous ne les trouvez pas jolies, m'a-t-il demandé ?

— Elles sont charmantes.

— C'est qu'on assure que les femmes sont toujours jalouses entre elles, a-t-il ajouté finement avec un nouveau clignement d'œil.

Je lui ai affirmé que je n'avais jamais songé à être jalouse de ses cousines, et que personne plus que moi n'aimait à reconnaître leur supériorité en toutes choses. La famille des Landiers a été notre principal sujet de conversation. Mlle de la Villeormond a critiqué légèrement les goûts élégants de ces demoiselles et, partant de là, elle a fait une charge à fond contre les habitudes modernes. C'était surtout à mon père qu'elle s'adressait, ce qui a permis à son neveu de me dire à demi-voix : « Les vieilles filles laides n'aiment pas les jeunes. » Et il a ri bruyamment comme s'il disait la chose la plus spirituelle du monde. Il paraît du reste aimer ses cousines à sa manière. Il appelle Anne : *la Mioche*, Marie : *une fine mouche*. Hermine n'a pas de nom familier, elle ne lui plaît pas.

— Moi je trouve qu'Hermine a l'air d'une statue, a-t-il dit en faisant une effroyable grimace de mépris.

Il a saisi au vol cette parole qui court le petit monde où Hermine des Landiers est connue, et il répète complaisamment ce lieu commun.

Cette visite m'a beaucoup fait regretter nos vieux voisins.

Je construis une crèche pour notre église. Noël approche ; et, en visitant l'armoire où se trouvait l'ancienne, j'ai proposé à notre curé de rafraîchir un peu les vêtements surannés des personnages. Il a accepté, et je me suis mise à l'ouvrage. Ce travail me plaît, mais je l'entreprends seule. Si seulement Marie des Landiers était là !

―――

Mlle de la Villeormond est arrivée à l'église au moment où j'installais les personnages de ma crèche. Elle a approuvé ce que j'ai fait et a demandé au curé, qu'elle a connu autrefois, de lui montrer la sacristie. Elle a ouvert toutes les armoires, a visité tous les ornements, a donné son avis sur ceci, sur cela. Elle a été surprise dans son inventaire par la religieuse qui soigne le matériel. J'ai vu un sourire malin plisser les joues creuses du curé. Il les a présentées l'une à l'autre avec un petit hochement de tête tout à fait plaisant pour moi, et la visite a continué. Quand Mlle de la Villeormond est partie, il a dit à sœur Marcien :

— Il n'y aura pas moyen de l'empêcher de faire un peu sa curieuse, n'y prenez pas garde, ma sœur, et continuez paisiblement vos travaux. L'autorité restera entre vos mains.

Cette phrase a déridé tout à fait le visage vénérable de sœur Marcien, qui s'était visiblement assombri à son entrée dans la sacristie. Le regard qu'elle avait jeté sur Mlle de la Villeormond s'était nuancé du ressentiment qu'éprouve tout chef d'État devant celui qui peut devenir l'usurpateur de ses droits. Cette bonne et digne sœur aurait-elle donc aussi son petit grain d'ambition ?

Notre voisin nous honore de fréquentes visites, il nous envoie du gibier, du poisson, il se montre extrêmement aimable, toujours à sa manière. Mon père commence à le trouver supportable. Il m'a dit aujourd'hui qu'il connaissait très-bien l'agriculture pratique, et que sur ce sujet il n'était pas ennuyeux. Comme je suis à moitié une fermière, je lui parlerai labourage, et nous nous entendrons peut-être mieux que sur les autres sujets. Hier il m'a avoué qu'il désirait se marier. J'ai trouvé l'aveu au moins étrange fait à une femme de mon âge, mais je n'en ai rien fait paraître et je l'ai gravement engagé à donner suite à son projet.

Je ne suppose pas que ce soit une déclaration.

A Saint-Clément on parle beaucoup déjà des visites qu'il nous fait, et j'ai entendu une vieille mendiante qui disait à Jeannette d'un air malin que les chiens de la Villeormond paraissaient bien connaître le chemin de la Maraudière. Jeannette lui a vertement répondu. Le célibat est entouré de tant d'honneur en sa précieuse personne, qu'elle ne comprend plus guère le mariage chez les autres.

Le fermier des Landiers est mort, sa femme est morte, et il y a là huit enfants dont l'aîné a douze ans.

Le recteur m'a chargée d'écrire ces tristes nouvelles à notre voisine, et mon père a envoyé Claude comme surveillant de la ferme, en attendant les ordres de Mme des Landiers.

Nous avons un beau temps tout à fait inespéré, le carnaval est proche, j'ai presque envie d'espérer une visite de nos voisines. Mme des Landiers ne peut laisser cette terre importante sans chef, et mon père déclare que sa présence est tout à fait nécessaire.

Me voilà tout éprise de cette idée qui me donne l'espoir de l'arrivée prochaine de mes amies.

Les Landiers ont leurs habitants, ils resteront un grand mois dans nos parages. Nous échangeons des visites presque quotidiennes. Marie, Hermine et Anne sont des campagnardes aguerries, et elles ont un cavalier toujours prêt en la personne de leur cousin Georges. M. Georges et Marthe sont venus passer ce mois aux Landiers. Marthe devient inquiète, capricieuse. La ville l'ennuyait, et en cette saison, elle a désiré goûter de la campagne. Hermine et elle sont intimes, et je les vois moins fréquemment que les autres, Marthe ne pouvant sortir par la brume ou la pluie.

Une indisposition de Mme Degalle m'a rappelée à Randergast. Je suis allée lui servir de secrétaire. Il m'en coûtait de quitter la Maraudière en ce moment; mais toute affection exige tôt ou tard quelque sacrifice, et je suis partie sans hésiter.

Mme Degalle est complétement guérie et je la quitte dans quelques jours. C'est avec regret. Je l'aime sincèrement et je retrouve mon chez moi chez elle. J'éprouve dans sa maison ce sentiment de liberté et de confiance qui naît d'une sympathie mutuelle. Plus je vois de près cette femme de bien, plus je l'apprécie. Elle a su atteindre non la perfection, mais la mesure en tout. La vie qu'elle mène est à la fois très-retirée et très-mondaine. Le matin même pour ses intimes, elle est jusqu'à une certaine heure invisible, introuvable. C'est qu'elle visite ses pauvres, qu'elle s'occupe de ses bonnes œuvres. Elle va, elle vient, elle écrit. L'après-midi elle fait des visites utiles souvent, quelquefois inutiles en apparence, et elle en reçoit. Le soir elle voit ses amies et paraît même dans le monde quand il faut chaperonner une jeune fille ou présenter un jeune homme. Elle m'a obligée à l'y accompagner. Une toilette simple, comme j'en dois désormais porter, ne coûte pas cher, et mon père l'a fait d'ailleurs acheter à mon insu. J'ai fait venir de la Maraudière mes anciennes fleurs et quelques branches d'un lierre finement découpé, qui rampe sur le fossé du verger, et je me suis composé une coiffure que tout le monde trouve jolie et qui ne me coûte rien. Mme Degalle combat un peu mes goûts de retraite qu'elle trouve exagérés. « Il faut, dit-elle, garder une mesure à toute chose. A votre âge un peu de distraction fait du bien, et plus tard, la sauvagerie qui pourrait résulter de votre vie trop absolument campagnarde vous paraîtrait désagréable à vous-même. Voir le monde d'ailleurs, c'est toucher du doigt la vanité de ses plaisirs et apprécier d'autant plus la vie sérieuse. » Elle a peut-être raison. L'habitude de ne voir personne rend sauvage, et la première fois que j'ai reparu dans le monde je me sentais très-gauche et très-déconcertée. Peu à peu je me suis remise, et j'y suis allée de temps en temps avec Laure.

Ai-je tort ?

Je n'en sais rien.

Avant, c'est avoir l'esprit occupé de futilités et parfaitement distrait ; après, le corps est fatigué, l'esprit vide. Je n'y vais jamais sans fruit cependant. Approcher les hommes de près, ce n'est certainement pas travailler à sa perfection, mais c'est s'instruire par l'observation.

Me voici revenue à ma vie calme et solitaire. Ma paix intérieure s'en accroît. Maintenant, plus que jamais, je crois que je suis plutôt faite pour le repos que pour l'agitation. Une fois bien entrée dans cette tranquillité, que rend bien difficile à mon âge le commerce du monde, je n'en voudrais plus sortir. Et puis mes amies des Landiers sont toujours là. Les affaires s'embrouillent, et au lieu d'un mois on en restera deux.

Mon père a voulu passer la soirée au presbytère, et je suis allée au-devant de lui.

Ce soir je puis dire que ma soirée s'est écoulée au clair de lune. Le temps était beau et je me trouvais bien dehors. Les rayons de la lune ne sont pas vivifiants et chauds comme ceux du soleil ; mais ils revêtent le paysage d'un charme étrange, tout particulier. On se croirait dans un autre monde, et je ne sais quelle impression souverainement religieuse saisit l'âme. Dans ce calme solennel de la nuit, elle tend à s'élever, elle monte doucement vers Dieu, et chacune de ses aspirations est un acte d'adoration.

Mes voisines des Landiers sont allées passer leur carnaval à la ville. Ces quelques jours vont me sembler longs.

M. de la Villeormond n'a plus que vingt-quatre dents. C'est de lui-même que je tiens cet intéressant détail, et encore deux sont gâtées. Il m'a raconté tout au long l'histoire de sa mâchoire. La crosse de son fusil lui a cassé une dent de devant, une chute lui en a brisé deux autres, etc. J'ai ri franchement pendant qu'il me racontait ces touchants épisodes. Il m'a trouvée aimable, très-aimable, mais un peu moqueuse. Un moment il a cru que je n'ajoutais pas une foi entière à ses paroles. « Je ne vous fais pas une blague, m'a-t-il dit d'un air sérieux. Comptez-les plutôt vous-même. » Je me suis empressée de lui dire que je le croyais sur parole. Il part demain pour le chef-lieu et il m'a demandé une lettre pour Marie des Landiers. Je lui ai promis de lui envoyer toute une caisse pour ces demoiselles. Je vais sacrifier mes dernières fleurs et leur envoyer avec ma lettre trois jolis bouquets dont elles pourront se parer un soir dans le monde.

J'éprouve toujours un vif regret de leur absence. Si elles partageaient encore ma solitude de Saint-Clément, je n'é- changerais pas la Maraudière pour un hôtel à Paris.

———

J'ai reçu un accusé de réception de mes bouquets, une lettre tendre mais triste de Marie des Landiers. Elle voit beaucoup de monde, mais ce beaucoup l'ennuie. Anne est très-mondaine cette année, et elle a de grands succès. Hermine est exactement la même. Marthe de Langilly prend un air de plus en plus languissant, ce qui fait revivre les inquiétudes.

———

Le temps passe vite. L'hiver tant redouté a fait des siennes, il nous a longtemps claquemurés, mais le printemps s'avance et va le mettre à la porte à son tour. Tout s'évanouit avec une égale rapidité, les bons comme les mauvais jours. Mes amies des Landiers, le carnaval passé, nous sont revenues. Ce beau temps semble ranimer Marthe et les craintes se dissipent. M. Georges voit déjà tout danger disparu et croit que ces quelques semaines passées à la campagne vont guérir radicalement sa sœur. L'Illusion est la sœur de l'Espérance.

———

Je suis revenue toute triste des Landiers. C'est la première fois depuis le jour où j'y ai mis les pieds. Mais je ne puis plus me le dissimuler, il se passe dans cet intérieur quelque chose qui, je le crains, finira mal pour le bonheur d'Hermine. Le cœur humain a d'étranges revirements.

———

Je ne savais trop à quoi attribuer le changement que je remarque, cette année, dans le caractère d'Anne. La cause de ce changement vient enfin de m'apparaître. Dans son beau voyage de l'été dernier le rideau qui lui a caché, pendant longtemps, la vie fastueuse, remplie par les enivrements de la vanité, a été levé pour elle. Elle a vu que la stabilité, la simplicité dont elle faisait presque des éléments de bonheur, étaient dédaignées ailleurs. Et comme dans les cercles brillants dont elle faisait momentanément partie, elle apportait de la beauté, de la jeunesse, de la naïveté, on l'a entourée, choyée, gâtée. Maintenant quelque chose lui manque. Cet après-midi, un étranger parlait devant elle des Landiers qu'il appelait poliment un château.

— Oh! nos pauvres Landiers un château! s'est écriée Anne; un peu moins d'emphase, s'il vous plaît, monsieur!

Et a elle ajouté en soupirant presque involontairement:

— Je ne devrais pourtant rien dire, j'ai trouvé les Landiers une résidence superbe; mais alors je n'avais vu ni les vrais châteaux ni ces villas féeriques qui nous sont encore inconnues en Bretagne.

Il est temps qu'elle ferme son cœur à ces dangereuses idées qu'a éveillées en elle la vue du luxe et de l'élégance modernes. Mais fermer son cœur est bien difficile. Nous ne l'avons pas devant nous, ce cœur, et nous ne pouvons le fermer comme je ferme ce coffret dans lequel je ne veux pas que la poussière pénètre.

Reçu une lettre consolante de Joseph. Il se vaincra lui-même, c'est déjà fait. Sa santé ne se remettra jamais entièrement, me dit-il, mais il accepte ses souffrances en expiation de ses fautes passées. Arthur se trouve abandonné et soupire après notre réunion. « Je vous l'ai promis, vous l'aurez, m'écrit Joseph, mais je me sens effrayé moi-même de l'isolement complet qui m'attend si je dois rester à Alger sans lui. »

Cette séparation sera, en effet, un bien dur sacrifice; mais Arthur arrive à l'âge où la surveillance est indispensable, et il faut aimer pour leur bien ceux qu'on aime.

Je me demande si je me trompe, si je m'abuse, mais non, ce n'est pas Hermine que M. Georges aime, c'est Marie, c'est certainement Marie, et cependant c'est avec Hermine que son mariage est arrangé. Sans la maladie de Marthe ce mariage serait accompli; du moins, je le pense. A quoi tiennent les destinées humaines et quelles faiblesses se logent dans notre pauvre cœur ! Je me sens très-vivement intéressée et je suis avec une sorte d'angoisse les péripéties voilées de ce petit drame intime qui se joue sous mes yeux.

J'ai rencontré hier, dans les rues de Randergast, Philémon et Baucis. Ils m'ont appris une nouvelle qui m'a tristement impressionnée. Lucile a pris froid en sortant d'un bal et elle est très-mal d'une fluxion de poitrine. On attend avec impatience ce neuvième jour qui, dans ces sortes d'affections, est d'une si haute importance. J'ai fait promettre à mes vieux amis de m'en donner des nouvelles. Des liens mystérieux nous attachent à ceux que nous avons toujours connus. L'ami d'enfance, quelque peu de sympathie que nous puissions éprouver plus tard pour son caractère, a toujours sur notre cœur ce droit d'ancienneté qui seul devient presque un sentiment.

La fraîcheur éphémère qui colore, ce printemps, les joues de Marthe pâlit singulièrement, mais personne ne paraît s'en apercevoir. Elle se plaît beaucoup aux Landiers, elle ne les quittera que le plus tard possible. Cela se comprend, car pour elle la vie de famille qu'on mène aux Landiers est remplie de charme.

Ces quatre charmantes filles avec leur grâce, leur gaieté, leur esprit, leur jeunesse, mettraient en fuite les plus noires tristesses. Et cependant maintenant tout est bien changé. La gaieté est plus apparente que réelle, et si tout paraît exactement semblable à la surface, la paix véritable n'en est pas moins profondément troublée. Des ombres planent au-dessus du vieux toit hospitalier.

La santé de Marthe n'inquiète personne en général, et au fond inquiète tout le monde en particulier, et puis il y a l'autre chose mystérieuse qui devient de jour en jour plus évidente pour moi.

Enfin j'attends, j'espère et j'essaye de me figurer que ma perspicacité se trouvera cette fois en défaut.

M. Déblin est veuf, Lucile est morte de son imprudence. Toute cette journée, son souvenir a accompagné mes pas, a hanté mon esprit. Je la revoyais enfant, j'assistais à nos jeux, à nos disputes, à tout ce que nous avons fait, dit et vu ensemble. Je me sentais triste et je n'ai pu me décider à aller faire ma visite aux Landiers. Marie, Anne et M. Georges sont venus le soir s'informer de la raison qui m'avait retenue à la Maraudière. Ils l'ont comprise, et avec un tact et une délicatesse dont je leur ai su gré, ils n'ont rien dit des faiblesses de cette pauvre Lucile qui leur était pourtant profondément antipathique. Les morts ont droit à l'indulgence des vivants et je ne connais rien de douloureux comme d'entendre attaquer inutilement une mémoire. Il est toujours lâche d'attaquer les absents, on doit d'autant plus respecter ces absents pour l'éternité.

Joseph craint de ne pouvoir quitter Alger l'année révolue. Sa mauvaise conduite passée pèse lourdement sur ses projets d'avenir. L'administration l'a mis de côté comme un rouage inutile, comme un membre gangrené, et elle ne revient pas facilement de ses préventions. Je lui ai écrit une lettre réconfortante. Je crains beaucoup le découragement pour cette âme qui trébuche encore en avançant péniblement dans le chemin du bien. Je me suis donné un auxiliaire dans Arthur. Il me tient au courant de la santé de son père et il est bien entendu entre nous que, quand Joseph souffre, Arthur laisse de côté toute récréation pour tâcher de l'égayer un peu. Cet enfant possède à un haut degré l'intelligence du cœur.

Décidément on souffre beaucoup aux Landiers, et on ne dissimule plus autant cette souffrance intime. Le malaise gagne tout le monde, car tout la monde sait maintenant, à n'en plus douter, que M. Georges aime Marie et non point Hermine. Il s'est trompé. Quand il a fait l'été dernier la connaissance de ses cousines, il s'est épris de la beauté d'Hermine et il s'est probablement hâté de la demander à sa mère. Pourquoi le mariage ne s'est-il pas accompli, je l'ignore, mais son séjour prolongé aux Landiers, cette vie intime de la campagne, lui ont fait connaître Marie. Hermine est remarquablement belle, mais elle est d'un caractère froid et son esprit est assez insignifiant. Marie, au contraire, a l'esprit distingué, fécond, le caractère charmant, et de près la physionomie la plus séduisante qui se puisse imaginer. M. Georges a, comme elle, le goût des choses de l'esprit. Il rêve d'aller s'enfermer dans une terre au milieu de landes qu'il veut faire défricher ; il aime l'agriculture, il veut la pratiquer sur une large échelle puisque sa fortune le lui permet ; c'est un homme entreprenant, actif, hardi. Il lui faut une femme comme Marie. Marie, qui est froide dans le monde, est ravissante dans l'intérieur de la famille; elle a une intelligence pleine de ressources qui donnerait la vie à la solitude elle-même, et elle possède précisément les facultés que M. Georges aime à trouver dans une femme. En la voyant tout conduire aux Landiers avec une sagesse et une fermeté très-remarquables, s'intéresser aux moindres détails de la ferme sans rien perdre de sa grâce et de son exquise distinction, il a pensé lui-même qu'il s'était trompé, et il s'est arrêté effrayé.

Marie a deviné tout de suite le péril de la situation. Je l'ai vue mettre tout en œuvre pour repousser ce cœur qui penchait vers elle, et c'est même le changement subit de ses manières avec son cousin qui m'a mise sur la voie. Tous ses efforts ont été inutiles. Cela s'est fait insensiblement, mais cela s'est fait et les voilà tous malheureux.

Georges essaie de donner le change et souffre de cet étrange tiraillement; Hermine souffre de l'abandon qu'elle commence à pressentir, Marie souffre plus cruellement encore. Mme des Landiers me paraît aussi très-affligée. Elle est devenue très-froide pour son neveu, qu'elle congédierait volontiers, je crois, si Marthe ne s'obstinait à rester aux Landiers. Je la surprends parfois regardant Hermine avec des yeux pleins de compassion. Elle soupire aussi en regardant Marie. Mais peut-on raisonnablement lui en vouloir? Peut-on lui reprocher une conquête qu'elle est sincèrement désolée d'avoir faite?

Laure a passé la journée avec moi, et nous avons fait une visite aux Landiers. Elle a été frappée du changement de mes voisines. Hélas! on ne rit plus autant aux Landiers. Georges devient de plus en plus taciturne, Hermine de plus en plus préoccupée, Marie de plus en plus triste. Elle ne m'a rien confié encore, mais je devine ses fatigues, son découragement. Il est pénible de lutter avec son propre cœur, et, je ne le devine que trop, il y a lutte pour elle aussi. Je me demande comment tout cela finira. Esclave de la parole donnée, M. Georges épousera-t-il Hermine? Esclave de son cœur, demandera-t-il Marie?

Ce matin, j'ai rencontré Hermine qui se rendait seule à l'église. Elle m'a paru très-grave, très-abattue même. Comme cette pâleur mate lui va bien! Elle est vraiment bien belle en ce moment.

Georges est parti. Maintenant on essaie d'oublier, de regarder comme tout à fait évanouis les nuages qui s'étaient amassés sur le ciel. Vains efforts! le malaise dure. Personne ne reprend bien franchement sa gaieté. Ce qui pourrait arriver de plus heureux, c'est que ce malencontreux prétendant ne se représentât plus.

Les cœurs blessés se guériraient-ils?

Le temps est un grand médecin, et il doit être souverain contre les chagrins de cette nature.

Par un hasard très-extraordinaire, j'ai trouvé Marie seule. Elle était pensive, préoccupée, et devant moi elle n'a pas eu le courage de feindre d'être gaie. Elle m'a ouvert son cœur, elle m'a tout raconté. J'avais deviné tout cela, et j'avais même, plus qu'elle peut-être, l'intelligence de cette volte-face d'un cœur. Marie ne comprend pas ce qu'elle appelle le caprice et la lâcheté de son cousin, car Marie est modeste et ne connaît pas toute sa puissance sur les cœurs.

Georges, d'après le testament d'un oncle qui lui a légué sa fortune, ne pouvait se marier qu'à vingt-huit ans. Voilà trois mois que ce terme, attendu pour son mariage avec Hermine, est expiré, et il garde un silence qui retentit douloureusement dans le cœur de tout le monde.

Vraiment le néant est au fond de toutes les affections purement humaines.

———

Les Landiers sont redevenus déserts, et je retombe lourdement dans ma solitude.

Marthe a eu une crise, et son frère effrayé s'est résolu à partir tout de suite pour Nice

Tout est donc ajourné naturellement, et je ne suis pas fâchée que cette petite trêve permette à Marie de respirer. Je regrette doublement qu'elle me quitte en ce moment; mais la saison a comme un redoublement de rigueur. Après quelques semaines d'air attiédi et de jours lumineux, nous revenons au froid, à la brume, aux pluies pesantes et continues. Mon père et moi avons repris nos lectures du soir au coin du feu, absolument comme si nous recommencions l'hiver. On ferme de bonne heure les volets ; la lampe est allumée, le feu brille, et l'on se croit en décembre. Claude est furieux et lève vers le ciel grisâtre des yeux louches dans lesquels se peint un véritable désespoir.

J'ai reçu un bouquet d'Alger, un bouquet qu'avaient arrangé les mains d'Arthur. Ce message embaumé m'a profondément émue. Il me prouve une fois de plus que ce petit cœur d'enfant pense sans cesse à moi. La tendresse qu'il portait à celle qui n'est plus se déverse naturellement sur la seule femme de sa famille qu'il connaisse particulièrement. Nous n'avons pu voir le voyageur qui s'était obligeamment chargé de la petite boîte, mais il a dit à Laure que c'était Arthur, qui, en l'entendant annoncer son voyage en Bretagne, s'était écrié : Il n'y a pas encore de fleurs à la Maraudière, je veux en envoyer à ma tante. J'ai détaché de ce bouquet quelques belles fleurs et je les ai envoyées à Marie. Elle aime passionnément les fleurs et elles sont encore si rares.

Nous sommes menacés de la visite de ma cousine Zoé, que la vieillesse saisit tout à fait, et qui a la bonhomie de s'en prendre au froid, au brouillard, au climat. Elle prétend que l'air pur de la campagne lui ferait beaucoup de bien, et mon père, avec sa bonté ordinaire, l'a engagée à venir passer quelques semaines à la Maraudière. Mais, je me demande, non sans effroi, ce que je ferai de ma cousine Zoé à la Maraudière. Tout ce qui nous manque en comfort moderne me saute maintenant aux yeux. Les croisées ferment mal, puisque les rideaux s'agitent; notre salle à manger est carrelée, pas un meuble de velours pour reposer les yeux, pas une chinoiserie pour égayer le regard, pas une sculpture, pas une mosaïque. Mais ma cousine Zoé dépérira dans ce salon sans tentures; mais elle gèlera dans ce lit sans baldaquin, dans cette chambre sans tapis! Je suis vraiment à l'avance bien embarrassée de cette chère vieille parente que son trop grand amour du bien-être a par trop amollie et a affaiblie avant l'heure.

M. Georges a reparu dans la famille des Landiers. Marthe a désiré faire une halte de huit jours chez une de ses parentes, et il est revenu sous le prétexte de terminer je ne sais quelle affaire. Sa présence a ravivé toutes les blessures. Il n'y a plus l'ombre d'une guérison à espérer. Devant lui on a affecté la plus parfaite indifférence; lui reparti, le malaise s'est remontré plus grand. Hermine, que j'ai rencontrée hier à Randergast, continue à pâlir et à changer. Au fond, c'est elle la plus malheureuse, elle qui est véritablement sacrifiée, et l'amour-propre qui ne meurt pas vite en nous doit ajouter sa blessure à la peine plus sensible du cœur. Toutes ces choses se passent dans les régions intimes, et dans dix ans nous nous demanderons peut-être si nous n'avons pas rêvé. Quand les passions sont en jeu, il arrive un moment où elles se montrent, le moment de l'explosion. C'est cette heure pendant laquelle s'est jouée une scène suprême qui s'inscrit dans la mémoire en caractères ineffaçables. La mémoire se rappelle un cri, une larme, l'impression de la douleur qui se voit, qui se sent, qui se manifeste au dehors ; on oublie la douleur muette, dissimulée, et on finit par se demander si elle a vraiment existé.

Presque à chaque heure du jour nos impressions varient. Notre âme est un peu comme la harpe éolienne, dont les cordes vibrent suivant le caprice des vents. Elles sont toujours frémissantes, mais quelle différence entre leurs accords ! la note éclatante succède à la note plaintive ; elles chantent et elles soupirent, et personne ne peut dire ce que sera la prochaine vibration. Ce matin, j'ai commencé, dans la plus heureuse disposition, une délicieuse promenade. Claude allait visiter sa fille qui habite du côté de la mer, à une lieue de la Maraudière, et j'étais partie avec lui. J'avais laissé mon père fort occupé de la construction d'une petite serre qu'il désirait depuis longtemps ; je me sentais le cœur léger, je ne savais trop pourquoi. Nous avons traversé les prairies embaumées, des sentiers tracés tout contre des fossés verts et pleins de murmures. Ce chemin de traverse ne fatiguait pas. Arrivée sur une hauteur, j'ai laissé Claude descendre seul, vers le village qu'habite sa fille. Je voulais m'arrêter là pour jouir le plus longtemps possible du beau paysage qui se déployait devant moi. Au delà des coteaux bleus, j'apercevais la mer. L'atmosphère était si pure, que de la distance où j'étais je voyais les vagues onduler et confondre leurs crêtes blanches d'écume. De légers bateaux à voiles passaient poussés par une forte brise qui leur donnait une allure rapide et pleine de grâce. Je serais restée en cet endroit deux heures sans fatigue, sans souci, le cœur rempli de pensées bonnes et riantes qui naissaient en foule devant ce frais tableau.

Une femme a passé, revenant du village dont je voyais le toit fumer. C'était une de mes connaissances, la nourrice d'Anne des Landiers. Je l'avais rencontrée au presbytère, aux Landiers, à la Villeormond. J'aimais à l'entendre parler son énergique patois. Elle a beaucoup d'esprit naturel, cette paysanne; sa gaieté, sa verve, son entrain, étaient inépuisables. Quand je voulais me représenter le bonheur dans l'obscurité, dans la pauvreté relative, je pensais à elle. Cette femme heureuse s'est arrêtée devant moi. Sa figure hâlée était morne, son œil hardi éteint, elle marchait courbée, et pourtant ce jour-là elle n'avait pas son lourd fardeau, son paquet de linge mouillé. Hélas ! elle portait un fardeau mille fois plus pesant, car c'était son cœur et non son corps qui le portait. Elle avait vu mourir un de ses enfants, le frère de lait d'Anne, un beau garçon qui touchait à ses vingt ans. Devant cette mer doucement agitée, sous ce ciel d'azur, au milieu des émanations embaumées, des bruits charmants, des gazouillements, elle m'a raconté une agonie, elle m'a peint les souffrances de son fils, sa mort, son deuil à elle, ses regrets qui vivront ce qu'elle vivra, elle a pleuré, elle a gémi, elle a exhalé une fois de plus sa douleur librement, simplement, mais éloquemment. Je l'écoutais, profondément attendrie, je la laissais parler et pleurer. Tout ce que j'aurais pu dire, elle le disait, car sa résignation égalait sa douleur. Elle m'a quittée en murmurant un adieu dans un sanglot. J'ai regardé machinalement autour de moi. Il n'y avait pas un nuage au ciel, pas l'ombre de brouillard sur la mer, pas un bruit discordant dans les prés, tout bruissait joyeusement, tout chantait plus joyeusement encore. Et cependant il me semblait qu'un voile venait d'être tendu sur ces beautés. C'est qu'au dedans de moi la voix tranquille et heureuse s'était tue, cette femme venait de me rappeler d'une manière saisissante que le malheur, pareil à un funèbre oiseau de proie, plane toujours sur nos têtes. Que le ciel soit pur ou chargé, la nature riante ou agonisante, l'air tiède ou glacé, le malheur peut fondre sur nous, faner les fleurs, éteindre les rayons, ternir l'azur, effacer les sourires. Cette impression nouvelle domina tout. Je me levai et marchai, les yeux baissés, ne voyant, ne regardant plus rien. Un peu plus loin je trouvai une grande croix solitaire, plantée en face de la mer, sur un terrain vague où fleurissaient d'éclatants coquelicots. Je m'agenouillai auprès et je pleurai. Ces larmes m'oppressaient la poitrine, il fallait qu'elles coulassent. Que de larmes ne répand-on pas ainsi dans le secret de son cœur ! Il y a vraiment en nous une source de tristesses mystérieuses qui expliquent mieux que toute autre raison peut-être notre qualité d'exilés

Quand la vie est triste, pesante, le repos incertain, quand le bonheur paraît impossible, on pleure, fût-ce sur le malheur des autres, et on aime à se prosterner devant la croix avec cette admirable prière de Mme Swetchine sur les lèvres : « Mon Dieu, je me jette à vos pieds à corps et âme perdus. »

J'ai reçu ce matin une lettre de Marie des Landiers, une lettre comme elle en sait écrire, longue, intime, confidentielle, une âme qui parle à une âme. En recevant de pareilles lettres on se sent très-aimée, et il est bien doux de se sentir aimée. J'ai eu toute la journée cette lettre dans les mains. Mon père souriait en me voyant déployer ce papier couvert d'une écriture très-fine. Les hommes ne connaissent pas beaucoup ces plaisirs intimes de la correspondance ; du moins il n'y a guère que les esprits d'élite qui sachent les goûter complétement. Les femmes, au contraire, aiment à écrire, bien ou mal ; il n'est pas de femme qui, dans sa jeunesse, n'ait noirci peut-être bien inutilement plusieurs rames de papier à lettres. Mon père, qui est très-bon, a saisi cette occasion pour me faire l'éloge de Marie: « Il y a en elle l'étoffe d'une femme supérieure, » m'a-t-il dit. C'est vrai.

Laure est venue passer la journée d'hier avec nous. Mon père étant au presbytère, nous nous y sommes rendues dans l'après-midi. C'était un jour de petite fête, et il y avait du nouveau dans le bourg. Une espèce de jongleur ambulant y était arrivé, et commençait au son d'un fifre la séance qu'il se proposait de donner. Il l'intitulait : « Séance physique. » Je ne sais quelle folle envie nous prit d'aller voir ce physicien pour rire. Le mari de Laure, qui est la complaisance même, nous proposa immédiatement de nous accompagner dans la salle d'auberge où montaient tous nos paysans. On nous a introduits dans une salle enfumée. Les hommes fumaient, causaient, faisaient un tapage assourdissant ; les femmes, qui avaient repris leurs habits de travail, jacassaient dans un coin. Au fond de l'appartement était placée une table couverte de cartes crasseuses, de boites éventrées, de verres ébréchés, de papiers graisseux, et derrière cette table se tenait le jongleur. Quel être ! Des jambes cagneuses, un dos arqué, une taille exiguë, un visage flétri, hideux. Des cheveux sales et crépus entouraient ce visage repoussant ; les yeux étaient ternes, mais s'allumaient parfois de la plus terrible façon. Un rire idiot sortait souvent de sa bouche, sur laquelle retombaient dés moustaches rousses. Cet homme devait sortir des bas-fonds de quelque grande ville, et il formait avec nos paysans les plus pauvres un contraste frappant. Il y avait là plus d'un pâtour déguenillé, plus d'un homme misérable ; mais la santé, l'honnêteté native, l'habitude du travail, se lisaient sur ces figures grossières ; ils étaient laids, pauvres, mais non point dégradés.

La séance a commencé. L'affreux homme a pris pour

compères deux gamins à la mine éveillée. Ces deux figures rondes et fraîches avec leurs yeux brillants, leurs dents de perle, faisaient ressortir encore davantage la laideur ignoble du malheureux jongleur. Celui-ci hésitait, et bientôt les spectateurs ont élevé la voix pour se plaindre. On lui a dit brutalement son fait. Ses yeux noirs étincelaient de fureur, et il jetait sur les interrupteurs un regard chargé de haine. Enfin il se décida à aborder ses grands tours, qui n'avaient absolument rien d'intéressant. Laure à laquelle cet homme causait une impression désagréable, voulait partir dès le commencement. Je l'ai retenue. Le spectacle était absurde ; mais cette salle nue, éclairée par quatre longues chandelles de suif, dont la lumière donnait sur des visages vulgaires, animés par la curiosité et étincelants de gaieté, présentait un coup d'œil des plus étranges.

En sortant de là, nous échangeâmes une foule de réflexions sur la différence profonde qui existe entre le vrai peuple, le peuple religieux, travailleur, honnête de la province, et cette populace effrontée, abaissée, qui se cache dans les bas-fonds des villes. Je parlai de mon dernier voyage et de l'effet qu'avaient produit sur moi des chanteuses dont nous n'avions pu éviter la société en wagon. L'une jeune, jolie, ébouriffante, voyageait en première classe ; nous nous trouvâmes en seconde avec sa femme de chambre, une femme sale, laide, noire, dont le chapeau crasseux était sans cesse repoussé en arrière, tant les bandeaux crépus qu'il recouvrait se gonflaient parfois sous les doigts épais qui y fourrageaient. Devant cette femme de chambre repoussante, se trouvait une chanteuse de second ou de troisième ordre, une Thérésa pauvre et nomade dont la vue seule soulevait le cœur de dégoût. Laide, vieille, mais horriblement prétentieuse et maniérée, elle me fit presque trouver sa voisine supportable. Je n'oublierai jamais ce chapeau bleu-de-ciel, horriblement fané, garni de blonde jadis blanche, posé sur des cheveux jaunes dont les mèches indisciplinées se collaient sur un cou flétri, ce visage malpropre, ces yeux éraillés si curieux, si hardis. Cette horrible femme était comme enveloppée d'un nuage de parfums rances à donner des nausées.

Leur conversation ne démentit pas l'opinion que je concevais de leur personne. L'une parlait d'elle-même, l'autre de sa maîtresse qui allait remplacer dans un théâtre voisin la première chanteuse tombée de son piédestal.

— Dame ! disait-elle, cette chanteuse-là bisquera, mais il faudra bien qu'elle cède la place à madame.

Elles parlèrent aussi cuisine. Le chapeau bleu-de-ciel traitait son gosier avec un respect vraiment comique. Elle énumérait les boissons et les aliments qui lui paraissaient échauffants pour la gorge, ce qui ne l'empêchait pas d'avoir un très-grand faible pour la bouillabaisse que sa voisine, dont l'accent était très-méridional, déclarait savoir faire dans la perfection. Le chapeau bleu-de-ciel s'étonnait seulement qu'à Marseille même ce mets exquis restât si cher. Après s'être proposé à elle-même plusieurs solutions, elle trouva cette magnifique supposition :

— Mais on ne pêche peut-être pas de poissons dans la Méditerranée ! dit-elle tout à coup.

La femme aux cheveux crépus rit grossièrement de cette idée, et par un revirement soudain on passa des choses de l'estomac à celles du cœur. Le chapeau bleu-de-ciel n'avait qu'un amour sur la terre : sa chienne, dont les employés du chemin de fer avaient eu la barbarie de la séparer.

— C'est mon enfant, disait-elle avec emphase, je la nourris délicatement : quand elle est malade, je la soigne comme une personne ; bains, cataplasmes, remèdes, rien ne lui manque.

Après cette profession de sentiment, je compris pourquoi à chaque station elle restait penchée à la portière, sifflant, parlant, formulant des mots tendres qui devaient arriver, pensait-elle, au wagon où étaient enfermés les chiens.

Nous nous empressâmes de descendre à la première station. Voyager plus longtemps en pareille compagnie eût été un véritable supplice moral. Maintenant que je connais le peuple des campagnes, je fais des rapprochements qui sont tout à son honneur. Certes il a ses défauts, ses vices, mais quelle différence cependant ! Souhaitons ardemment que jamais nos populations saines, énergiques, croyantes, ne se mêlent à ces gens dont la vue soulève le cœur, dont le langage révolte et blesse cruellement les oreilles, gens sans feu ni lieu, sans foi ni loi, sans famille, sans cœur, sans entrailles. Plèbe vraiment vile, qui n'a ni l'instruction qui élève, ni l'ignorance naïve qui sauvegarde ; membres du monde interlope que méprise le dernier de nos paysans. Une seule chose pourrait les faire prendre en pitié : c'est l'amère tristesse de leur destinée. Il n'y a pas une pauvre chrétienne de nos environs dont la vie ne me paraisse pleine de consolations auprès de la vie de cette chanteuse sans jeunesse, sans voix et sans croyances.

Je suis pour quelques jours chez Laure. Mon père m'a positivement renvoyée de la Maraudière. Il m'a recommandé de profiter des derniers beaux jours pour faire ma dernière visite de cette année à la ville, et j'ai obéi. Ce qui fait rompre momentanément les relations de société et les amitiés sans consistances me rapproche de Laure avec qui j'aime à partager les devoirs et les fatigues de la maternité. Nous passons une grande partie de notre temps dans la chambre où se trouve le berceau d'Emmanuel. J'aime à le tenir sur mes genoux, à le balancer dans mes bras. Son père prétend que j'usurpe ses droits ; mais il me laisse faire. Je passe aussi régulièrement certaines heures à l'église. Je me fortifie par la prière et la méditation. Pour aller à notre petite église, il faut faire une route charmante l'été, mais très-fatigante l'hiver. Je n'ai pas le courage de Jeannette que, ni la pluie, ni la boue ne rebutent. A la campagne l'éloignement de l'église est une tristesse. Dieu est partout, c'est vrai ; mais combien il est plus près de nous dans ses temples, dans le tabernacle eucharistique ! Là du

12.

moins l'âme peut s'isoler un peu de ce qui l'entoure et s'élever librement vers l'infini. Ailleurs, il faut avoir atteint un haut degré de perfection pour que les distractions du dehors n'aient pas le pouvoir de troubler la prière. Ici je choisis le plus souvent les heures où il y a peu de monde. Ce matin je suis arrivée tard dans la chapelle qui a mes préférences, elle était vide ou à peu près. Un vieux prêtre aveugle disait la messe, et, comme il est très-lent, peu de personnes aiment à la suivre. Cette solitude convenait beaucoup à la disposition d'esprit dans laquelle je me trouvais ; le calme et le silence d'ailleurs donnent de véribles ailes à l'âme. La messe finie, je me suis trouvée seule, avec quelques pauvres. La vue des pauvres à l'église m'a toujours touchée. C'est le seul lieu de ce monde d'où ils ne soient pas repoussés, et puis ils sont sûrs de n'inspirer à Celui qu'ils visitent, ni répulsion, ni impatience, ni dégoût. Instinctivement ils le sentent, ils se trouvent là chez eux, et cela se voit à leur allure, à l'expression de leur physionomie. Le vieux pauvre placé devant moi ce matin était à peindre. L'espace ne manquait pas, et il s'était bien commodément établi. Auprès de lui étaient jetés sa besace, son bâton à nœuds, le morceau mou de feutre noir qui lui servait de coiffure. Ces belles dalles polies lui paraissaient de velours auprès du pavé humide et irrégulier de la rue et il se prélassait dessus. Assis sur ses talons, sa tête blanche levée vers la statue de la sainte Vierge qui domine l'autel, ses mains jaunes et sèches jointes avec ferveur, il priait, et sur sa figure ridée il y avait un contentement, un repos, une confiance qui ne se voit pas toujours sur des visages d'hommes puissants et réputés heureux. Cela paraît étrange à dire, mais c'est parfois du cœur des déshérités des biens de ce monde, du cœur de ceux qui semblent voués fatalement, ou plutôt providentiellement, à porter pendant le cours de leur misérable vie le fardeau de l'expiation de la faute originelle, que s'échappent les prières les plus ferventes et les plus reconnaissantes. L'ingratitude du riche envers l'Auteur de tous les dons se trouve ainsi compensée par la soumission du pauvre qui espère les joies du ciel et qui a une foi inébranlable dans le repos d'une heureuse éternité.

Je me livre plus que jamais aux occupations du ménage, et, grâce à mes soins vigilants, notre petite maison est d'une propreté réjouissante. On s'y promène avec plaisir, rien n'y choque le regard ; pour arriver à ce degré Jeannette et moi faisons des prodiges. Ce genre de travail qui consiste à faire la cuisine de mes propres mains, à laver parfois sur la margelle du puits, à voyager partout l'époussette à la main, pendant que la vieille Jeannette lave et frotte ailleurs, est pour moi une sorte de distraction. Lire, broder et coudre peuvent éloigner l'ennui, mais non point le renvoyer quand il est venu. Quand il frappe à la porte de la Maraudière, je prends, sans métaphore, un balai pour l'en chasser. J'ai toujours sous la main une occupation toute pleine d'une fatigue salutaire, et une heure passée dans un travail vulgaire, mais utile et qui exige le déploiement de mes forces physiques, me rafraîchit, dissipe comme par enchantement les préoccupations, fait envoler les papillons noirs.

Mlle de la Villeormond m'accuse d'avoir une propreté minutieuse. « Je n'aime pas les minuties, » disait-elle, l'autre jour. Son neveu s'est mis à rire.

— Ma tante n'aime jamais que ce qu'elle fait, a-t-il dit confidentiellement, et elle vous trouve toujours d'une rare élégance. Ce n'est pas pour dire du mal d'elle ; mais, depuis que nous habitons la campagne surtout, elle devient sale comme un peigne.

Je suis encore tout émue de la surprise que j'ai éprouvée ce matin. Je faisais la paresseuse, me sentant une grande disposition pour le rhume, et je songeais, frileusement enfoncée jusqu'au menton dans mes couvertures, quand ma porte s'est vivement ouverte.

Je n'ai pas levé les yeux et j'ai demandé :

— Quelle heure est-il donc, Jeannette ?

On n'a pas répondu, j'ai senti des lèvres fraîches se poser sur ma joue et j'ai ouvert brusquement les yeux. Marie des Landiers était là souriante, fraîche, enchantée de pouvoir jouir pleinement de mon ravissement.

Elle a retiré son chapeau et s'est assise sur mon lit. Nous avons causé longtemps. Peu à peu sa physionomie a perdu sa gaieté. Au fond du cœur elle éprouve d'amères tristesses, c'est pour pouvoir me les confier qu'elle a désiré accompagner Mme des Landiers aux Landiers, où sa présence était nécessaire pour vingt-quatre heures. Hermine est toujours morne, Georges toujours malheureux.

— Nous ne pouvons vivre longtemps comme cela, me disait-elle en se couvrant le visage de ses deux mains. A son retour ou il épousera Hermine, ou nous ne le reverrons plus.

— Mais cela ne rendra pas la tranquillité à Hermine, lui ai-je dit.

— C'est vrai, a-t-elle répondu, et elle a ajouté : C'est à moi à me sacrifier, je me sacrifierai.

Je l'ai pressée de questions, elle n'a pas voulu me répondre tout de suite, elle m'a seulement dit en m'embrassant avant de repartir :

— Si j'étais mariée, Georges reviendrait certainement à Hermine : attendez-vous donc à entendre annoncer mon mariage.

J'ai revu Marie au presbytère. Je l'ai rencontrée dans la tonnelle où elle était assise d'un air accablé. Elle était pâle, et elle avait cependant l'air résolu.

— Ne me parlez pas, chère, m'a-t-elle dit en me serrant la main, mon mariage s'arrange, je souffre horriblement, et le son sympathique de votre voix seul, me ferait pleurer.

Je suis très-inquiète de ces demi-confidences et surtout de l'air malheureux qu'a ma pauvre Marie. A quel mariage son héroïsme la pousse-t-il donc ?

Je sais tout, et je suis attristée, confondue, désespérée. Marie, ma charmante, ma spirituelle Marie, épouserait M. de la Villeormond ! Cela ne devrait pas être dans les choses possibles, et cependant il est sérieusement question de ce mariage. Madame des Landiers ayant prolongé son séjour de quelques heures, j'ai pu aller rendre sa visite à Marie, cet après-midi. Elle était triste, mortellement triste. Nous avons tisonné presque sans rien dire. L'aboiement d'un chien dans la cour nous a fait nous déranger.

— Il me semble que je connais cette voix de chien, ai-je dit à Marie en me dirigeant vers la fenêtre.

J'ai en effet reconnu Stop, le chien courant favori de M. de la Villeormond.

— C'est le chien de M. de la Villeormond ! ai-je ajouté. Son maître ne doit pas être loin.

En disant cela, mon regard s'est levé par hasard sur la figure de Marie. J'y ai vu une telle impression d'ennui, de chagrin, de désolation, que je me suis involontairement écriée : « Ce n'est pas lui, n'est-ce pas ? » Elle a baissé la tête, a longuement soupiré et a dit : « C'est lui ! » J'étais à la fois confuse et irritée, je n'osais ni lui parler ni la regarder. Elle m'a pris le bras.

— Venez dans ma chambre, m'a-t-elle dit, votre visite me délivre de la sienne, montons.

Nous sommes remontées, et elle m'a tout dit. Pour ramener Georges à Hermine, il faut qu'elle se marie ; M. de la Villeormond la demande en mariage, elle cherche à se faire à l'idée de l'accepter. Il a extérieurement tout ce qui convient à sa famille, il est gentilhomme, il a une fortune solide, des principes et des opinions qui semblent conformes aux leurs, c'est un honnête homme, c'est plus, c'est encore un chrétien.

— Vous voyez, il ne lui manque rien, m'a dit Marie, non sans amertume.

Nous nous sommes regardées tristement. Ce long regard disait bien des choses, il disait ce qui manquait à M. de la Villeormond, pour qu'il pût paraître digne d'épouser Marie : la délicatesse et l'élévation des sentiments, la distinction des idées et des manières, un peu plus d'esprit et aussi un peu plus de cœur.

— Vous comprenez que je ne puis prendre tout de suite une pareille décision, m'a dit Marie ; priez pour moi, et si ce mariage doit rendre la paix à ma sœur, qu'il s'accomplisse.

Je l'ai quittée la mort dans l'âme. En retournant à la Maraudière, nous avons rencontré Stop et son maître. La gaieté toujours un peu grossière de M. de la Villeormond m'a fait mal, je suis restée en arrière ; mais j'entendais sa conversation avec mon père, et je me sentais envahir par une grande tristesse. Un mariage peut-il être heureux avec une telle disproportion morale entre les gens ? Tous les défauts de M. de la Villeormond me revenaient en mémoire. S'il était seulement inférieur comme esprit et comme manières à sa femme, cette dernière pourrait réformer, adoucir, changer. Mais non, c'est une nature commune, solidement plantée dans la conscience de sa propre importance. C'est aussi une nature égoïste, il n'a jamais devant moi prononcé un mot qui parût l'expression d'un regret pour les parents qu'il a perdus, d'un souvenir pour les amis dont il vit séparé. Son affection pour sa tante est plutôt une habitude qu'un sentiment, et la façon dont il parle d'elle le prouve surabondamment. Chez lui et autour de lui, tout se rapporte à lui. Marie ne changera pas cela et elle en souffrira cruellement. Quand je pense à ce mariage, il me semble que je fais un mauvais rêve.

M. de la Villeormond sort d'ici. Il y a dans son air je ne sais quelle recrudescence de contentement qui me fait trembler. Car je ne puis pas me figurer Marie des Landiers heureuse avec un homme de cette espèce. Je l'étudie, je le tourne, je le retourne, je ne me heurte qu'à des vulgarités. Il a été mal élevé, c'est vrai ; il a été livré à une société qui n'était pas celle dans laquelle il devait vivre mais il s'y est trouvé à l'aise, comme chez lui ; il a les instincts peu délicats, les sentiments peu élevés. Autrefois, ce genre d'hommes pouvait avoir une certaine valeur dans les rangs d'une certaine société. On se battait bien à la guerre, on cultivait honorablement les champs paternels. Mais je ne vois pas que M. de la Villeormond ait gardé intactes ces vertus d'un autre siècle. Il vise même à l'homme moderne. Il lit... tous les mauvais romans qui paraissent, il aime l'argent, et il répète sans intention positivement mauvaise, mais très-sottement, tous les mensonges qui se fabriquent de nos jours sur les questions religieuses. S'il perdait le respect traditionnel de ses pères pour les grandes causes, que lui resterait-il cependant? Rien.

Mon Dieu! je voudrais concevoir une meilleure opinion de lui. Je voudrais découvrir en lui une corde muette que le doigt de Marie pût un jour faire vibrer. Je n'en trouve pas. Marie est trop distinguée pour lui. L'infériorité morale de son mari sera pour elle une source d'intimes souffrances. Elle a heureusement une foi vive et ferme. Sans religion, ces souffrances se supportent mal ; mais avec la foi tout se supporte, et son ancre de salut sera là. Je me dis toutes ces choses, je me reproche parfois l'exagération de ses propres craintes, et cependant, jugeant de Marie par moi-même, je me dis que je ne serais pas heureuse avec M. de la Villeormond et sa tante. Ces préoccupations intimes dont je ne puis faire part à mon père, qui n'est dans aucune confidence, jettent mes idées sur une pente assez dangereuse pour mon repos. Qu'ai-je, en effet, à démêler avec les grandes questions de destinée, de mariage, d'avenir? Ma mission ici-bas m'a été, pour ainsi dire, providentiellement tracée. Je dois être une fille dévouée, rien de plus. Je n'ai pas de fortune, je ne vois personne, et les

13

partis qui pourraient me convenir ne me conviendraient pas. Je dois donc accepter courageusement cette destinée un peu sévère, et pour cela donner à mon esprit, à mon imagination, à mes pensées, une certaine direction. N'ayant rien à attendre des bonheurs terrestres si mélangés d'amertume, hélas ! je dois regarder plus souvent du côté du ciel. Et c'est pour cela que je fortifie mon esprit par des lectures sérieuses et que j'écarte avec soin les lectures amollissantes ou perfides. Mais ces mesures de prudence sont sans cesse battues en brèche par ceci, par cela. On a beau fermer les yeux, la lumière se montre.

Depuis que je m'apitoie sur le sort réservé à Marie des Landiers, depuis même que j'ai été mise au courant de ce petit drame de famille commencé l'hiver dernier, la folle du logis fait plus d'une excursion dans les régions qui lui ont été interdites par le Jugement et par la Volonté. Aujourd'hui, elle se démenait outre mesure. La vue de M. de la Villeormond l'avait irritée, et elle ne voulait rien moins que se lancer à la recherche d'un mari idéal pour Marie des Landiers. Peu à peu, la question devenait personnelle, le bonheur terrestre s'affirmait, les illusions voltigeaient pareilles à des oiseaux prisonniers dans une cage dont on ouvre tout à coup la porte. Je me suis levée précipitamment, j'ai jeté là l'ouvrage de couture, qui, ne m'intéressant pas assez, devenait par là même complice de toutes ces folies, et je me suis rendue dans la cuisine. C'était un jour maigre, Jeannette avait un front chargé de nuages. Elle plongeait dans un panier rempli d'herbes, des mains agitées,

— Comprenez-vous Claude, mademoiselle? s'est-elle écriée ; il m'a dit ce matin : les herbes poussent, Jeannette; quand vous en voudrez, vous n'aurez qu'à parler. Me voilà enchantée, monsieur n'aime rien tant que la soupe aux herbes, je cours lui demander la permission d'en faire couper, et Claude m'apporte ceci : des feuilles à peine longues, pied et tout, comme mon petit doigt. Je n'aurai jamais le temps de les éplucher pour ce soir.

J'ai immédiatement proposé mes services, ce qui a remis Jeannette de très-bonne humeur. J'ai pris le panier et je suis allée m'asseoir tout près de la fenêtre. Mes doigts ont commencé très-activement leur travail, et puis les pensées un instant mises en fuite sont revenues, elles ont fini par sortir en foule d'entre ces petites feuilles vertes, absolument comme sortaient de la caisse enchantée de la princesse Gracieuse ces légions de petits personnages qu'elle n'avait plus le pouvoir d'y faire rentrer. C'est encore Jeannette qui est venue à mon secours.

— Du train dont vous allez, cela ne sera jamais prêt, m'a-t-elle dit tout-à-coup ; dans une minute je vais vous aider.

Elle est venue, et sa langue a continué d'aller aussi vite que ses doigts. Cette brave fille a l'esprit sensé, le jugement droit; elle n'est ni médisante, ni grossière. Sa conversation a je ne sais quel sel, peu attique, je le sais, mais qui, cependant, ne manque point d'une certaine saveur. Je me suis involontairement intéressée à ce qu'elle disait, et la caisse enchantée s'est trouvée refermée tout naturellement.

———

Mon père a reçu ce matin une nouvelle lettre de ma cousine Zoé. Depuis son départ de notre maison, c'est la seconde fois qu'elle nous donne signe de vie. Les rhumatismes dont elle souffre souvent l'empêchent d'écrire, dit-elle. Ses idées de villégiature lui ont passé. Elle ne peut concevoir comment nous pouvons continuer à vivre à la campagne, elle nous plaint sincèrement et nous demande gravement quand nous aurons fini de bouder le monde. Elle se plaint aussi, et très-amèrement. Elle met tous les signes de vieillesse dont elle souffre sur le compte de sa mauvaise santé et de la rigueur de la saison. Sa vue s'affaiblit, ses douleurs augmentent et elle ne sait pas d'où vient cela. Elle a pourtant renoncé aux robes basses l'hiver dernier, par prudence. Le mot convenance eût mieux valu. Elle a aussi perdu sa petite chienne, cette jolie Finette qui lui tenait si fidèle compagnie. Enfin les malheurs l'accablent tous à la fois. Mon père m'a chargée de lui répondre. Je ne savais que lui dire. Je me sens trop vieille pour elle désormais. Dieu merci, je ne vieillirai pas ainsi. Quand mes cheveux blanchiront, ils ne blanchiront pas sur une tête frivole. La vue des vieilles femmes futiles et coquettes produit sur les femmes jeunes l'effet que devait produire sur les jeunes Spartiates la vue des ilotes dans l'ivresse.

———

Mlle de la Villeormond et sœur Saint-Marcien sont à couteaux tirés. Ma vive voisine ne peut se décider à ne pas s'occuper des affaires qui ne la regardent pas. Elle a fait cadeau à l'église d'un très-bel ornement, mais cela lui donne des prétextes de s'immiscer dans le gouvernement de la sacristie, et comme elle a le sentiment critique très-développé, elle ne laisse plus vivre en paix la pauvre sœur qui se donne tant de mal pour que tout soit bien. Notre curé ne dit rien encore; mais ces petites querelles commencent à l'agacer, et je m'attends un de ces jours à voir exiler Mlle de la Villeormond des lieux où elle sème le trouble et la discorde. Son neveu a toujours l'air content qui m'inquiète si fort, il parle de faire remeubler la Villeormond. Sa demande aurait-elle été agréée? Chaque fois que je reçois une lettre de Marie, ma main tremble.

Mon père, malgré le temps, est allé à Saint-Clément aujourd'hui. Je ne suis pas habituée à voir sa place vide auprès du feu, et, ne pouvant sortir moi-même, j'ai écrit. J'ai écrit à Marie, à Laure, à Arthur. Mes lettres, je le sens, doivent leur paraître bien dénuées d'un certain intérêt. Ce sont les lettres d'une recluse. Mais il y a en nous un monde d'idées et de sentiments, et c'est dans cette source vive qu'on trempe sa plume quand on écrit à des personnes intimes. Maintenant, j'attends mon père en remuant les tisons et n'ayant d'autre compagnie que celle de notre vieux chat. Quand il lève sur moi ses grandes prunelles vertes, je pense qu'il me serait beaucoup plus agréable d'être regardée par des yeux autres que ceux-là. Que n'ai-je devant moi le regard brillant d'Arthur, le regard sympathique de Laure, le beau regard bleu de Marie ! Le cœur ne sait pas se passer de ce qu'il aime, il erre toujours de côté et d'autre quand la solitude se fait trop autour de lui.

———

J'ai surmonté ma répugnance et j'ai repris l'ouvrage qui me permet de faire une étude détaillée des prétendus grands hommes de la Révolution. J'ai voulu les passer tous en revue, et mes opinions se sont affermies. La plupart ne sont que des misérables formés dans la boue qui était remontée à la surface de la société. C'est une cohorte farouche d'ennemis intimes, se faisant successivement guillotiner au nom de la liberté, de l'égalité, de la fraternité. Ils ont surgi un peu partout, audacieux, atroces. Il y a cependant entre ces hommes venus des quatre points de la France des traits généraux qui les font se ressembler. Ils ont presque tous commencé par l'inconduite, la révolte, la honte, le scandale. Leur langage est aussi le même, grossier, trivial, cynique. A la tribune retentissent les mots sonores, les tirades déclamatoires. Hors de là une crudité de langage qui les rabaisse sous le même niveau. Cet écrivain, qui ne peut être suspecté puisqu'il les excuse, met dans la bouche de ses héros des phrases dégoûtantes qui les plongent dans la fange d'où ils sont sortis. Enfin, presque tous encore, après avoir épuisé toutes les ressources de leur puissance éphémère, ont voulu mettre fin à leur vie, quand elle a glissé d'entre leurs mains engluées de sang. Ces grands hommes n'ont pas eu le courage qu'ont montré leurs victimes. Victimes à leur tour, ils ont essayé du suicide. C'est trop. Je ferme ce livre. L'auteur, en terminant déclare gravement que ces catastrophes sociales ont tiré de l'obscurité une foule d'hommes de génie inconnus de la multitude et d'eux-mêmes. « Que fussent devenus sans ces vingt-six années de révolution, s'écrie-t-il emphatiquement, Mirabeau, La Fayette, Dumouriez... » et il ose ajouter : « Danton, Desmoulins, Marat et Robespierre? »

Quel malheur, en effet, c'eût été pour l'humanité de n'avoir pas senti sur sa gorge la main de ces bourreaux ! Quel deuil pour l'histoire si elle n'avait pas eu à enregistrer ces noms odieux, Danton, Marat, Robespierre ! On leur doit tant. Ils ont courbé la France sous le couperet d'une guillotine ; ils ont fauché des hommes pour le seul plaisir de satisfaire leur vanité homicide et des passions plus immondes..... Laissez ces hommes dormir en paix, s'ils le peuvent, dans leurs tombes sanglantes : c'est insulter la France et l'humanité tout entière que d'oser demander ce que serait devenue la France sans Marat.

Deux fleurs sont écloses sur notre cheminée, et nos yeux en sont tout réjouis. Nous sommes les prisonniers de l'hiver, et nous aimons à parer notre cachot. La saison de la délivrance approche. Le froid est moins vif, les nuages sont moins lourds. Mon père trouve le moyen d'aller au presbytère de temps en temps, et je l'accompagne souvent. Notre curé est tout souffreteux, ce qui ne l'empêche pas de continuer à être très-dur pour lui-même. Il a un système de médication tout particulier. Ne se plaindre jamais et vaquer à ses occupations jusqu'au moment où la maladie le terrasse et le jette sur son lit. Il remplit donc avec la même exactitude les devoirs de son saint ministère. On entendait à peine sa voix dimanche dernier pendant les offices ; il a chanté quand même, et à l'issue des vêpres il est parti sous une pluie battante pour aller visiter un malade qui le demandait.

Oh ! consternation, Marthe est morte, morte à vingt ans sous ce ciel du Midi où elle était allée chercher la santé. On la croyait guérie, sauvée ; mais la Mort ne se déroute pas ainsi. Une fois qu'elle a choisi sa proie, elle l'attire, elle la suit, elle s'attache à ses pas, et quand la pauvre victime a l'air de se reprendre à vivre, quand l'espoir est presque revenu au cœur de ceux qui l'aiment, elle l'étouffe. Cette Mort cruelle avait bien choisi cette fois. Une longue vie semblait promise à cette jeune fille. Elle était grande, forte, belle. En la voyant on pensait : « Elle en reviendra, elle doit en revenir, ce n'est pas là une poitrinaire. » Hélas! je la vois encore la semaine qui avait précédé son départ. Son grand œil gris au regard profond et velouté avait une indicible expression de tristesse, sous son épaisse chevelure noire, ses larges tempes se creusaient d'amaigrissement, son sourire faisait mal à voir : car elle souriait encore, elle souriait souvent. L'espérance est vivace dans les cœurs de vingt ans, et elle vivait si heureuse entre cette tante qui l'avait élevée avec tant d'amour et ce frère dévoué qui l'aimait de tout son cœur ! Elle est morte ! Faut-il la pleurer ? Au fond, et l'œil de l'âme ouvert sur les choses visibles de cette vie et sur les promesses de la mystérieuse éternité, est-il regrettable de voir la Mort se présenter au seuil de la jeunesse ? Que donne la vie en définitive, et surtout que dure-t-elle ?

La famille des Landiers est plongée dans le chagrin. Hermine, qui était l'amie intime de Marthe, est assez sérieusement malade. Ses souffrances morales augmentent ses souffrances physiques et aggravent beaucoup son état. Mon cœur est près de ma pauvre Marie, et je lui écris tous les deux jours pour la soutenir un peu dans son épreuve. Tant que l'état d'Hermine l'inquiétera, je ne dois pas m'attendre à recevoir de lettre d'elle. Tous les matins, à l'heure où le facteur paraît au bout de l'avenue, quand il y a des lettres, j'ai une fièvre d'impatience. Il ne m'a encore rien apporté ce matin.

Hermine est hors de danger ; mais sa tristesse ne diminue pas, elle est inconsolable de la mort de Marthe. « Je voudrais que Georges la vît maintenant, m'a écrit généreusement Marie ; il ne serait pas insensible à sa profonde douleur, il reconnaîtrait avec quelle force elle sait aimer malgré sa froideur apparente, et il lui rendrait peut-être cette affection qu'il lui a si capricieusement, si injustement ôtée. » Ce qui me console en tout ceci, c'est qu'il n'est plus du tout question de mon voisin de la Villeormond.

Georges arrive dans deux jours chez sa tante des Landiers. Que va-t-il se passer? La généreuse espérance de Marie se réalisera-t-elle? Telle est la question que je m'adresse vingt fois par jour. Du moins, si elle éprouve une peine secrète de cœur, elle ne sera plus obligée de se marier par dévouement, au premier venu.

Je viens de jouer le rôle de pacificateur entre deux puissances rivales. Grâce à mon intervention, sœur Marcien et Mlle de la Villeormond ont adjuré leur rivalité et se sont embrassées en signe de réconciliation éternelle. Depuis quelque temps, la position se tendait, une catastrophe était inévitable. Quand elles se rencontraient, l'une disait blanc quand l'autre disait noir. Le recteur est arrivé un jour au beau milieu d'une querelle. De son air le plus grave, il a interdit la sacristie à sa paroissienne révoltée. Mlle de la Villeormond a quitté le bourg dans une exaspération impossible à décrire. « Elle ne marchait pas, m'a dit le curé, elle volait, la fureur lui donnait des ailes. Je ne me préoccupe pas trop de ce mécontentement, a-t-il ajouté; Céleste de la Villeormond a l'imagination vive, mais son cœur est bon. Elle reconnaîtra elle-même que je ne pouvais tolérer plus longtemps ses manies usurpatrices. Pouvais-je récompenser ainsi cette bonne sœur qui prend souvent sur son sommeil pour raccommoder le linge de l'église, et qui fait certainement de son mieux? »

Nous avons un peu plaisanté là-dessus et je suis revenue à la Maraudière en pensant à toute autre chose. Je n'étais pas bien installée à ma place ordinaire, que Jeannette a introduit sœur Marcien. Sa figure, ordinairement si calme, était toute bouleversée. Elle m'a immédiatement raconté ce qui s'était passé, et elle a terminé son récit par une sorte de confession. Elle était au désespoir d'avoir manqué à la charité envers Mlle de la Villeormond, elle se reprochait d'avoir joui un instant de son expulsion, elle craignait de l'avoir scandalisée par son amour-propre et son opiniâtreté, et elle venait me demander de me charger de porter à la Villeormond ses très-humbles excuses. L'humilité de la sainte fille m'a touchée et j'allais accepter de porter chez mon irascible voisine la symbolique branche d'olivier, quand elle a paru en personne dans le salon. A la vue de sœur Marcien, elle s'est brusquement arrêtée. Un nouveau conflit était imminent; mais je commence à connaître le caractère de Mlle de la Villeormond. Je me suis élancée au-devant d'elle et je lui ai dit à demi-voix : « Sœur Marcien est venue me demander de l'accompagner chez vous, je vous en prie, ne l'accablez pas. » Cette phrase a subitement calmé le courroux orgueilleux de la vieille demoiselle. Elle a répondu par un salut cérémonieux au salut conciliant que lui adressait sœur Marcien, et elle s'est assise vis-à-vis d'elle.

— Ma sœur, me permettez-vous de remplir auprès de Mlle de la Villeormond le message dont vous m'avez chargée? ai-je demandé à sœur Marcien.

Elle a incliné la tête en signe d'assentiment, et j'ai redit le plus éloquemment possible les regrets qu'elle éprouvait de ce qui s'était passé. J'ai ajouté quelque chose de mon crû, et je n'ai pas été médiocrement étonnée de voir ma voisine fondre en larmes. Sœur Marcien s'est rapprochée d'elle, et elles ont échangé les plus obligeantes paroles. L'arrêt porté par le curé avait blessé Mlle de la Villeormond au cœur; elle avouait naïvement que, s'étant toujours occupée des choses matérielles de l'église, elle ne comprenait pas qu'on n'accueillît pas bien ses services, et que cette expulsion était la chose la plus déshonorante qu'elle eût jamais subie. Sœur Marcien s'abaissait dans la poussière, protestait qu'elle avait toujours reconnu à Mlle de la Villeormond un goût supérieur au sien et se reconnaissait coupable d'orgueil. Peu à peu ma voisine s'est calmée: elle a parlé une heure sur ce sujet si intéressant et elle a fini par accorder à sœur Marcien un pardon plein et entier. Comme elle a des yeux de lynx, elle a même accepté de se charger de la lingerie fine de l'église. Sœur Marcien a fait avec à-propos cette petite concession, et elle est partie enchantée du rétablissement de la paix. Mlle de la Villeormond est restée avec moi une partie de la soirée. Je ne la reconnaissais plus. Cette scène l'avait disposée à l'attendrissement, aux confidences. Elle m'a raconté sa vie passée tout entière entre les murs lézardés d'une vieille gentilhommière. Une succession d'héritages est venue donner à sa vieillesse l'aisance qui avait parfaitement manqué à sa jeunesse. Ce qu'elle disait m'intéressait vivement; c'était une destinée que je lisais comme à livre ouvert. Jamais vie ne s'est passée plus complétement à l'ombre. Extérieurement elle n'a rien vu, mais intérieurement elle a tout senti. Aussi rien maintenant ne m'est plus facile que de m'expliquer son caractère, ses manies. Il y a en elle un rayon de vivacité, une surabondance de force qu'elle emploie comme elle peut. Laide et peu spirituelle, elle a été dédaignée; pauvre, elle a été délaissée, et c'était en vain qu'elle s'agitait, qu'elle se démenait, elle ne trouvait nulle part l'emploi de ses capacités, nul ne faisait attention à elle.

Elle s'est levée en entendant mon père rentrer.

— Allons, m'a-t-elle dit en rajustant son châle, je puis dire que je me suis joliment déchargé le cœur. En voilà pour longtemps. Il ne faut pas prendre les gens à la mine, je vous trouvais sérieuse et même fière, et pourtant vous avez eu la bonté d'écouter tout au long mes narrées. Bonsoir, venez demain à la Villeormond, je vous donnerai ma recette pour faire de la choucroute, je ne l'ai encore communiquée à personne par ici et elle m'est venue tout droit de Strasbourg.

Elle ne pouvait me donner une plus grande preuve d'amitié. Sa choucroute a une réputation départementale, et chacun sait avec quelle opiniâtreté elle refuse d'en faire connaître la recette. J'ai annoncé à mon père cette bonne nouvelle, il s'en est montré très-satisfait. Dans sa jeunesse il a habité quelque temps l'Allemagne, et il en a conservé un goût très-prononcé pour la bière et pour la choucroute.

Hippolyte Flandrin est mort. En sa personne, dit éminemment un écrivain, l'Eglise a perdu un vrai chrétien, la France un homme de bien, l'art un maître. Il est beau de mériter ce triple éloge.

Je le dis avec sincérité, j'ai perdu mon temps pendant que j'habitais Paris. J'ai donné à la flânerie frivole des heures qu'il m'eût été facile de mieux employer, mais, Dieu merci, j'ai vu et admiré quelques œuvres du grand artiste dont on déplore la perte. J'ai suivi sur la frise de Saint-Vincent de Paul cette majestueuse procession qui se dirige vers le Christ, j'ai lu page à page sur les murailles de Saint-Germain-des-Prés l'Ancien et le Nouveau-Testament écrits avec son puissant pinceau, je me suis arrêtée longtemps au Louvre devant le portrait de Napoléon III, un chef-d'œuvre!

Ma cousine Zoé me fait un cadeau. Ses yeux affaiblis par l'âge sont condamnés à un repos complet, et elle m'a envoyé un ballot de livres. « Les caractères sont trop fins, m'écrit-elle, je n'ai jamais pu lire avec plaisir une pareille impression et j'ai pensé que, dans ta vie d'ermite, ces livres seraient un passe-temps pour toi. » Son envoi me forme une sorte de collection de romans. Il y en a de toute couleur, de tout format, de tout auteur. J'ai mis de côté les auteurs sûrs, ceux que je peux me permettre, et je me suis promis de ne pas ouvrir les autres. La lecture d'un mauvais livre est une chose tellement malsaine que je me la suis complétement défendue. Le danger serait peut-être moindre maintenant. Ma raison est plus formée, mon goût plus sûr, mais il faut avouer que cette parole du P. Lacordaire en ce qui concerne les lectures mauvaises, devient une sorte de règle de conduite. Le poison, dit-il, est toujours un poison.

Les gens qui mènent une vie affairée ou frivole sont ceux qui trouvent le plus de temps à donner à ces lectures légères, mais combien elles sont plus dangereuses pour les personnes qui vivent beaucoup avec elles-mêmes. Rien ne vient me distraire des impressions que produit sur mon esprit la lecture d'un livre, quel qu'il soit. Si l'auteur a du talent, s'il a su communiquer la vie à ses personnages, ils m'entourent, je les entends, je les vois. Il faut donc que ces êtres imaginaires me composent une agréable société et non pas une dangereuse compagnie. Si les écrivains se rendaient bien compte de la puissance dont ils disposent, ne craindraient-ils pas davantage de semer, ainsi qu'ils le font, le trouble dans les imaginations et dans les cœurs? Je ne comprends pas qu'un homme ne s'occupe pas davantage de la responsabilité morale de son œuvre, et c'est acheter bien cher un succès que de le payer au prix de la tranquillité de la conscience. Or la conscience, c'est une voix qu'on peut faire taire momentanément, mais qui parle toujours à son heure.

J'ai enfin reçu une lettre de Marie. La santé est revenue à Hermine, mais non point la gaieté. C'est un changement complet de caractère. Elle n'est pas positivement triste, son visage est serein, mais toujours grave. Georges a paru très-impressionné à sa vue. Il avait à lui reporter les dernières paroles de Marthe qui a pensé à elle à l'heure suprême. Hermine n'a pas pleuré, elle a seulement levé les yeux au ciel en soupirant profondément. A chacune des visites qu'il leur a faites, Georges s'est uniquement occupé d'elle. Elle l'accueille amicalement, mais avec la plus grande réserve.

— Je crois, cependant, que si je disparaissais maintenant, tout irait bien, me dit Marie. Ma présence, je le sens, gêne Georges, et nous éprouvons un malaise mutuel. Ma sœur va peut-être ressaisir le bonheur que j'ai été sur le point de lui enlever bien involontairement; je vais faire tout ce que je pourrai pour qu'elle le garde. Invitez-moi donc à aller passer quelques jours à la Maraudière, j'ai une occasion dans la semaine prochaine. J'obtiendrai de maman une acceptation, et quand je reviendrai, je vous annoncerai le mariage d'Hermine. Ce ne sera point sans un petit serrement de cœur, mais j'ai tant souffert de ce qui s'est passé, que mon sacrifice est fait à l'avance.

J'ai couru à la recherche de mon père et je lui ai demandé d'écrire à Mme des Landiers. J'étais un peu indisposée ces temps derniers, et je lui ai dit que la présence de Marie, pendant quelques jours, me remettrait tout à fait. Il s'est empressé de se rendre à ma prière, et j'attends Marie avec la plus vive impatience.

Exister, c'est combattre. Dans ces trois mots, que de vérités! Il faut donc combattre toujours et sans relâche. Aujourd'hui, je ne suis pas contente de moi, j'ai très-mal combattu ou plutôt je me suis laissé vaincre. Mon mauvais moi m'a dominée. Je me suis terriblement exposée, il faut le dire. O l'imprudence! Perdre par une imprudence ce calme intérieur que rien ne peut remplacer, quelle folie! J'avais éprouvé une déception : M. Georges faisant une absence, Marie a retardé son départ, c'est pendant qu'il sera là qu'elle ne veut pas y être. Donc, j'attendais Marie et c'est une lettre qui m'est arrivée. Ma contrariété a été si vive, que j'ai abandonné mon travail. Je suis restée une bonne heure distraite, ennuyée. Finalement, je suis allée chercher un livre dans la bibliothèque. Je ne sais quoi me poussait, j'ai pris un des livres que je m'étais défendus. Cette lecture a chassé l'ennui, mais qu'a-t-elle mis à la place? Rien de bon, hélas! Je suis obsédée par le souvenir de ces scènes violentes, ces paroles passionnées retentissent à mes oreilles. J'ai dévoré ce livre écrit en caractères de feu et ce livre me dévore. Je suis un peu remise cependant; tout à l'heure, j'essayais de chasser tout ce monde fantastique de mon imagination en écrivant à Laure. La nuit venait, j'ai allumé une bougie. J'ai entendu soudain un bruit qui a arrêté ma plume. Sur ma page commencée, une pauvre mouche se tordait dans d'affreuses convulsions, je n'aurais jamais cru qu'une mouche pût autant souffrir. Elle s'agitait tellement, que j'ai été quelque temps à découvrir quelle était la cause de ses souffrances. Cette cause m'est enfin apparue. Le pauvre insecte n'avait plus d'ailes, il venait de les brûler à ma bougie, en tournoyant imprudemment autour de la flamme qui l'attirait. La leçon était d'un à-propos saisissant. J'ai pris la pauvre martyre que je ne pouvais soulager, je l'ai éloignée de moi, mais j'ai entendu longtemps ses tressaillements douloureux, ses bonds désespérés ; elle a payé de sa vie son imprudence. Dieu merci, la mienne n'a eu pour résultat qu'un moment de trouble, mais la mouche ignorait sans doute le sort cruel qui l'attendait, et je savais, moi, qu'en touchant à un livre signé de ce nom, j'allais me faire une blessure peut-être mortelle à l'âme.

Je reviens de Saint-Clément, le cœur content, la conscience légère. Combien je plains ceux qui ne peuvent, comme nous autres catholiques, se décharger du poids de leurs fautes aux pieds d'un représentant de Jésus-Christ! combien je plains les âmes sur lesquelles ne coulent jamais ces eaux rafraîchissantes qui jaillissent d'une source divine !

Marie des Landiers est ici, c'est une véritable doublure de moi-même, elle habite ma chambre et elle me suit partout, même à la cuisine. Que cette vie intime est douce! Elle est partie de chez sa mère le jour même de l'arrivée de Georges, elle ne l'a pas vu. Tous ces hasards prétendus n'étaient que le résultat de plans combinés à l'avance par Marie. Elle est intimement persuadée que tous les anciens projets vont être renoués. Rien, heureusement, n'avait été officiellement brisé. Elle dit heureusement, la généreuse fille! Je lis trop bien dans son cœur, cependant, pour ne pas voir que je ne m'étais pas trompée et que son cousin eût été l'homme de son choix. « Et M. de la Villeormond? » lui ai-je dit. Elle a secoué la tête. « J'espère bien n'avoir plus à recourir à ce moyen extrême, a-t-elle répondu en riant. La réponse lui sera donnée dans quinze jours; mais j'ai bien recommandé à maman de confier à Georges ce projet de mariage, sans lui dire ce que j'ai décidé. Il me croira à moitié promise à un autre, cela le ramènera tout à fait à ses premiers sentiments. » Elle sourit en disant cela, mais il y a des larmes au fond de ses yeux. La délicatesse de sentiments et la force d'âme qu'elle montre en cette circonstance me la feraient bien aimer, si je ne l'aimais déjà de toute mon âme.

A peine M. de la Villeormond a-t-il su la présence de sa cousine à la Maraudière, qu'il est accouru. Il était superbe, redingote noire, gilet jaune, chapeau de soie, souliers vernis. Il a voulu être aimable, il a été assommant, Son jargon amusait beaucoup Marie, qui n'a plus la crainte de l'épouser. Elle s'est montrée gaie, animée, et il est parti plein de confiance dans la réussite de ses projets. « Ce pauvre garçon ! m'a dit Marie, j'espère ne pas lui avoir paru trop attachante ! Je l'aime assez comme cousin, dans ses bois s'entend ; mais c'eût été un bien grand héroïsme de l'accepter pour mari ! » Elle a été beaucoup moins expansive avec Mlle de la Villeormond, qui est venue le jour même, et elle a fait certaines allusions très-claires à la réponse prochaine de sa mère. J'avais l'air de ne pas comprendre ; mais j'ai très-bien deviné qu'elle essayait de préparer la tante à la déception qui attend le neveu.

Nous pouvons enfin sortir, l'air s'adoucit, les chemins sèchent. Nous sommes allées aujourd'hui aux Landiers. Marie était pensive, elle attend une lettre de sa mère, et cette lettre sans doute renfermera une de ces nouvelles étranges qui font à la fois sourire et pleurer. Nous trompons notre impatience de notre mieux. Nous allons le matin au bourg, et cette promenade faite à ces heures délicieuses du matin pendant lesquelles se révèle la présence du printemps, est véritablement charmante. Mon père nous accompagne ici ou là l'après-midi ; nous travaillons le soir ; et après souper nous faisons une partie de dames. « Comme je vivrais heureuse et tranquille ici, me dit souvent Marie, si ces importantes questions de destinée ne se traitaient pas en ce moment dans ma famille ! »

Elle a de longs moments de distraction, elle aime quelquefois à sortir seule, elle garde le silence pendant des heures entières. En cela, elle ne fait qu'user des droits de l'intimité, et pourtant elle a une façon tendre et charmante de s'excuser auprès de moi. Je respecte toujours son silence, elle l'interrompt souvent elle-même tout à coup, en venant m'embrasser et en me disant les plus affectueuses choses du monde. Hermine est très-bonne, elle a de grandes qualités ; mais M. Georges aurait pu mieux choisir encore.

Mme des Landiers a écrit. « Georges a demandé Hermine en mariage. Le chagrin qu'Hermine éprouve de la mort de Marthe l'a singulièrement touché, dit-elle ; mais, je dois te le faire savoir, il ne s'est prononcé que le lendemain du jour où, suivant ton désir, je lui ai dit que tu pensais à épouser Louis de la Villeormond. Hermine est moins émue et paraît moins heureuse que je ne l'aurais pensé. »

En lisant cette lettre, Marie est devenue très-pâle, et puis elle s'est jetée à mon cou en fondant en larmes. Nous n'avons prononcé aucune parole. Elle s'est essuyé les yeux et s'est dirigée vers ma table à écrire. Je l'ai laissée seule. Quand je suis venue la rejoindre, je l'ai trouvée à genoux. Elle s'est relevée et s'est avancée au-devant de moi d'un air parfaitement calme.

— Pouvez-vous faire porter cette lettre à Saint-Clément, a-t-elle dit. Je leur ai écrit à tous les trois.

— A lui aussi ?

— A lui certainement ; désormais ce n'est plus qu'un

frère pour moi, et j'ai tenu à lui exprimer bien cordialement mes nouveaux sentiments.

Et elle a ajouté en portant la main à ses yeux :

— Je me sens les yeux rouges, je ne voudrais pas paraître ainsi devant votre père. Si nous allions jeter nous-mêmes ma lettre à la poste. Un peu d'exercice me fera du bien.

Nous sommes parties ; je n'oublierai jamais cette promenade dans laquelle elle m'a laissé lire au fond même de son cœur à la fois si tendre et si fort.

Marie a été rappelée, et mon père est parti ce matin avec elle. La pensée de mon amie me poursuit partout. Je me représente son arrivée. Je la vois, la joie sur le visage et le deuil dans le cœur. Cette affection, qu'elle n'avait pas cherchée, avait cependant touché les fibres les plus sympathiques de son être. Je m'adresse une foule de questions. La vue de Marie ne réveillera-t-elle aucun regret chez son cousin, aucune défiance chez Hermine? « Le cœur a ses raisons que la raison ne comprend pas, » a dit Pascal. Voilà où il faut chercher l'explication des évolutions de sentiment chez ce jeune homme. Si je n'aimais pas tant Marie, je comprendrais peut-être que l'affection profonde d'Hermine pour la sœur qu'il pleure ait pu le ramener à son premier sentiment ; mais je reste convaincue que sa détermination n'est due qu'à la pensée que Marie est perdue pour lui. L'homme met de l'orgueil jusque dans ses sentiments les plus intimes. Se voir préférer un la Villeormond l'a blessé au vif, et devant cette marque suprême de l'indifférence de Marie il a fait le pas décisif. Cela distrait mon impatience, d'entasser sur ce papier supposition sur supposition.

— Qui sait! nous nous sommes tous trompés peut-être, m'a dit Marie. Je vais essayer de me le persuader.

Ah! je voudrais bien, ces jours-ci, posséder l'étui merveilleux des contes arabes dans lequel se trouvait cette glace magique reflétant, par la seule émission de la volonté, les scènes les plus lointaines. A la Maraudière, j'ai si peu occasion de me montrer curieuse que je me croyais à peu près guérie de toute curiosité; mais non, je suis bien, hélas! une fille d'Eve, et j'ai pris l'assoupissement de ce défaut pour sa mort parfaite.

Mon père est revenu. Il n'a rien vu, rien deviné. Marie a été d'une gaieté folle dans sa famille, Georges était très-attentif pour Hermine qui était un peu souffrante, mais qui paraissait heureuse dans sa gravité: « Car elle est devenue toute grave, m'a-t-il dit. Entre Marie et Anne elle a tout à fait l'air d'une sœur aînée. » Je vois que tout est fini, que le vieux refrain a raison, et qu'on en revient toujours à ses premières amours.

Je reçois une singulière lettre de Marie. Ce n'est pas une lettre, c'est un billet écrit à la hâte pour me demandr d'aller trouver le curé de Saint-Clément et de le prier de répondre sur le champ à la lettre que Mme des Landiers vient de lui écrire. J'ai couru au presbytère. Le curé est absent, il travaille à une retraite, dans une paroisse voisine. On m'a montré une lettre dont l'adresse était, en effet, écrite par Mme des Landiers et qui était au presbytère depuis cinq jours. Elle portait cependant le mot *pressé* écrit en grosses lettres. J'ai pris sur moi de la lui envoyer par un exprès. Maintenant j'attends des nouvelles avec une impatience bien naturelle.

Marie me parle de choses imprévues qui se produisent et qui les bouleversent. « Tout est remis en question, me dit-elle. Je vous écrirai quand je le pourrai et quand l'ordre se sera fait dans ma pauvre cervelle. Je ne puis rien dire encore, mais attendez-vous à quelque chose d'inouï, et priez beaucoup pour nous. »

Notre curé est revenu et je suis allée le voir, espérant obtenir quelques éclaircissements. Je n'ai rien su. Il m'a seulement remerciée de lui avoir fait envoyer la lettre tout à fait confidentielle que lui écrivait Mme des Landiers. Ce mot « confidentielle » a naturellement arrêté toutes mes questions, et je suis revenue à la Maraudière aussi ignorante que j'étais en partie.

Je me suis rencontrée avec Mlle de la Villeormond, qui venait me raconter en grand secret la déception éprouvée par son neveu. « Je m'étais figurée que Louis plaisait assez à cette petite Marie, m'at-elle dit, non sans dépit, et lui-même l'avait cru. Nous valons tous les jours les des Landiers, et Marie ne trouvera peut-être pas vite un homme aussi rangé avec dix bonnes mille livres de rente. Je l'écoutais se plaindre en essayant de dissimuler ma satisfaction, qui était profonde. Il me semblait que Marie venait d'échapper à un guet-apens.

Mme Degalle est très-souffrante et je suis à Randergast, près d'elle

Si le proverbe : « Pas de nouvelles, bonnes nouvelles, » est vrai, les nouvelles que je recevrai de Marie seront des meilleures, car elle est parfaitement muette à mon endroit. Que ce soit la joie ou la douleur qui cause ce silence, j'aimerais à le voir rompre. Au reste, les inquiétudes que j'éprouve pour la vie de mon excellente amie chassent peu à peu toute autre pensée de mon esprit. Laure est bouleversée par le chagrin. Mme Degalle est pour elle une mère, une sœur, une amie, une de ces personnes qu'on ne remplace pas. Je comprends sa douleur, je la partage ; mais je ne vois point les choses en noir comme elle les voit. Mme Degalle est jeune encore, et le médecin n'en désespère pas du tout. Il y a même un mieux aujourd'hui, et je ne suis pas fâchée qu'il se produise avant mon départ, qui est fixé à demain. Au reste, je n'ai jamais vu malade plus résignée. Son affabilité, sa bonté, ne se démentent pas un seul instant. Elle a mis ordre à ses affaires spirituelles et temporelles, elle appelle successivement auprès de son lit de douleur toutes les personnes qu'elle aime, pour s'occuper d'elles. Ce soir, elle me parlait confidentiellement de mon père, de mon neveu, de moi-même avec un intérêt dont j'étais bien touchée. Elle s'est arrêtée par épuisement, et elle repose pendant que j'écris.

———

Le soleil s'est levé éclatant aujourd'hui ; mais mon cœur est en deuil. Il porte deux chagrins : le sien et celui de de Laure. Mme Degalle est morte, et le désespoir de ma pauvre amie a, pendant les premières heures, paralysé en quelque sorte ma propre douleur. Son mari l'a emmenée dans sa famille, et je suis revenue pleurer seule à la Maraudière. Cette femme, d'un esprit si distingué et d'un cœur si parfait, était mon amie. Je l'aimais et elle m'aimait. C'était pour moi une joie de la rencontrer, un chagrin de la quitter, et elle est partie pour toujours. Cette pensée me fait mal, et je ne peux m'y habituer. On s'habitue à toutes les solitudes, excepté à celle du cœur, et elle avait une place de choix dans mon cœur. Cette place est vide, ou plutôt elle ne sera plus remplie que par un inerte souvenir. Je la pleurerai longtemps ; la sympathie, la confiance, l'habitude, nous avaient étroitement liées malgré la différence de nos âges, et bien rares sont les personnes qui méritent d'être aimées ainsi ! Tous les jours les circonstances nous rapprochent de gens que nous n'aurions pas choisis par sympathie, et le hasard nous rend étrangers à ceux chez qui nous devinons un rapport de goûts et de sentiments.

———

J'ai devant les yeux une lettre de Marie des Landiers qui

me fait bondir le cœur ; mais ma joie aurait été autrement complète si je l'avais reçue avant la mort de Mme Degalle. Toute joie humaine doit-elle donc être précédée ou suivie d'une tristesse.

Je suis encore tout étourdie des étranges et bienheureuses nouvelles que contient cette lettre si ardemment désirée, et je l'ai relue dix fois pour acquérir la certitude que je ne rêvais pas. Marie, ma chère Marie, éprouve un de ces bonheurs qui doivent remplir toute une vie. Elle épousera celui qu'elle aimait en quelque sorte malgré elle, un homme distingué, aimant, fort jusqu'au sacrifice. Car enfin, il avait fait taire son cœur, il allait épouser Hermine. Hermine ! il me semble que Marie a pleuré en me parlant d'elle, c'est comme si j'écoutais trembler sa voix. Hermine a choisi la route étroite mais sûre qui mène au ciel, et maintenant je me demande comment je n'ai pas deviné ses projets plus tôt. Un chagrin l'a conduite à Dieu, un grand malheur l'a, pour jamais, enchaînée à lui. Sa vocation, qui était un mystère pour tout le monde, s'est décidée à la mort de Marthe. Le néant de la vie l'a saisie, dit-elle, et les derniers liens qui l'attachaient au monde se sont brisés. Elle a pu elle-même mettre sans regrets la main de son fiancé dans la main de Marie. Marie affirme que le bonheur de sa sœur paraît dépasser même le sien. Je la crois sans peine. Le bonheur d'Hermine n'a rien à craindre du temps ni de ses vicissitudes, elle a choisi un époux divin dont la mort elle-même ne la séparera pas.

J'ai annoncé toutes mes nouvelles à notre curé ce matin. Il n'a manifesté aucune surprise. Il connaissait depuis longtemps les pensées d'Hermine au sujet de sa vocation. « J'étais son seul témoin, m'a-t-il dit. Quand elle a déclaré qu'elle désirait que son cousin épousât sa sœur, sa résolution de se faire religieuse étant prise irrévocablement, Mme des Landiers a cru à une générosité exagérée, à une exaltation de sentiments qui ne pouvait être sérieusement écoutée. Elle m'a écrit pour me demander s'il était vrai qu'Hermine m'eût communiqué son projet de se faire religieuse Auxiliatrice du Purgatoire. Ma réponse a été un véritable témoignage. Elle avait arrangé cela avec le bon Dieu, il y avait déjà un certain temps. Je l'ai vue à Saint-Clément soigner des pauvres, et je puis vous assurer que l'ordre touchant et nouveau établi rue de la Barouillère fait là une bonne acquisition. »

Nous avons beaucoup parlé vocation, et il a traité cette question si difficile avec une véritable supériorité. Ses réflexions m'ont préoccupée. Notre société avec ses exigences a créé une troisième vocation ou plutôt elle a changé en une règle qui se généralise ce qui n'était qu'une rare exception. L'amour-propre, le goût des distinctions, les nécessités croissantes du luxe, le dédain des mœurs simples et antiques, ont multiplié les vieilles filles. Il n'est pas de goujat qui ne cherche une femme avec une grosse dot, ou qui ne désire une femme brillante, ou une femme qui lui soit de quelque point supérieure; il n'est pas de jeune fille, si ordinaire qu'elle soit, qui ne rêve un mari supérieur à son père. Le catholicisme, ce grand guérisseur, est venu, comme toujours, remédier à ce mal. Il a préparé à la vieille fille une sorte d'apostolat séculier qui la sauvegarde de l'égoïsme et des cuisants regrets. Elle se place tout naturellement entre la femme du monde et la religieuse, elle garde la liberté de l'une et se montre à l'occasion dévouée comme l'autre. Elle cherche dans sa famille, parmi ceux qu'elle aime, le vieillard dont sa conversation charme les longs ennuis, l'orphelin qui a besoin d'affection et de direction, l'affligé auquel ses consolations sont nécessaires. Et si, du côté de la famille, tout lui manque, elle a encore, elle a toujours la grande famille chrétienne des pauvres. Là elle peut soulager, instruire, consoler, opérer le bien, mériter la confiance et le respect, semer le bienfait, récolter l'affection. Au fond de toute vie sérieuse, existe-t-il autre chose qui vaille un regret raisonné ? Dans sa vie il y a moins de joies, mais aussi moins de douleurs, moins de soucis surtout.

Si Jeannette pouvait lire ce que j'écris sur le célibat, elle me dresserait tout de bon un autel dans son cœur.

———

Pendant que je disserte sur le célibat, Marie des Landiers vogue à pleines voiles vers ce vaste port de la vie qui s'appelle le mariage. Elle va y jeter l'ancre, c'est une destinée à jamais fixée. J'ai refusé d'assister aux noces à cause de mon père qui n'est pas bien et que je n'aurais pas voulu laisser seul en ce moment. Il n'y aura pas de fêtes. Ce mariage se fait entre une mort et une profession religieuse, il aura un caractère de gravité presque triste. Au milieu de son bonheur, Marie ne m'oublie pas. J'ai reçu hier une lettre d'elle pleine des plus affectueuses protestations. Le lendemain de son mariage, elle partira pour l'Allemagne. Visiter les bords du Rhin est devenu une affaire de mode. Pour elle ce sera mieux qu'un voyage obligé. Elle me promet des lettres de descriptions. Je la voudrais partie et... revenue.

Le temps est d'une sérénité ravissante. Dans le jardin, le feuillage des arbustes est couvert de gouttelettes de rosée. Après avoir fait briller comme des diamants ces gouttelettes limpides, le soleil les boira.

Je sors souvent. Mon père est mieux et il a repris ses promenades habituelles. Comme lui j'aime de plus en plus le dehors, et j'y cherche mes distractions. La maison est pour moi un atelier, c'est dans le jardin, dans le verger, dans les prairies que se passent mes récréations.

Laure est revenue, et son mari me demande d'aller passer avec elle ces premiers jours pendant lesquels ses souvenirs pénibles vont reprendre une nouvelle force. A Randergast, tout lui rappelle celle qui n'est plus et la tristesse est inquiétante dans l'état de santé où elle se trouve. Je regrette un peu de quitter la Maraudière dans ce beau mois de mai qui va finir. Après tous ces départs, toutes ces séparations, j'ai eu des semaines d'amère tristesse ; mon isolement me pressurait le cœur. Mais la patience et l'habitude sont les forces latentes qui triomphent de toutes les impressions, et le calme s'était fait. J'aurais voulu m'en pénétrer, m'en saturer ; mais le retour subit de Laure me ramène à la ville, c'est-à-dire au changement, au bruit.

J'ai repleuré avec Laure l'amie excellente que nous avons perdue et je mets tous mes soins maintenant à la distraire. Nous nous occupons beaucoup l'esprit. Nous parlons d'art, de littérature. En ce moment elle regrette, en qualité de musicienne, Giacomo Meyerbeer, que la mort a frappé à soixante-treize ans. C'était un grand, un puissant génie musical. Presque tous ses opéras méritent le nom de chefs-d'œuvre et il n'y a pas dans le monde entier une personne instruite qui ignore le nom de *Robert le Diable*, des *Huguenots*, du *Prophète*, les trois grandes œuvres dramatiques qui immortaliseront sa gloire.

J'assiste tous les jours avec Laure aux derniers exercices du mois de Marie. Nous avons choisi la chapelle d'un couvent situé un peu hors ville. J'aime beaucoup cette halte pieuse de la fin de la journée, ce repos religieux du soir. L'âme chrétienne a des tendresses particulières pour la sainte mère du Christ. Elle aime à voir Marie élevée sur un trône de gloire, à regarder sa statue entourée de lumière et de fleurs. A ses pieds se déposent le fardeau intérieur, les douleurs intimes, les tourments de l'âme, les désillusions du cœur, et le soulagement et l'espérance renaissent. Et quelle chose charmante que le retour ! On marche environné de calme et de silence, les yeux sur un ciel pur où ne rayonnent plus les clartés éblouissantes du soleil, mais où pâlissent les douces lueurs de la lune. On trouve bien malheureux ceux qui rêvent de rendre vide de la Divinité ce beau ciel où resplendissent pour l'œil chrétien de divines et bien consolantes espérances.

La ville de Nîmes pleure son poëte. Reboul est mort. C'était un grand poëte, un honnête homme et un fervent chrétien. La célébrité vint le chercher dans une humble boutique de boulanger, et Lamartine lui a assuré de son vivant un droit à l'immortalité en lui dédiant *le Génie dans l'obscurité*.

Le Dernier Jour, *les Poésies nouvelles*, *les Traditionnelles*, seront ses principaux titres devant la postérité. Il vécut humble, mais honoré, respecté, aimé. Sa ville natale entoure d'honneurs la tombe du poëte-boulanger, et elle a raison. Il méritait l'honneur public des funérailles solennelles qui lui ont été faites, et l'oraison funèbre prononcée devant son cercueil frappe singulièrement. Est-ce l'histoire d'un de nos contemporains qui se raconte ainsi ? Ce caractère plein de grandeur et de simplicité, cette inébranlable fermeté d'âme et de conviction, cet amour vrai de l'obscurité, cette modestie profonde du talent, sont-ils bien de notre temps?

———

Les exercices du mois de Marie viennent de finir par une procession aux flambeaux. Nous avons parcouru les rues et les places pavoisées et illuminées. Le recueillement est loin d'être général, la foule çà et là est dissipée, bruyante et tumultueuse, il y a trop de mouvement, trop de bruit. Pour les uns c'est un spectacle, pour d'autres une distraction, mais il est consolant de le reconnaître, l'âme a toujours son moment. Dans ces yeux qui se levaient parfois vers le ciel sombre et profond, plus d'un rayon de foi, d'espérance ou de désir passait; devant cette procession nombreuse qui marchait lentement en répétant les chants sacrés, plus d'un sourire s'effaçait, plus d'une tête s'inclinait pensive dans l'ombre. Le sentiment religieux s'éveillait forcément et dominait un instant les passions de la terre ; il n'y a pas d'âme qui parfois ne ressente la soif du divin.

Et la puissance de ce sentiment qui lie l'humanité tout entière à Dieu se révélait hautement devant cette foule immense, au fond plus respectueuse et plus attendrie qu'elle ne le paraissait. Je me le disais en la regardant onduler sous mes yeux: dans cette masse vivante, pour un impie il y a cent croyants.

Le bruit des cloches, la vue des lumières, me tiennent

éveillée, et j'écris ces impressions au murmure décroissant qui monte vers moi des rues de la ville.

Nos promenades d'été ont recommencé. Sont-ce des promenades ? Le mot de flânerie conviendrait mieux à cette marche sans but et sans objet : aller à droite, à gauche, nous arrêter ici, nous asseoir là. J'ai toujours dans ma poche un petit ouvrage facile, et quand j'ai trouvé, sans le chercher, un endroit ombreux, frais, où je désire rester, je m'assieds là et j'y demeure les doigts occupés, mais la pensée vagabonde. Quand mon père s'aperçoit que j'ai jeté l'ancre pour quelque temps, il retourne à ses affaires. Son verger, ses prairies, ses côteaux boisés, lui donnent de temps en temps une surveillance à exercer sur trois ou quatre ouvriers dirigés par Claude. Le hasard nous fait nous retrouver, à moins que je ne prolonge presque sans le vouloir ma promenade. Notre petite vallée recèle un monde de beautés pittoresques dont je fais, les beaux jours, une étude approfondie. Je ne reste pas toujours dans les étroites limites posées par la propriété, il m'arrive même assez souvent de les franchir. Ma rivière me sert de guide, j'aime à l'accompagner dans son cours capricieux, à remonter le courant ou à le suivre. Je découvre ainsi des paysages qui raviraient un peintre. En ce moment même j'écris contre un grand rocher tapissé de bruyère rose et violette, devant lequel mon ruisseau, en se divisant, se donne de très-grands airs. Il alimente le petit biez d'un moulin et retombe d'un autre côté et un peu plus bas en cascade. Le bruit de cette cascade est vraiment charmant à entendre, et ce jet de perles et de diamants est presque trop éblouissant à regarder. Une petite fille a conduit sa vache dans l'étroite prairie qui sépare le biez tranquille de la cascade agitée, elle s'est agenouillée dans l'herbe, à quelques pas de moi, et me regarde écrire. Elle est à peindre avec son mauvais jupon à raies éclatantes, sa camisole de laine bleue en lambeaux, sa petite coiffe de toile écrue. Un étroit ruban bleu entoure son cou brun et élégant, une large médaille de cuivre brille sur sa poitrine. C'est une élève de sœur Marcien. Ce qu'il y a de curiosité naïve, de suave ignorance dans les yeux bruns et limpides qu'elle attache sur moi, ne pourrait se rendre qu'avec un pinceau.

Les jours passent vite par ce beau temps, ils ne me pèsent guère. Nous vivons beaucoup en dehors. En fait de lectures nous nous bornons au journal que reçoit mon père. Grâce à cette feuille, nous demeurons au courant de ce qui se passe par le reste du monde. Elle m'a appris, il y a huit jours, qu'aujourd'hui avait lieu à Paris la consécration solennelle de Notre-Dame. Chose étrange ! Il y avait près de sept siècles que Maurice de Sully avait entrepris ce gigantesque travail, que le pape Alexandre III avait béni la première pierre de cet admirable monument, et il n'avait pas encore reçu la consécration solennelle des catholiques. Toutefois, en réfléchissant aux causes de ce délai, on se l'explique sans peine. Les œuvres durables et vraiment belles sont lentes à édifier ; chaque siècle apportait à celle-ci son contingent de travail, et quand elle se trouva terminée, survinrent les guerres civiles et les profanations révolutionnaires.

C'est Mgr Darboy qui a eu l'honneur de consacrer l'antique cathédrale, soigneusement, intelligemment, artistement restaurée. Ma pensée a fait le voyage de Paris aujourd'hui. Le spectacle était imposant et les souvenirs se levaient en foule au fond de toutes les mémoires. Que de choses se sont passées sous ces voûtes majestueuses ! De quels événements cette métropole grandiose n'a-t-elle pas été le muet témoin ! J'ai remonté le fleuve des siècles, je me suis amusée à regarder dans leur lointain brumeux tous ces personnages historiques qui ont mis le pied sur les dalles sombres de Notre-Dame. Voici Alix de Champagne, la troisième femme de Louis-le-Jeune; voici Raymond, comte de Toulouse, qui vient se faire relever de l'excommunication qu'il a encourue ; voici saint Louis, notre glorieux souverain, qui passe portant la couronne d'épines ; voici Isabeau de Bavière, de détestable mémoire Henri VI d'Angleterre, paradant comme roi de France; Charles VII le Victorieux ; voici la belle et malheureuse reine Marie, Marguerite de Valois, et Henri le Béarnais, qui viendra plus tard chanter le *Te Deum* de ses victoires ; voici Henriette de France, qui épouse le prince de Galles, plus tard Charles Ier. Les malheureux et les triomphants, les races anciennes et les souverainetés modernes, sont venus s'agenouiller là sur ces dalles plus inébranlables que des trônes.

Il se passe au dehors mille petites choses intéressantes que nous aimons à nous raconter mon père et moi. Dans une vie monotone comme la nôtre, il n'y a pas d'événements, et fournir un sujet de conversation n'est pas toujours facile. Celui de nous qui a observé quelque chose de nouveau, découvert un changement si petit qu'il soit, entendu une chose intéressante, est très-heureux d'avoir cela à dire à l'autre. Aujourd'hui j'ai moissonné dehors un sujet d'entretien pour ce soir ; j'ai été témoin d'une petite scène qui m'a fait admirer une fois de plus l'admirable instinct des oiseaux à ce moment de l'année où, à la vie libre de l'air, va succéder pour eux la tranquille vie de famille. Dans l'allée sablée du jardin, j'ai vu s'avancer de son pas cauteleux et allongé notre vieux chat noir tacheté de roux. C'est une espèce de chat sauvage qui aime autant les garennes que les greniers, et qui grimpe aux arbres comme un véritable écureuil. Les oiseaux s'envolent toujours à son approche, il leur fait peur, et j'ai souvent ri en voyant le trouble que son arrivée jetait dans la bande hardie des pies qui habitent la Maraudière. J'ai donc été très-surprise ce matin en apercevant deux pies qui marchaient bravement à ses côtés. Elles semblaient régler leur pas sur le sien, et il était très-amusant de les voir ainsi sautiller gravement de chaque côté de leur ennemi intime. Elles l'ont très-fidèlement escorté dans les tours et les détours qu'il lui a plu de faire. Elles sautillaient infatigablement, elles ne s'éloignaient pas d'une ligne de la place qu'elles paraissaient s'être assignée. Quand il s'arrêtait, elles s'arrêtaient et elles demeuraient à ses côtés comme deux factionnaires en habit noir et blanc. Ce gros chat paresseux entre ses deux gardes du corps était très-drôle. Enfin il a pris la grande allée et il s'est élancé sur le mur couvert de lierre. Elles sont restées un instant immobiles, et quand elles ont paru bien assurées qu'il ne songeait pas à revenir sur ses pas, elles ont pris leur vol en jetant des cris rauques et joyeux. Je les ai suivies de l'œil, et le problème m'a été expliqué. Entre les branches encore nues d'un acacia était posé leur nid. Dans ce nid il y avait des petits, sans doute, et elles surveillaient le monstre destructeur de tant d'oisillons. Sitôt qu'elles le voyaient rôder aux alentours elles dominaient leur propre frayeur pour garantir leur jeune couvée de tout danger. Le courage de ces pies m'a touchée. Je vais aussi surveiller ce nid, je voudrais qu'il ne fût pas détruit et que tant de prévoyance ne demeurât pas inutile.

Une nouvelle séparation me menace, je vais encore voir s'éloigner un ami. Le recteur d'une paroisse voisine est mort subitement. C'est dans cette paroisse qu'est né notre curé, elle possède une magnifique église, véritable bijou gothique qu'en sa qualité d'antiquaire il aime et il admire.

Mourir dans cet humble presbytère a toujours été le désir de sa vie. Malgré sa vaste science, sa haute intelligence, il n'a jamais voulu accepter de charge importante, il n'avait pas d'ambition, mais il avait un désir bien connu, et cette mort lui aplanit les voies. Mon père est revenu tout pensif de Saint-Clément tantôt, et il m'a annoncé ce changement probable.

———

Nous revenons, mon père et moi, de conduire notre bon curé jusqu'aux limites de la paroisse. Deux charrettes emportaient son pauvre mobilier, et il marchait derrière, son bâton de houx à la main, suivi par la foule de ses paroissiens. Ce n'était pas un brillant cortége ; mais il y avait derrière ce char rustique bien des cœurs qui saignaient. Les larmes coulaient à flots mais discrètement sur les joues hâlées des femmes, et quelle gravité était empreinte sur les durs visages des hommes ! Arrivé à la croix qui s'élève auprès du chemin qui sépare les deux paroisses, le curé s'est arrêté, il est monté sur les degrés de pierre, et il nous a adressé ses adieux. Sa voix forte ne tremblait pas ; mais ses épais sourcils gris voilaient en quelque sorte ses yeux, dont la flamme intelligente jetait un grand éclat. Il a mis toute son âme dans ces quelques paroles, il y a mis tout son cœur, et un grand cœur se cache sous cette austère enveloppe. « J'ai voulu que ma tombe s'élevât auprès de mon berceau, a-t-il dit en finissant ; j'ai voulu exercer mon ministère sacré dans l'église où j'ai chanté mon premier *Credo*, mais les enfants que je vais évangéliser ne me feront pas oublier ceux qu'ici j'ai enfantés à la grâce. Le cœur du prêtre est vaste et vous êtes tous dans mon cœur, tous depuis le vieillard, dont les cheveux sont, comme les miens, devenus blancs, jusqu'au petit enfant que j'ai baptisé hier. »

Après ces paroles, il s'est recueilli un instant et il nous a bénis, puis il est descendu d'un pas ferme, a serré la main de mon père et de tous les hommes, a envoyé une dernière bénédiction aux femmes et aux enfants, et il s'est éloigné seul en disant son bréviaire.

Comme la solitude se fait autour de moi! Mme Degalle est au ciel, Laure en Normandie, mon neveu à Alger, Marie sur les bords du Rhin. Nous vivons seuls désormais, parfaitement seuls, et les habitants de la Villeormond eux-mêmes ont oublié le chemin qui mène à la Maraudière. Le mécontentement qu'ils ont éprouvé du mariage inattendu de Marie retombe un peu sur moi. Je ne puis trouver une autre cause au refroidissement survenu entre nous. Dans ma disposition d'esprit actuelle, je suis presque tentée de me réjouir de cette petite bouderie. Elle vient à point pour moi. Quand le cœur est triste, la vue des indifférents n'est qu'un poids qui s'ajoute à ses tristesses. Je pense beaucoup et en toute quiétude. Mon esprit remonte à mes chers morts et redescend vers mes chers vivants. Je regarde couler l'eau de notre petite rivière, et je contemple nos coteaux qui sont si verts en ce moment.

Mon père qui, depuis quelque temps, avait pris Saint-Clément comme un but agréable de promenade, va et vient avec un air désœuvré qui ne lui est pas habituel. Au premier beau jour nous irons visiter notre respectable ami dans sa nouvelle paroisse, et en attendant nous passons notre temps à le regretter.

Je reçois très-rarement des lettres, et cependant je n'ai jamais tant désiré en recevoir. Marie m'écrit en voyageuse sans loisirs, elle voit des choses splendides et, ce qui est rare quelquefois, elle les regarde avec des yeux heureux. Arthur est toujours préoccupé de la santé de son père, qui est moins bonne. Il le soigne, et comme de plus il suit régulièrement ses classes, il se ralentit en ce qui concerne la correspondance qui prend sur le temps consacré au jeu. Laure est à Paris au milieu de sa famille. Les courses, les promenades, les soins à donner à Emmanuel, dévorent son temps. Tout ce monde si occupé, si affairé, pense certainement aux ermites de la Maraudière, mais on leur mesure d'une main avare cette nourriture du cœur qui arrive sous la forme d'une lettre.

Nous allons quitter la Maraudière pour quelques jours. Notre curé nous écrit qu'il a besoin de nous. Il veut consulter mon père sur les changements à faire dans son jardin, que son prédécesseur négligeait complétement, et il désire me demander mon avis sur la manière de réparer une antique et magnifique bannière qu'on a laissée noircir dans une armoire de la sacristie. « J'attends donc mon maître jardinier et ma maîtresse ouvrière, » nous écrit-il gaiement. Demain nous partirons allègrement à pied. Deux lieues ne nous font pas peur, quand les chemins sont secs et quand le ciel a l'aspect rassurant.

Il me semble que je suis devenue habitante d'un monastère. Le calme le plus parfait règne autour de moi ; mais les cloches, ces voix si puissantes et si religieuses, chantent à nos oreilles leur hymne de triomphe ou laissent tomber le glas, cette plainte lugubre qui se fait entendre les jours de deuil.

Le matin, de ma petite chambre, j'écoute les oiseaux chanter, la cloche gémir, les chantres psalmodier. La religion et la nature se confondent dans ces bruits divers, et ma pensée prend une direction toute nouvelle. J'aspire un peu dans ces moments à cette tranquillité éternelle du cloître que tous les bruits humains sont impuissants à troubler.

Ce presbytère de campagne a quelque chose d'un couvent ; tout y est simple, réglé, et sa seule voisine est cette belle église gothique à laquelle notre excellent ami a voué une sorte de culte. Il nous en a déjà fait admirer les beautés, et maintenant mon père et lui sont entrés dans les détails.

Quelque intéressante que soit cette science de l'archéologie, elle a ses côtés arides. J'ai d'abord pris plaisir à les entendre discourir sur la valeur des sculptures, sur l'architecture proprement dite. Mais peu à peu leurs termes sont devenus techniques, ils se sont plongés dans les difficultés d'une science qu'ils connaissent tous les deux bien à fond, je me suis humblement retirée et je continue à visiter l'église à ma manière. Cette belle église est le charme de mes yeux à toutes les heures du jour. Le matin, j'aime à regarder l'effet du soleil levant sur la haute flèche à jour, j'aime à le voir glisser ses langues de feu, entre les délicates sculptures des clochetons. A midi, j'aime à voir son ombre grandir sur l'esplanade gazonnée qui l'entoure, et le soir elle est encore là dans la clarté ou l'ombre, mais presque toujours visible. Ce soir rien ne le cache. Le temps est d'une indescriptible sérénité. Il n'y a pas de lune ; mais l'atmosphère est d'une telle transparence que, bien qu'il soit près de dix heures, je distingue tout autour de moi : les arbres sous le ciel incolore, les feuilles dentelées qui festonnent les travées de l'église, le chemin blanchâtre qui court comme une allée le long des haies touffues et noires. Je vois, sans les distinguer, les fleurs du parterre autour desquelles les bordures de buis tracent une ligne sombre. Tous les lis sont en fleur ; leur parfum pénétrant, mêlé à l'arôme plus sauvage qu'exhalent les buissons du chemin, monte jusqu'à moi ; le silence est profond : ni brise, ni murmure, rien. La terre dans son repos fait penser au ciel.

J'ai vaillamment travaillé. La bannière antique a pris place dans une armoire neuve. Je n'ai pu en raviver les couleurs; mais tout ce qu'il était possible de faire a été fait, et nous lui avons rendu, à peu de chose près, son ancienne splendeur. Le curé, si économe pour ses dépenses personnelles, s'est montré en cette occasion d'une prodigalité effrayante. Cette bannière est une de ses affections. Ses yeux d'enfant l'ont souvent admirée, et tout un monde de sentiments religieux s'agitait vaguement en son âme quand il contemplait les scènes sacrées artistement reproduites sur son épais tissu. « Quand je vois flotter au vent ce vieil étendard, me disait-il, quelque chose de jeune revit en moi. »

Le jour où elle a été reportée à l'église, j'ai parlé de départ. Le curé n'a pas dit un mot pour nous retenir, mais il a regardé mon père. Mon père avait l'air soucieux et terriblement grave. « Nous finirons la semaine si M. le curé ne s'y oppose pas, » a-t-il dit. Le curé s'est incliné sans rien dire, et ils sont partis tous les deux pour visiter je ne sais quels débris de monastère qui les intéressent beaucoup. Je suis demeurée seule avec mon étonnement. Mon père ne peut vivre longtemps hors de la Maraudière ; son intention bien arrêtée était d'y retourner aujourd'hui. Il a pris une résolution contraire, et cependant le curé n'a pas fait d'instances ; je n'ai exprimé aucun désir, le séjour d'un presbytère n'ayant rien de bien attrayant en soi. Je suis donc à me demander la raison de cet étrange délai. Il y en a une. Mon père ne change pas ainsi d'avis, il ne

s'exile pas ainsi de chez lui par le fait de sa propre volonté.
Après avoir beaucoup réfléchi à tout ce qui pouvait le retenir dans cette maison dont le maître n'a nullement cherché à fermer la porte devant lui, j'ai pensé que je perdais mon temps inutilement, et j'ai voulu me distraire à ma façon. J'ai pris la clef grosse et informe qui ouvre la porte de la tour, et, sans recourir comme d'habitude au sacristain, je suis allée l'ouvrir moi-même. Le curé m'a souvent recommandé cette ascension ; ma paresse m'avait retenue. Notre séjour se prolongeant, je me risque. La tour est prodigieusement haute, mais j'avais eu tort de me laisser effrayer. Sans fatigue, j'ai monté lentement le petit escalier tournant, humide et obscur dont les passants de quatre siècles ont un peu poli les marches, et je suis arrivée après un assez long voyage sur la plate-forme d'où l'on jouit d'une vue magnifique. Le granit m'entourait, mais comme là il s'est fait élégant, aérien ! La grande flèche percée à jour et les clochetons octogones placés aux angles de la plateforme s'élançaient d'un jet hardi vers le ciel ; les balustrades sont des dentelles de pierres, certains clochetons sont soutenus par quatre colonnettes d'une audacieuse légèreté. Une croûte épaisse de cette mousse grise, qui met des siècles à s'étendre et qui est la rouille de la pierre, revêt le granit çà et là et forme de larges taches capricieusement dessinées. La hideuse gargouille qui ouvre sur le vide à mes côtés sa gueule béante porte une véritable crinière de mousse sèche. En dehors de la balustrade, je vois trembler sur leurs tiges frêles de charmantes fleurs lilas. L'oiseau

en passant les a semées et elles ont germé sur ce granit et sur ce ciment. Je me trouvais très-bien là. Un horizon immense se déroulait devant mes yeux, le soleil levant en éclairait une partie. Dans cette zone lumineuse les toits brillaient, les contours des champs s'accusaient nettement. Peu à peu des nuages gris se sont tendus sur le soleil, la lumière tamisée par ces nuages s'est adoucie; on devinait que le soleil était là, mais on ne l'apercevait plus. Je me suis rappelé d'avoir entendu tirer de ce soleil caché et pourtant évidemment présent une argumentation sur l'existence de Dieu qui est à la fois pour nous si visible et si invisible, et la justesse de cette comparaison m'a saisie en ce moment. J'ai aussi pensé que, pour se dégager d'une estime trop passionnée pour le monde, il ne s'agissait que de le regarder d'un peu haut. Comme il se rapetisse d'une certaine distance, matériellement parlant surtout! A mes pieds, et assez loin de moi pourtant, j'apercevais un petit clocher au milieu d'une masse grise : on aurait dit une petite bourgade. Elle aurait été jetée au milieu des arbres qu'elle s'y serait perdue. Cela pourtant est une cité, une ville assez importante. Là se trouvent des édifices qu'on trouve grandioses, des maisons qui font l'orgueil de leurs propriétaires; là se meuvent des hommes qui pensent peut-être que le monde ne marcherait pas sans eux, et tout cela ne forme qu'un point dans l'espace...

La tour moussue m'attire, j'y suis remontée aujourd'hui et je me trouve de nouveau entre ciel et terre, mon cahier confident à la main. Il fait un temps splendide. A l'ombre fraîche projetée par les clochetons sur la plate-forme, j'en fais bravement le tour sans craindre le vertige. La balustrade est haute, mais elle est si découpée que le vide pourrait exercer son attraction fatale. Ma promenade est vraiment pittoresque, et dans cet endroit où j'arrive, contre la tourelle élégante qui contient l'escalier, la vue émerveille. Voici la ville grise d'hier placée aujourd'hui en plein soleil : ses toits miroitants la grandissent ; de son clocher sombre sortent des voix sonores qui chantent un chant d'allégresse. Au-dessus de la ville flotte une brume, sorte de nuage léger, qui n'est autre que la fumée condensée de ses cheminées ; je n'aperçois ni au-dessus ni autour de moi d'autre nuage que celui-là. Dans la campagne, ni brume, ni voile ; de chaque cheminée rustique s'échappe un mince filet de fumée bien vite dissipé. D'un côté la perspective est bornée par une ligne onduleuse de montagnes bleuâtres. L'œil se repose avec plaisir sur un lointain vaporeux. Quelle puissance a le soleil ! Il est la vie, l'éclat, la beauté de la nature ; il désassombrit la mort elle-même. Au pied de la tour, du haut de laquelle je plonge un œil dédaigneux sur le domaine des vivants, s'étend l'étroite demeure des morts. Vraiment les derniers tiennent beaucoup moins de place que les premiers. Hier le funèbre enclos avait la physionomie qui lui convient, je ne sais quoi de désolé, de délaissé, d'abandonné ; le vieux saule pleureur qui ombrage la plus haute croix sous ses rameaux pendants se plaignait et balayait tristement la terre humide de ses branches salies. Aujourd'hui le cimetière est plein de soleil, les rayons dorent toutes les tombes, les oiseaux gazouillent, le saule muet agite doucement ses branches séchées, les croix tracent une ombre nette sur le gazon brillant. La croix, il faut le dire, est désormais l'hôtesse de l'homme; elle se montre à ses yeux pendant tout le cours de sa vie et elle se plante sur sa tombe. Les cimetières sont peuplés de croix : le pauvre a sa croix de mottes sèches, le petit enfant son buis planté en croix; le marbre, le bois, la pierre, prennent cette forme sanctifiée. J'ai regardé longtemps ce petit amas de croix de bois. La croix sur ces cadavres, c'est l'espérance se dressant sur l'anéantissement. Cette croix parle. Elle parle de rédemption, de salut, de résurrection ! Le cadavre est là sous son ombre, mais un jour viendra où il se réunira à l'âme immortelle. Cette méditation sur la mort ne m'attriste pas, mon regard ne se détourne pas avec horreur du petit cimetière ensoleillé. Cette terre échauffée par le soleil ne doit pas être pesante, et sur chacune de ces tombes se dresse le signe du salut!

Mais j'entends des pas dans l'escalier : c'est le sacristain sans doute, un vieux bonhomme causeur qui me gâterait mon séjour ici. La tourelle me cacherait entièrement dans cet enfoncement; j'y cours : ne me voyant pas, il descendra tout de suite.

———

Je suis à peine revenue de mon émotion. J'ai surpris un secret, le secret de la petite scène d'avant-hier. Je sais maintenant pourquoi le curé n'a pas prononcé un mot pour nous retenir chez lui, pourquoi mon père ne s'ést pas empressé de retourner à la Maraudière. Combien je me sens heureuse en ce moment! comme mon cœur a battu tout à l'heure! Je vois encore mon père et son vieil ami debout contre la balustrade, car c'étaient eux qui arrivaient.

Le curé parlait et semblait renouer une conversation commencée, et le sujet de cette conversation, c'était évidemment la nécessité des pratiques religieuses. Jamais il ne m'avait paru aussi éloquent. Sa voix était profonde, sa physionomie rayonnante de foi. Mon père l'écoutait attentivement. Le vent soulevait les boucles de cheveux blancs qui encadrent son visage sévère.

Ses yeux s'abaissaient sur la campagne ou se fixaient sur le ciel. Il a répondu brièvement. « A demain notre dernière conférence, a-t-il dit; je suis un aveugle qui désire la lumière, et puisque j'ai pu me décider à vous rester, j'irai jusqu'au bout. » Ils ont parlé d'autres choses. Je n'osais respirer dans mon coin. Les premiers mots qu'ils avaient prononcés m'en avaient tout de suite trop appris pour que j'eusse osé révéler ma présence, et j'espérais ardemment demeurer invisible. Ils sont descendus sans me découvrir, et au milieu de l'escalier le curé a dit une parole qui est montée jusqu'à moi et qui a dissipé une crainte que je venais de concevoir, celle de me voir enfermée dans ma tour. « Mon sacristain est sans doute occupé par ici, a-t-il dit, nous pouvons laisser toutes ces portes ouvertes. » Je vais leur donner le temps de regagner le presbytère, et je descendrai à l'église. Je me sens un vif désir de prier, d'exprimer à Dieu la reconnaissance dont mon cœur est rempli.

Marie des Landiers est venue passer une journée à la Maraudière avec son mari et Anne. Elle paraît la plus heureuse femme du monde, et c'est toujours l'amie tendre et confiante d'autrefois. Anne et son beau-frère sont d'une gaieté folle. Je suis allée le lendemain avec mon père aux Landiers, où ils vont rester quelques jours, et Marie m'a longuement parlé des projets de son mari, qui sont les siens.

Il a fait restaurer un vieux château presque historique qu'il possède dans le Morbihan, et il va s'adonner à la culture des landes qui l'environnent. Marie, qui est très-heureuse de voir son mari rompre avec l'oisiveté, va mener la vie qu'elle avait toujours rêvée, vie utile, agissante, mais austère. A la fois châtelaine et fermière, elle sera pour Georges une aide intelligente et dévouée, elle vivra au milieu d'une population rustique, à laquelle elle fournira du travail et dont elle s'efforcera d'élever le niveau moral. Je l'écoutais avec admiration développer les plans qu'elle a formés, et pour l'accomplissement desquels elle devra déployer toute l'énergie de son caractère.

Je ne sais vraiment pourquoi on dédaigne maintenant cette manière de vivre pratique, réelle, mais embellie par tout ce qui élève et idéalise véritablement la vie. Anne faisait en l'écoutant une petite moue très-significative. Je crois qu'elle aime mieux l'air lourd des salons que l'air vif et parfumé de la lande, et qu'elle donnerait en ce moment tous les gazouillements de nos oiseaux pour une valse un peu entraînante. Nous avons aussi parlé d'Hermine, qui va commencer son noviciat. On ose à peine la regretter dans la famille, tant elle paraît heureuse.

———

Les oiseaux, ce matin, ont un chant plaintif qui est comme l'avant-coureur de la pluie ; le vent fait courir de grands frissons dans l'herbe fine et verte de nos prairies ; sur la balustrade de mon balcon la rosée s'est condensée en grosses gouttes, ce qui forme à la pierre noircie une bordure de diamants de la plus belle eau.

———

Il fait nuit, mais une nuit transparente de juin. Mon père est assis contre mon balcon, et je le rejoins souvent pour admirer les globes de feu qui surgissent à l'horizon bleuâtre. Nous en avons déjà compté cinq. Un sixième vient de jaillir tout près de nous entre les peupliers dont le feuillage paraît tout noir. Ces feux s'allument en l'honneur de saint Jean. La campagne est pleine de vagues rumeurs autour de nous ; des voix d'hommes chantent de vieux refrains, on entend je ne sais quelles vibrations étranges, métalliques, discordantes. Ce sont les enfants qui traient des chèvres, c'est-à-dire qui tirent sur une poignée de jonc dont les bouts sont fixés aux parois opposées d'une bassine de cuivre. « Veux-tu venir au feu, Alix? » m'a tout à coup demandé mon père. La beauté de la soirée m'a tentée : j'ai répondu affirmativement, nous allons nous mettre en route.

Il est près de minuit, mais je me sens les yeux très-ouverts, et j'écris pour faire venir le sommeil. Notre réunion du feu de la Saint-Jean eût ravi un peintre.

C'était d'un pittoresque achevé. Sur l'étroit plateau flambait un immense feu d'ajoncs. Les ajoncs jettent en brûlant une fumée épaisse, ceux-ci étaient à moitié verts, de sorte que, outre le jet brillant de la flamme rouge, s'échappait un nuage épais de fumée que le vent chassait au loin. Autour de ce feu, dans les positions les plus diverses, se tenaient nos voisins. Assis sur le gazon, un de ces vieux paysans, derniers rejetons d'une race qui s'étiole, chantait d'une voix forte une complainte moitié religieuse, moitié guerrière; des jeunes garçons luttaient dans un coin et roulaient sur l'herbe au milieu de formidables hourras; les jeunes filles riaient et causaient ailleurs; il y avait des vieilles femmes qui récitaient leur chapelet, des mères qui allaitaient leurs enfants, et tout cela se mouvait dans la lueur rougeâtre qui éclairait capricieusement le plateau. A peine étions-nous arrivés, que le plus vieux de la réunion s'est mis à genoux. Aussitôt tous l'ont imité et la prière du soir a été dite. Nous étions, mon père et moi, à genoux au milieu de ce cercle, et je ne crois pas avoir jamais mieux prié. Ce devoir religieux accompli, on a fait passer les gens faibles au-dessus du brasier sacré dont la flamme était éteinte, et les jeunes gens et les jeunes filles se prenant par la main ont commencé une ronde folle. Je suis restée quelque temps rien que pour entendre ces refrains dont quelques-uns feraient honneur à plus d'un chansonnier en vogue. En quittant le plateau, je me suis détournée souvent, et j'ai fait faire bien des haltes à mon père. J'aimais à regarder d'un peu loin ces ombres bondissantes. L'aspect de la ronde avait vraiment quelque chose de fantastique. En revenant j'ai laissé ma fenêtre ouverte, et j'entends encore les cris sauvages des jeunes gens, les éclats de rire des femmes et ces appels lointains qu'on se jette à travers l'espace.

Laure et son fils sont à la Maraudière. L'enfant grandit et prend des forces ; sa physionomie s'anime, ses petites jambes se meuvent. C'est un ravissant poupon, joues roses, cheveux blonds, œil bleu et riant. Nous le portons dans les prés fauchés, et il n'aime rien tant qu'à se rouler sur le foin. Ce soir, pendant que Laure écrit à son mari, j'ai pris l'enfant et je me suis enfuie dans le verger. Nous nous sommes plongés dans un monceau de ray-grass fauché d'avant-hier seulement qui exhale une odeur aromatique des plus pénétrantes. Devant moi se trouve un vieux mur ou plutôt une gigantesque haie de verdure nuancée, le jardin se déploie à ma droite. Là fleurissent des arbustes qui forment de gros bouquets d'une variété ravissante, le cytise aux grappes d'or, la boule-de-neige qui mérite si bien en ce moment ce poétique nom, le wégélia et vingt autres que j'admire sans connaître le nom qui leur a été donné. Les grands arbres jettent une ombre épaisse sur le sol, les oiseaux chantent et l'enfant rit aux éclats. La Maraudière me fait l'effet d'un petit Paradis terrestre, et dans ces moments de pure jouissance il me semble que je ne voudrais pour rien au monde consentir à la quitter.

———————

Voilà plus d'un mois que je suis tout entière à ma solitude. M. de la Villeormond vient de nous annoncer son mariage. Il épouse une femme riche qui habite la campagne. Ce n'est pas une autre Marie, du moins sa façon d'en parler me le fait penser.

— Votre futur beau-père habite, je crois, le château de la Hauteville, lui ai-je dit.

— Oui, m'a-t-il répondu, une partie de la forêt lui appartient.

— Et il a ajouté avec un sourire exquis:

— C'est là que j'ai déniché ma chouette.

Il est parti avec sa tante, et dans peu de temps nous verrons arriver la nouvelle maîtresse de la Villeormond. Mme des Landiers et Anne vont passer aux Landiers les derniers mois d'été. Je suis bien heureuse de les revoir, mais combien manqueront aux réunions ordinaires! Anne est très-gentille; seulement nos goûts ne sont pas les mêmes et son grand voyage a un peu gâté sa simplicité naturelle. J'aperçois une voiture dans la cour, je jette un coup d'œil éperdu sur ma toilette d'intérieur qui n'est plus fraîche, il s'en faut. Que vois-je! Philémon et Baucis. Je cours à leur rencontre.

Nous venons de reconduire nos vieux amis, ils ont passé trois jours chez nous. Quels vieillards aimables ! En vieillissant je voudrais ressembler à Mme Brillion. Ils m'ont donné des nouvelles de M. Déblin, que la mort de sa femme a quelque peu arrêté sur sa route désordonnée. Il s'est à peu près ruiné, et son existence dorée est un problème pour sa famille.

J'ai beaucoup pensé à Lucile ce soir dans ma chambre solitaire. J'en suis arrivée à penser que mieux vaut mille fois l'isolement que le mariage mal assorti.

Je me trouve en ce moment bien heureuse, une atmosphère de paix m'environne, et je jouis pleinement de mes simples joies. Il a plu ce soir, et j'ai laissé mon père sortir seul. Le soleil a voulu se montrer avant de disparaître. Je l'aperçois là-bas, ses lueurs rouges éclairent une masse de nuages bleus. Le reste du ciel est d'un bleu pâle, une toute petite étoile sans rayonnement, sans scintillement, un grain d'argent mat y a déjà paru. Petite étoile, ta vue est douce à l'œil ; petit œil ouvert dans l'immensité, laisse tomber sur moi un peu de cette divine sérénité qui ne se prend qu'au ciel !

Il y avait aujourd'hui une grande fête religieuse à Randergast. Il s'agissait de la translation des reliques d'un martyr, récemment extraites des catacombes de Rome. La cérémonie a été imposante. Quand la châsse éblouissante et le reliquaire en or ont passé entourés de flambeaux parmi la foule compacte, quand tous les yeux se sont arrêtés sur ce crâne couronné d'immortelles, qui aurait pu compter les élans de foi qui se sont échappés de ces milliers de cœurs vivants devant cette mort ainsi exaltée et glorifiée? L'âme, dans ces moments qui l'arrachent au terre-à-terre est profondément remuée, elle pressent sa propre immortalité, il y a en nous quelque chose qui tressaille et qui n'est pas humain. Le spectacle offrait aussi une grande leçon. La pensée rapide remontait les temps. Voici Rome, l'impérieuse, la toute-puissante Rome. Les empereurs se sont posés en ennemis de cette religion nouvelle qui semble naître dans le mépris. Ils ont voulu la foudroyer, l'écraser, l'anéantir. Un chrétien obscur est tombé dans une de leurs débauches de sang. Les siècles passent. Où est Rome, la Rome païenne, la Rome des Césars? Elle a disparu, et le monde entier a changé de face ; à l'orient, à l'occident, au nord, au midi, les nations, les peuples, se sont transformés, ont perdu jusqu'à leur nom, et devant une foule émue, respectueuse qui s'agenouille le nom du Christ sur les lèvres, passe ce qui reste de ce martyr obscur enseveli dans les catacombes. Dans notre monde si changeant, si mobile, il y a donc maintenant quelque chose d'immuable et d'indestructible. Un historien l'a dit : « Le catholicisme est le passé; mais il est aussi l'avenir. » Il est bon de se connaître en ce monde un point d'appui que ni les hommes ni les événements ne pourront renverser.

On fauche sous mes fenêtres l'herbe ondoyante sur laquelle j'aimais tant à voir courir le vent. Elle avait atteint une grande hauteur. Quand notre grand épagneul au pelage fauve tacheté de noir s'élançait comme une flèche au travers des prairies pour rejoindre mon père, on n'apercevait plus que son museau noir et sa belle queue qui fouettait vigoureusement l'herbe.

Maintenant il peut gambader à l'aise. L'herbe épaisse, vivante, fraîche, est là couchée en longs sillons foncés, déjà jaune, inerte, morte. De mon balcon, j'assiste au sacrifice. Par une attention délicate, le faucheur a commencé par l'extrémité opposée. Ce matin, il est tout près, je le vois promener gravement autour de lui sa large faux que le soleil couvre d'éclairs. En traçant avec l'emblématique outil une ellipse savante, il imprime à l'herbe un dernier frémissement, il lui donne une fois encore ce mouvement onduleux, si charmant à regarder quand c'était le vent qui l'imprimait. La vue de cette faux me donne des pensées tristes. On l'a mise de tout temps entre les mains du Temps et entre celles de la Mort, c'est-à-dire des deux puissances vraiment implacables auxquelles on paye toujours son tribut. L'une mène inévitablement à l'autre. Ce mot, inévitablement, est un mot grave, terrible, un de ces mots dont chaque lettre semble moulée dans l'airain.

Les matinées sont maintenant délicieuses. Quelle saison que l'été ! Le murmure des insectes devient lui-même presque un chant. Au-dessus des grands arbres resplendissants, la voûte d'azur semble se dilater et s'élever encore. Il y a des fleurs partout, des bruits partout, des parfums partout, des rayons partout. La terre en beauté paraît presque digne de servir de marchepied au Seigneur, suivant la poétique expression du prophète Isaïe. La vue seule de cette nature magnifique console et fortifie. Il semble que de cette harmonie générale sortent en foule les harmonies particulières. Certes, il y a de la poésie, de la beauté jusque dans le déchaînement des éléments, jusque dans les désordres apparents de la nature ; mais l'harmonie proprement dite en paraît quelque peu troublée. Il en résulte une impression pénible pour l'âme humaine. Elle admire, mais quelque chose souffre en elle. Maintenant rien de pareil. Une paix profonde est établie entre tous les éléments. Pas un bruit sensiblement discordant ne se fait entendre; pas une nuance heurtée ne se laisse voir. L'oreille ne saisit que des bruits vivifiants, l'œil charmé ne rencontre que de riants tableaux. On se fait presque une idée de ce que devait être le Paradis terrestre avant la chute d'Adam.

Je me rappelle involontairement la première destinée de l'homme sur la terre, en voyant mon père suivre les faneurs la sueur au front et l'épaule chargée de légers râteaux. L'homme, en définitive, était fait pour vivre aux champs, il devait travailler cette terre devenue stérile afin de lui faire produire des aliments. Il y a un métier rude, mécanique, qui a conservé je ne sais quelle noblesse native, celui de cultivateur. Qu'une famille tombe de l'échelle sociale, son chef ne se fera pas ouvrier, mais il deviendra paysan, car l'homme, quel qu'il soit, manie sans honte les instruments agricoles. Hommes de plume, hommes d'épée, hommes de cabinet, ministres, officiers, grands seigneurs, poëtes, artistes, mettent la main à la charrue et manient la bêche sans être trouvés ridicules ou abaissés.

Je ne pourrais me figurer mon père installé à un établi, je trouve tout naturel de le voir surveiller ses travaux agricoles et y mettre parfois la main. Marie des Landiers m'a souvent dit que son père conduisait parfois sa charrue, et que ses filles, croyant voir un patriarche ou un vieux Romain, applaudissaient quand il avait fini de tracer son sillon, ne trouvant pas que leur père dérogeât.

Joseph et Arthur comptent les mois et les semaines, Joseph en souffrant et Arthur en espérant. Depuis la mort de sa mère, l'enfant déteste Alger : « Il ne rêve que la France, la Bretagne, vous, m'écrit Joseph. — Ma tante c'est un peu maman, me disait-il l'autre jour, elle parle comme elle, elle écrit comme elle, elle me regarde comme elle. » Ah ! certes personne au monde ne lui porte une affection plus sincère que la mienne. Son souvenir me tient fidèle compagnie pendant le jour et hante mes rêves pendant la nuit.

Le sacrifice que fait Joseph en nous donnant son fils me paraît toucher au sublime. Je sais ce qu'est cet enfant pour lui maintenant, et son dévouement actuel efface ses torts passés.

———

Les soirées sont maintenant plus douces que les heures du milieu du jour ; aussi aimons-nous à les prolonger. Aujourd'hui l'orage se fait pressentir. L'air était pesant, étouffant, les meilleurs nerfs devenaient sensibles, le tissu des feuilles semblait s'amollir, se détendre. Le soir est venu sans amener ni tonnerre ni pluie, le je ne sais quoi qui pesait sur nous s'est dissipé. La nuit est d'une fraîcheur ravissante ; dans le ciel d'un bleu noir les étoiles se voient à peine. A travers le feuillage sombre et fin d'un acacia, j'aperçois la lune dans son premier quartier. Elle est d'un blanc d'argent et elle éclaire peu. Sur les gazons l'ombre des grands arbres, leurs contours sont à peine indiqués. Cette demi-clarté est très-douce à l'œil. Elle convient aux yeux de mon père, fatigués de soleil et de poussière. Aussi ne parle-t-il pas de rentrer, et comme je ne vois plus pour écrire, nous allons causer.

———

Il s'est levé dans notre petite paroisse de radieux jours

pour l'âme. Les exercices d'une retraite publique vont se clore.

A quoi bon ces choses? disent et pensent ceux qui ne détachent jamais leurs yeux de la terre, ceux qui ne regardent jamais en eux-mêmes. A quoi bon ! Je leur ferais volontiers la simple et rustique réponse que voici.

Voilà deux mois que la sécheresse dure ; mon jardin, un espace de trois mètres carrés, où j'ai planté cinq arbustes de mon choix et semé des fleurs que j'aime, avait été négligé par le jardinier. Ce matin, je suis passée par hasard devant ce carré de terre. Les arbustes n'étaient pas trop allanguis, mais les fleurs se mouraient et les graines dernièrement semées n'avaient pas germé. Elles auraient pris là vraiment une peine bien inutile. Comment auraient-elles pu percer ce sol brûlé dont la surface unie, dure, brillante, faisait penser à un plancher d'argile sèche. Pendant que je considérais mes pauvres fleurs, il est survenu une ondée courte, mais tiède. La terre labourée a absorbé sur le champ cette pluie fécondante. Malheureusement elle a roulé sur le sol durci de mon jardin, elle s'écoulait dans les fissures et les crevasses. Je me suis sauvée, mais je suis revenue deux heures après avec Claude. Tout avait repris son aspect un peu aride. Je lui ai montré ce petit coin de terre, il l'a bêché avec beaucoup de peine. L'outil n'enfonçait pas, il fallait briser la terre qui se pulvérisait d'elle-même. Comme il finissait, la pluie a commencé. Ma terre cette fois l'a bue, toute bue. Le lendemain le sol était humide et gras, certaines fleurs se redressaient, presque toutes se reprenaient à vivre, çà et là on voyait poindre les germes des nouvelles fleurs.

L'âme ressemble parfois à ce terrain négligé. Le sol durcit, se crevasse, il est stérile ; la rosée, la pluie du ciel, y coulent sans y laisser de traces. Mais voici les travailleurs sacrés. Armés de l'Évangile, puissant et immortel instrument, ils labourent cette pauvre terre desséchée, altérée, inféconde ; ils brisent, ils pulvérisent cette âme sèche, et la grâce, cette rosée divine, cette pluie bienfaisante, la pénètre, la rafraîchit, l'engraisse. Les fleurs déjà écloses reprennent leur vie et leur parfum, celles dont le germe se mourait dans ses entrailles de fer et de feu naissent et accroîtront bientôt la richesse et l'éclat du parterre. Faire une retraite, c'est donner de la vigueur aux vertus déjà acquises, c'est provoquer la germination de nouvelles vertus. Ces jours-ci, j'ai traité mon âme comme j'avais traité mon jardin, et j'en ai récolté une moisson de ces belles fleurs qui s'appellent la paix de la conscience, le calme de l'âme, la résignation aux volontés de Dieu.

Randergast est en fête. J'ai d'abord commencé par refuser toute invitation. Marie et Anne des Landiers m'ont proposé une place dans leur voiture, je me suis laissée fléchir. Je me disais bien haut pourtant que quitter mon frais ermitage pour aller voir cette agglomération humaine était une sottise, je l'ai quitté. Résister à l'entraînement est vraiment bien difficile. Et pourtant, mon Dieu, quel échange j'ai fait là ! J'ai échangé le calme contre le bruit, la fraîcheur sylvine contre la chaleur intolérable d'une ville, les murmures mélodieux de l'air contre les bruits discordants, tout ce que la campagne a de plus charmant contre tout ce que les petites cités ont de plus factice, de plus ennuyeux. Je ne jouis pas de la société de Laure. Elle se doit à ses hôtes, et je cours machinalement de côté et d'autre. L'aigre musique des bateleurs m'attire, la vue de la foule, qui grossit et qui coule comme un flot, me fascine. Je n'ai retiré de ces plaisirs qu'une sorte de courbature physique et morale. Et pourtant je suis lancée, je ne manque pas une sortie. La poussière aveugle, le soleil brûle, l'odeur des sucreries en plein vent affadit l'atmosphère et soulève le cœur, la vue des oripeaux et des créatures à l'aspect dégradé, ornements nécessaires des amusements populaires, attriste ce monde endimanché, bruyant, dévergondé, hébété. Et se mêler à cela s'appelle s'amuser !

S'amusent-ils aussi ces enfants qu'on trouve dans la poussière et dont les cris de douleur et d'ennui sont étouffés pas les clameurs? Pauvres petits, il faut qu'ils pâtissent pour les grands ces jours-ci. Il y en a qui s'endorment debout ou dans les bras de leur nourrice ou de leur mère. Ceux-là sont les moins malheureux.

Nous avons passé la soirée d'hier au Cirque. La nuit était étoilée, superbe, j'avais des tentations de revenir sur mes pas. Je n'en ai pas eu le courage, je suis allée comme les autres respirer un air vicié, j'ai préféré à la clarté de la lune celle de quinquets fumeux. Enfin on sort, on va et on assiste à une série d'exercices dont pas un n'allume un véritable intérêt dans les yeux, ne fait éclore un sourire vrai sur les lèvres. Il y a des gens qui rient beaucoup, il y a des personnes qui paraissent s'amuser prodigieusement. Pour mon compte je me suis peu amusée à regarder ces pauvres écuyères au vêtement pailleté, aux sourires forcés, aux gestes horriblement prétentieux, aux grâces frelatées. J'ai peu ri aux lazzi des clowns, ces équivoques calembours cent fois répétés. J'ai cependant vu deux jolies choses, l'une au dedans, l'autre au dehors. Au dedans, un beau cheval arabe aux formes élégantes, aux naseaux frémissants, à l'œil dilaté et presque intelligent. Au dehors, ce qui recouvrait le monde des spectateurs et des acteurs, une vaste tente qui se détachait blanche sur le feuillage noir des marronniers qui l'abritaient. La vue de cette maison gracieuse et primitive produit une singulière impression. Les souvenirs reviennent en foule. C'est la vie du désert, la vie nomade, la vie des tribus guerrières qui apparaît. La pensée s'élève et les jeux puérils et dangereux auxquels on vient d'assister s'effacent bien vite de la mémoire.

Les mauves sont en fleur. J'en ai semé au milieu de la petite île de verdure que j'aperçois de mon balcon. Cette corbeille rose et blanche est un délice pour les yeux. Mon père et moi nous lui faisons de fréquentes visites, nous voulons bien jouir de sa floraison. On dirait que les rayons du soleil passent au travers des pétales, tant ils sont transparents. C'est d'une fraîcheur et d'un joli incomparables.

La chaleur est accablante, mes gazons roussissent, la poussière salit les feuilles, c'est le temps de l'inaction physique et intellectuelle. Nous passons de bonnes heures dans notre petit îlot. La poussière n'a pas là ses droits d'entrée, et entendre le murmure de l'eau est un véritable rafraîchissement. Il est bien faible, ce murmure, ce n'est plus qu'un clapotement. Notre rivière en détresse ne coule plus, elle suinte pour ainsi dire goutte à goutte. Chaque jour son lit se resserre, chaque jour les pierres qui sont au fond se découvrent, on la traverserait presque partout à pied sec maintenant. Elle s'écoule ainsi épuisée devant les Landiers, et Anne passe son temps à rêver sur ses bords, m'écrit-elle. Seule compagne de sa mère, elle ne peut guère la quitter. Elle n'est plus d'ailleurs l'amazone intrépide qui chevauchait en plein soleil sur les juments péchardes au pas lourd. Un teint hâlé l'épouvante et elle préserve autant qu'elle le peut sa fraîcheur éclatante des rayons trop vifs. Marie risque davantage et prend désormais peu de soucis de sa beauté. Cependant elle est bien décidée à se garder de l'écueil contraire à une excessive délicatesse. « J'ai chargé Georges de surveiller mes mouvements, ma démarche, m'écrit-elle ; je ne voudrais pour rien au monde ressembler à ces viragos rustiques qui, à force de mépriser l'élégance et la grâce, tombent dans une virilité des plus vulgaires. »

Anne la nonchalante rit des idées de sa sœur, mais ne se sent aucun désir de l'imiter.

J'ai vu la chouette de M. de la Villeormond. Hélas! le nom lui convient et toute la charité possible ne la métamorphoserait pas en oiseau de paradis. Ce n'est pas sa laideur qui m'a déplu en elle, c'est sa gaucherie, sa physionomie maussade et sotte. La nature l'a bien maltraitée; mais enfin, si les qualités brillantes manquent, si l'esprit, si le charme lui font défaut, elle a peut-être de ces qualités précieuses qui ne se révèlent que dans l'intérieur de la famille. La première impression est si peu favorable, que je ne pourrai que la modifier en bien. Ma nouvelle voisine est très-sauvage d'ailleurs, j'aurai peu d'occasions de la voir.

— Elle est bien bornée et bien laide, m'a dit Mlle de la Villeormond en la regardant, mais elle n'a pourtant pas manqué de prétendants.

Quelle puissance a l'argent!

Aujourd'hui, je suis allée m'asseoir au pied de nos trois grands marronniers dont les troncs sont placés à distances inégales, mais qui confondent là haut leurs rameaux et leurs feuillages. Mes yeux en se levant ne rencontraient que ces lumineuses et fraîches profondeurs. Autour de moi, le soleil desséchait le sol et il ne m'arrivait, sous ces beaux arbres, qu'une lumière douce et merveilleusement transparente. Une courte averse, une grosse pluie d'orage, est survenue; elle a tout mouillé aux alentours, et pas une de ces brillantes gouttes d'eau n'est tombée sur moi. Ah! j'ai désiré que toutes les pluies d'orage s'abaissent ainsi sans m'atteindre; que tous les malheurs, tous les chagrins, toutes les souffrances, respectent le toit qui m'abrite et celui qui abrite ceux que j'aime. Sous nos arbres, j'ai rêvé un instant d'une oasis dans ce monde si souvent comparé par les penseurs au désert aride, d'une oasis d'ombre, de fraîcheur, respectée par les simouns qui soufflent des quatre points cardinaux, d'une oasis bien close, dont le cœur dans ses impérieux élans et l'imagination dans ses excursions imprudentes, ne franchiraient jamais le seuil gardé par la foi.

Ma cousine Zoé nous arrive à la Maraudière. Paris la fatigue, Paris l'étouffe, Paris l'ennuie. Mais de quelle façon allons-nous la distraire? Mon père et moi ne trouvons pas de réponse à cette question. En lui écrivant je lui ai peint dans toute sa monotonie notre vie à la campagne, je lui ai très-souvent insinué qu'à la Maraudière nous ne connaissions guère le comfort, encore moins l'élégance; je lui ai beaucoup parlé, avec intention, de notre solitude devenue complète par l'éparpillement de nos voisins. Je me sens soulagée maintenant que la voilà bien et dûment avertie et j'attends avec impatience sa prochaine lettre, tout en commençant les préparatifs nécessaires à son installation chez nous. Elle peut très-bien persister dans son projet et nous quitter après huit jours. Quand on a flatté trop le corps et ses délicatesses, il devient le plus insupportable des tyrans. J'aurais un certain plaisir à revoir ma cousine Zoé, à entendre ses regrets mondains, si sa présence ne me procurait pas un tourment quotidien. Par quoi lui remplacerai-je sa cuisine recherchée? Jeannette, hélas! n'est point un cordon bleu. Avec quoi lui ornerai-je son appartement? J'ai des fleurs, beaucoup de fleurs fraîches, parfumées, ravissantes; mais ma cousine Zoé dédaigne les fleurs naturelles, les fleurs vivantes. Elle n'estime que celles qui sortent des doigts de la fleuriste en renom, et au parfum que nos fleurs exhalent, à ce parfum si suave, si pur, si doux, elle préfère de beaucoup le parfum si âcre et si écœurant de ses sachets. Cependant, je ne renouvellerai pas mes corbeilles, je l'attendrai pour cela; si elle n'apprécie pas le charme de cette simple et gracieuse décoration, elle appréciera peut-être mon désir de lui être agréable.

Ma cousine Zoé ne répond pas, je suis toujours seule et livrée à mes petits vagabondages de l'été. Ce matin, je suis allée faire une visite à un ruisseau dont j'ai fait la découverte et qui est bien le plus limpide et le plus gracieux filet d'eau qu'il soit possible de rencontrer. Il glisse en chantant le long d'une fraîche prairie, très pittoresquement dessinée par le hasard. Qu'il était joli ce matin, mon ruisseau! Les pluies d'orage des derniers jours l'ont grossi et ont fait pousser mille petites touffes vertes sur ses bords. Ainsi gonflé il coule vite, il se donne des airs de vouloir déborder de son petit lit, il force les herbes à se coucher, quelques-unes sont tout à fait submergées, les autres sont aspergées de grosses gouttes d'eau brillantes. Son murmure était beaucoup plus fort que d'habitude, et cependant pour l'augmenter, j'ai jeté au milieu de mon torrent un gros caillou contre lequel l'eau s'est mise à clapoter très-harmonieusement. Cette grosse pierre, cet obstacle produisait de petits effets charmants. L'onde limpide glissait dessus, on aurait dit parfois qu'elle allait s'attacher aux angles, et des festons transparents se dessinaient sous l'eau même. Ces bulles d'air, ces grosses perles si pures, si éblouissantes, n'ont guère que la durée d'un regard, et cependant je suis restée quelque temps les regardant se former et se dissoudre presque aussitôt. J'ai passé une bonne heure auprès de ce filet d'eau, et en le voyant couler si rapide je me suis naturellement rappelé le temps qui nous emporte.

J'écoute avec effroi le chant aigu et triomphal de notre coq qu'aucune considération ne peut décider à baisser la voix. Sûrement ce chant intempestif va réveiller avant l'heure ma cousine Zoé dont nos durs matelas ne blessent que trop en ce moment les membres douillets. Elle nous est arrivée inopinément hier, notre pauvre cousine, horriblement peinte et bien fatiguée. J'ai embrassé pour la première fois de bon cœur ses joues fardées. Je la trouvais héroïque d'arriver ainsi sans crier gare, pour ne pas nous déranger et ne formuler aucune plainte à propos de l'antique chaise de poste où sa délicate personne a été si rudement secouée. Elle paraissait heureuse de nous retrouver et j'ai éprouvé un certain plaisir à revoir cette agréable et très-bonne physionomie. Mais les nattes sont de plus en plus blondes, les joues de plus en plus roses, les sourcils de plus en plus fournis, les dents de plus en plus régulières. Ma pauvre cousine Zoé mourra blonde, mourût-elle aussi âgée que Mathusalem. Quand nous ne combattons pas nos travers, ils deviennent de bien gros défauts.

Enfin ce matin je n'ai qu'un souci : a-t-elle pu dormir ? Encore une roulade de mon coq. Oh! j'ai bien envie de m'écrier comme les chambrières de la fable :

<blockquote>Maudit coq, tu mourras !</blockquote>

Ma cousine Zoé produit vraiment le plus étrange effet à la Maraudière. Jeannette et Claude regardent avec un étonnement profond se promener par les allées du jardin cette belle dame dont la robe de soie produit tant de froufrous, et qui porte sur son visage et sur sa tête toutes les couleurs de l'arc-en-ciel.

Ce qu'il y a d'heureux, c'est que notre rusticité plaît momentanément à ma cousine Zoé, qui boit avec délices le lait naturel qui lui est servi et qui trouve que nos fleurs ont presque autant d'éclat que celles de sa fleuriste.

Elle sort peu. Le soleil, le vent, la poussière, ébranlent

et endommagent tout le factice qui a la prétention de réparer les outrages du temps, et deviennent pour elle autant d'ennemis redoutables. Ce qu'elle aime, ce sont les causeries dans le petit salon. Elle me parle beaucoup d'elle, elle me raconte avec le plus grand sang-froid les malheurs imaginaires d'une vie gâtée par un égoïsme dont elle n'a pas conscience et qui pourtant a tout glacé en elle et autour d'elle. Aujourd'hui elle m'a appris qu'elle avait rencontré M. Déblin à Paris. Il porte encore le deuil de sa femme sur ses habits, mais point du tout sur son visage, paraît-il. Un héritage l'a remis à flot, et de la pauvre Lucile il n'est plus du tout question.

— Je l'ai retrouvé tel qu'il était avant son mariage avec la petite Brillion, m'a dit ma cousine Zoé, élégant, gai, spirituel, amusant. Il s'est montré extrêmement aimable pour moi et m'a beaucoup parlé de toi en des termes tellement flatteurs, que j'ai tout de suite pensé qu'il ne serait pas éloigné de désirer que tu devinsses sa seconde femme.

Je n'ai rien répondu, ma cousine Zoé ne m'aurait pas comprise.

Marie est aux Landiers. Le voyage l'a extrêmement fatiguée. Je croyais trouver une femme ivre de bonheur, nageant dans une félicité suprême, j'ai trouvé une femme souffrante, presque mélancolique. Son mari et elle ont pourtant l'air de ne former qu'un cœur et qu'une âme. M. Georges nous ayant laissées seules, j'ai usé des droits que me donne notre liaison si intime, et je lui ai simplement demandé :

— Qu'avez-vous ?

Ses yeux se sont emplis de larmes.

— Vous avez donc reconnu que j'ai quelque chose, a-t-elle répondu. Chère amie, il n'y a pas de bonheur parfait en ce monde.

Elle a pleuré. Je l'ai pressée de questions, et elle a fini par tout m'avouer. A Aix-la-Chapelle, Georges, que le voyage commençait à fatiguer, est tombé malade. Ce n'était rien, une simple indisposition qui n'a duré que quelques jours; mais le médecin, un homme brusque et savant, a laissé échapper devant la confiante jeune femme une phrase qui a suffi pour troubler à jamais le bonheur dont elle jouissait.

— Ménagez votre mari, madame, a-t-il dit, ne le faites pas trop courir sur le Rhin, ce beau garçon là a une mauvaise poitrine.

Cette parole a sonné comme un glas funèbre aux oreilles de la pauvre Marie. Elle s'est rappelé la mère et la sœur de son mari mortes de la poitrine. Elle l'a vu atteint du mal héréditaire, et cette crainte empoisonne sa vie. Elle ne peut plus avoir de sécurité; tout récemment, à propos de la mort de Marthe, elle a entendu des paroles foudroyantes; elle a compris toute la gravité de ces affections qui se transmettent avec le sang.

En revenant des Landiers, je me répétais la phrase qu'elle m'avait dite : Il n'y a pas de bonheur en ce monde.

C'est vrai, car en passant en revue le petit monde au

milieu duquel coule modestement ma vie, j'ai reconnu que chacune de ces familles, chacune de ces personnes, avait été atteinte d'une de ces douleurs qui restent. Laure a perdu sa seconde mère ; les Brillion ont vu diminuer leur fortune d'une manière inquiétante ; Mme des Landiers a deux vides à son foyer ; Joseph pleure sa femme et nous la pleurerons toujours. Marie, l'heureuse Marie, voit poindre à l'horizon de son existence dorée un de ces nuages qui vont toujours grossissant et qui recèlent la foudre.

Enfin, que Dieu nous garde d'autres épreuves !

J'ai fait mentalement cette prière en voyant apparaître mon père au détour du chemin. Il faisait chaud, il marchait la tête découverte et le vent agitait ses cheveux blancs, trop blancs, hélas ! Une pensée rapide comme l'éclair a traversé mon esprit. Je ne connaîtrai le malheur complet que le jour où mon père me manquera, et mon père est un vieillard.

Toute la journée j'ai été poursuivie par cette pensée, tourment horrible. Il y a vraiment des choses auxquelles, si l'on veut vivre sans découragement, il ne faut pas penser. Elles sont là, évidentes, palpables en quelque sorte, et je ne sais quel voile nous en dérobe la vue. Cela peut ne pas être trop malheureux, n'anticipons pas sur l'avenir.

Ma cousine Zoé a reçu ce matin une lettre dont le contenu m'intrigue fort. D'abord elle a étudié longuement l'écriture de l'adresse qu'elle déclarait ne pas reconnaître, puis elle l'a ouverte et a couru à la signature et s'est mise à rire en me regardant. Nous étions à table, et Claude, que j'ai dressé tant bien que mal au service, a déposé en ce moment devant elle l'œuf par lequel commence quotidiennement son déjeûner. Ma respectable cousine a pour sa santé de si délicates attentions qu'elle ne laisserait pas pour une affaire ordinaire refroidir un œuf à la coque. C'est pourtant ce qui est arrivé. Elle a lu sa lettre, elle l'a relue, toujours en me lançant des œillades qui ont fini par éveiller ma curiosité, et puis elle s'est mise à déjeûner avec un air des plus satisfaits. Elle ne me cachera pas longtemps ce secret, car tout secret lui pèse.

Mon père a été légèrement indisposé. Je me suis déraisonnablement inquiétée, et j'éprouve je ne sais quelle vague tristesse qui me donne une étrange souffrance. Le médecin m'a cependant affirmé que cette indisposition ne laisserait pas de traces.

Ma cousine Zoé nous quitte. Occupée de mon père, j'ai dû la laisser seule bien souvent, et le spleen l'a saisie. « Décidément la campagne porte à la tristesse, » m'a-t-elle déclaré ce matin. Un de ses rhumatismes s'est fait sentir, et elle a pris en grippe notre ruisseau et ses brumes légères. Après s'être beaucoup plainte de ce brouillard malsain, elle nous a dit qu'elle partirait après-demain.

Une autre lettre est arrivée à ma cousine Zoé, elle a différé son départ de quelques jours, et le grand secret m'a été enfin révélé. M. Jules Déblin daigne de nouveau jeter les yeux sur moi et lui demande de préparer les voies à la demande qu'il a l'intention d'adresser prochainement. Ma cousine ne met pas mon acceptation en doute et prend mon père à témoin de tous les avantages de cette alliance. Mon père reste grave et me laisse une entière liberté.

Ma pauvre cousine Zoé est partie fâchée. Elle ne peut comprendre que, par ce qu'elle appelle un sentimentalisme outré, je refuse un avenir brillant. J'ai eu beau faire défiler un à un sous ses yeux les motifs que j'avais pour mépriser le caractère de cet homme : son premier abandon, sa conduite envers sa femme, ses folies ruineuses, son peu de respect pour la mémoire de Lucile ; elle n'a voulu rien entendre. Je suis une sotte, une rêveuse, pas davantage. Mon père et moi nous nous sommes beaucoup divertis de ses plaisantes colères. Son départ n'a pas laissé de vide, et nous jouissons beaucoup de notre solitude actuelle.

Temps orageux et triste, nous nous claquemurons dans notre petit salon le soir. Mon père en ce moment relit les *Etudes philosophiques sur le Christianisme*, par Auguste Nicolas. Il m'en lit des pages, et nous admirons ensemble le talent consciencieux de l'auteur. On dit que des conversions nombreuses ont été commencées par la lecture de cet ouvrage. C'est certainement un des meilleurs à mettre entre les mains des aveugles de bonne foi. Tout homme intelligent doit ouvrir quelque peu les yeux.

———

Joseph a reçu sa nomination. Il est nommé avec avancement à Vannes. C'est un grand bonheur. D'un coup d'œil, nous avons vu les avantages de cette position nouvelle. Joseph, arraché au climat qui le tue, est placé dans une ville où il a des parents et surtout un collége sûr pour Arthur.

Nous voilà délivrés d'un grand souci, et nous n'aurions jamais osé espérer cela.

———

Georges et Marie sont partis pour Amélie-les-Bains. Il y a une crainte de rechute, et Marie a immédiatement décidé ce voyage. Elle me l'a dit, sa vie est complétement changée.

De défrichements, de campagne solitaire, il ne peut plus être question. Toutes ses démarches se concentreront sur ce but unique : arracher à la mort ce mari qu'elle aime de toute son âme ; vivre là où il lui sera meilleur de vivre, ne se fixer nulle part, et combattre jour par jour, heure par heure, toutes les influences mauvaises. Dieu lui donne du courage, de la patience, et lui laisse l'espoir. C'est beaucoup, mais je ne puis m'empêcher de m'attrister de cet éloignement indéfini. Encore une amie sincère, intime, aimée, qui s'en va !

———

J'ai revu Joseph, j'ai embrassé Arthur. Mon beau-frère paraît très-souffrant, mais très-heureux. Il va jeter l'ancre à Vannes et il a déjà écrit au supérieur du collège des Jésuites de cette ville, au sujet de son fils. Il est très-décidé à le laisser s'élever là, sous ses yeux. Si les bienheureux voient ce qui se passe sur notre terre, la désolée Louise a dû tressaillir de joie.

Où est le temps où la seule idée de confier son fils aux Jésuites irritait tellement son mari ?

On dit qu'il n'y a plus de miracles. N'en est-ce point un, qu'un pareil changement! Me voilà à jamais rassurée sur le compte d'Arthur. Son père est devenu un chrétien fervent, éclairé, dont la vie est désormais rivée aux principes éternels du catholicisme. Son corps ne reprendra pas sa vigueur ; mais son esprit, qui n'avait pas encore été atteint, reprend, en quelque sorte, une nouvelle sève.

Il s'occupe beaucoup de l'éducation, en général, afin d'en faire sur son fils une application intelligente. Arthur répond à ses soins. Je l'ai trouvé grandi, l'adolescence vient. Son cœur est excellent, et les choses sérieuses et élevées ont déjà de l'attrait pour lui. Nous avons passé ensemble quelques jours bien heureux, pendant lesquels s'est enfuie cette tristesse vague, qui s'impose parfois à mon cœur et dont je ne puis définir la cause.

M. Déblin a écrit à mon père. Il n'a pas voulu s'en tenir aux dires de ma cousine Zoé. Peut-être aussi lui a-t-elle laissé ignorer ma résolution dans l'espoir que mes idées changeraient... Elles n'ont pas changé.

Nous jouissons des derniers jours de l'été et notre vie est, en ce moment, si parfaitement calme et monotone, que je ne trouve rien à écrire. Il y a des moments où cette monotonie me pèse; il y en a d'autres où je m'y complais. En définitive, qu'importe comment s'écoule la vie, pourvu qu'elle soit devant Dieu ce qu'elle doit être ? Tous les philosophes, tous les penseurs, n'en sont-ils pas arrivés à reconnaître cette vérité formulée en si peu de mots par le P. de Ravignan : La vie n'est rien.

J'écris la nuit. Mon sommeil ayant été troublé par je ne sais quel affreux cauchemar, je ne me suis réveillée comme minuit sonnait au coucou qui mesure le temps aux yeux ignorants de Jeannette. Ce réveil a été le soulagement : je rêvais que mon père était mort. Ma chambre était éclairée par la lune ; j'ai cru entendre un bruit inusité au dehors, je me suis levée et, après m'être enveloppée à la hâte de quelques vêtements, j'ai ouvert ma fenêtre et je me suis avancée sur mon balcon. J'ai été fort étonnée d'apercevoir mon père à sa fenêtre. Depuis quelque temps, il ne dort plus et j'ai craint qu'il ne fût indisposé, mais il m'a rassurée ; il m'a dit que, ne dormant pas, il s'était levé pour venir admirer l'effet du clair de lune. Notre petite vallée était vraiment charmante à regarder, la rivière étincelait entre les gazons sombres et semblait élever pour nous sa voix harmonieuse, le ciel était magnifique avec ses astres tranquilles et ses gros nuages mouvants.

Mon père et moi, nous nous sommes mis à causer, d'abord de la terre, si merveilleusement belle, et puis du ciel. Depuis quelque temps, mon père me parle souvent du ciel, des espérances en son bonheur infini et durable. Je l'écoutais attentivement, religieusement. Sa voix grave, pénétrante, me causait une singulière émotion de respect, au milieu du silence solennel de la nuit.

Il s'est interrompu tout à coup et m'a dit en riant :

— C'est assez causé au clair de lune, ma fille, je retourne me coucher ; toi, vas dormir.

Il a refermé sa fenêtre ; moi, j'ai refermé la mienne pour lui obéir, car je me sentais très-éveillée, et je vais écrire à Arthur, jusqu'à ce que l'agitation nerveuse qui m'empêche de dormir soit calmée.

Il m'est impossible de vivre ici sans lui. O mon père, quelle place tu tenais dans ma vie !

Mes pressentiments ne m'avaient pas trompée, cette fois encore. Un malheur suprême me menaçait et j'en étais providentiellement avertie sans doute, afin que ce malheur ne me trouvât pas dans un de ces états heureux de l'âme qui rendent le choc plus écrasant.

Oh ! cette nuit de trouble, d'insomnie, cette nuit où je rêvais qu'il était mort. Rêve affreux, qui n'était qu'une réalité cruelle, car il est mort pendant que je dormais, après cette conversation dont le souvenir m'émeut profondément. Toutes mes pensées, hélas! convergent vers ce souvenir, vers ce réveil provoqué par des cris de désespoir. Quand donc mon oreille n'entendra-t-elle plus ces mots terribles, qui ont fait à mon cœur une plaie profonde, inguérissable : « Monsieur est très-mal. »

Non, la Maraudière n'est plus qu'un tombeau pour moi. Voilà trois mois que j'y demeure seule pour essayer de me familiariser avec mon chagrin. Il est aussi vivace qu'au premier jour. Une chère ombre ne quitte plus mes pas. Je sais bien que je ne me consolerai jamais, mais il faut que je sorte de cet état d'anéantissement, qui finirait par me tuer. Et si mes impressions sont toujours aussi vives, que sera-ce quand l'hiver m'aura claquemurée dans cette maison solitaire, devant ce foyer où j'oubliais, dans sa conversation affectueuse et si élevée, mon éloignement du monde et la sévérité de ma vie. Je la trouvais sévère. Ah! j'étais ingrate. Quand on est ainsi aimée, quand on a tout à soi un cœur bon, loyal, aimant, que désirer de plus ?

Je regretterai la Maraudière, mais ce sacrifice m'est nécessaire. Il est là, visible sous chaque arbre, dans chaque appartement, et mes regrets sont encore trop amers pour que je puisse trouver à vivre ainsi, avec son souvenir, le charme douloureux que fait éprouver la vue des lieux hantés par une ombre bien aimée. Joseph et Arthur sont à Vannes, ils m'écrivent souvent ; Marie et Laure pleurent sans cesse avec moi. Toutes ces sympathies versent un peu de baume sur la blessure, mais sont impuissantes à la cicatriser. Il y a pour moi, dans cette mort, plus qu'un irréparable malheur, il y a selon l'expression de Mme Swetchine, un bonheur détruit.

Claude est venu me chercher ce matin. Il était fort inquiet au sujet d'une jolie perdrix rouge qu'il a trouvée dans les blés il y a quelques jours et qui, tout en paraissant se bien porter, refuse depuis hier toute nourriture. Je suis allée visiter l'oiseau qu'il destine à Arthur, et j'ai vu tout de suite qu'il souffrait. Je l'ai pris et je l'ai examiné. Mes doigts ont bientôt rencontré un endroit douloureux. J'ai dû lui faire violence pour arriver à cette blessure cachée sous l'aile. Il y avait là une plaie presque imperceptible. Je l'ai montrée à Claude.

— Un grain de plomb s'est logé là, m'a-t-il dit, j'avais bien cru m'apercevoir qu'elle traînait un peu l'aile. On ne pourra jamais la tirer de là, mais je laverai la plaie, je la soignerai, et la petite bête pourra vivre longtemps quand même.

Les soins qu'il a donnés ont produit un mieux sensible. Ce matin la perdrix avait l'air de se bien porter, mais enfin tant qu'elle vivra elle aura ce grain de plomb dans l'aile.

Mon pauvre cœur a aussi reçu sa blessure, son grain de plomb, qu'aucune main humaine ne pourra extirper. C'est une main divine qui m'a blessée, seule elle peut appliquer le baume.

En quittant la Maraudière, mon intention était d'aller demeurer à Randergast. Laure en avait ainsi décidé. Son mari est rappelé à Paris, me voilà replongée dans mes incertitudes, prête à rester dans ma petite maison et à accepter une vie d'amertume.

Ces contrariétés, en ce moment, me causent une extrême fatigue. Je n'aurais jamais cru, hélas ! que mon indépendance me devînt, elle aussi, une source de souffrances.

J'ai reçu ce matin le billet suivant :

« Ma sœur,

« J'apprends le départ de votre amie par elle-même. Votre isolement l'afflige et votre résolution de rester seule à la Maraudière l'effraye. Je suis aussi affligé et aussi effrayé qu'elle ; vous êtes encore si nécessaire, si nécessaire à mon fils. J'aurai donc le courage de vous parler de notre maison ; elle vous attend, vous en seriez le charme et la joie... Mais je connais les objections. Sont-elles donc insurmontables ? Ma sœur, je n'oserai jamais vous dire : Devenez ma femme, mais je vous dirai en vous suppliant d'oublier mon indignité : Devenez la mère de l'enfant de Louise. Vous savez quel rôle une femme intelligente peut jouer dans l'avenir d'un homme par rapport à ses destinées éternelles !

« Dieu vous inspire une réponse favorable !

« JOSEPH. »

Cette lettre m'a fait souffrir ; mais remplacer ma sœur et même me marier, jamais !

Laure m'emmène à Paris, et, tout en faisant mes derniers préparatifs, je pense à ce qui s'est passé hier. Qu'a-t-il fallu pour faire changer une résolution que je croyais irrévocable? Une larme d'enfant !

Joseph et Arthur étaient venus prendre congé de moi. La gravité des circonstances, mon chagrin, l'amitié sincère qui nous unit, ont empêché tout embarras, tout malaise entre nous. Nous n'avons pas fait une allusion à sa demande, à mon refus, et ils allaient repartir, quand Laure m'a fait une observation, qui a fait croire à Arthur que je ne quitterais plus Paris.

Il est devenu très-pâle et il m'a dit d'une voix étranglée :

— Quoi ! tu pars pour toujours, tante Alix ? Tu resteras à Paris toujours ?

— Je l'espère bien, a répondu Laure étourdiment.

Le jeune enfant s'est jeté à mon cou et a éclaté en sanglots.

J'étais violemment émue. Il y a donc encore quelqu'un au bonheur duquel il m'est donné de contribuer.

Joseph est entré. Il a regardé son fils et a baissé tristement la tête. En ce moment j'ai eu pitié de lui. Je me le suis représenté, isolé, souffrant, livré à la crainte de manquer à ce cher enfant dont il est désormais l'unique appui. J'ai pensé à Louise, à mon père. Joseph a deviné que j'étais ébranlée, il s'est rapproché de nous.

— Pour l'amour d'elle et pour l'amour de lui ! a-t-il murmuré.

Après un de ces moments de recueillement pendant lesquels on fait le tour de son cœur et de sa conscience, je lui ai tendu la main par-dessus la tête bouclée d'Arthur qui se trouvait placé entre nous deux comme un trait d'union providentiel.

— Pour elle et pour lui, ai-je répondu presque machinalement.

Il m'a pressé la main pour toute réponse, et je lui ai su gré de ne pas témoigner une joie plus vive qui m'aurait blessée en ce moment.

J'ai embrassé Arthur et je lui ai dit :

— Je ne te quitterai pas.

Sa figure est devenue radieuse.

— Tante Alix viendra chez nous, à Vannes, papa, s'est-il écrié en courant à son père.

— Faudra-t-il vous attendre ? m'a demandé Joseph.

— Non, je vous écrirai de Paris.

Et le lendemain ils sont partis, et je vais partir moi-même. J'ai promis trois mois à Laure. Pendant ces trois mois, je me familiariserai avec ce changement de position.

Je fais de ce mariage un acte de dévouement, et depuis cet engagement qui met un terme à toutes mes irrésolutions, qui fixe ma destinée, je jouis d'une grande paix. Il me semble que j'accomplis, les yeux fermés, la volonté de Dieu. Que Dieu me conduise !

ABBEVILLE. — IMP. BRIEZ, C. PAILLART ET RETAUX.

www.ingramcontent.com/pod-product-compliance
Lightning Source LLC
Chambersburg PA
CBHW071531160426
43196CB00010B/1733